新编21世纪政治学系列教材

国际关系理论前沿

秦亚青 著

New Developments
in International Relations Theory

中国人民大学出版社
·北京·

图书在版编目（CIP）数据

国际关系理论前沿 / 秦亚青著. --北京：中国人民大学出版社，2023.10
新编 21 世纪政治学系列教材
ISBN 978-7-300-32095-3

Ⅰ.①国… Ⅱ.①秦… Ⅲ.①国际关系理论-高等学校-教材 Ⅳ.①D80

中国国家版本馆 CIP 数据核字（2023）第 159073 号

新编 21 世纪政治学系列教材
国际关系理论前沿
秦亚青　著
Guoji Guanxi Lilun Qianyan

出版发行	中国人民大学出版社		
社　　址	北京中关村大街 31 号	**邮政编码**	100080
电　　话	010－62511242（总编室）		010－62511770（质管部）
	010－82501766（邮购部）		010－62514148（门市部）
	010－62515195（发行公司）		010－62515275（盗版举报）
网　　址	http://www.crup.com.cn		
经　　销	新华书店		
印　　刷	天津中印联印务有限公司		
开　　本	787 mm×1092 mm　1/16	**版　　次**	2023 年 10 月第 1 版
印　　张	11 插页 1	**印　　次**	2023 年 10 月第 1 次印刷
字　　数	218 000	**定　　价**	36.00 元

内容简介

本书聚焦21世纪以来国际关系理论的前沿叙事，评介四种理论和思潮：实践理论、量子社会理论、全球国际关系学的兼容学派和批判学派。实践理论超越了西方国际关系理论长期以来的物质主义和理念主义分野，将实践本体作为国际关系理论的基石；量子社会理论指向世界的本原，批判了主流国际关系理论的牛顿科学观立场，强调事物的多重性和不确定性，表现出颠覆性的知识观重构；全球国际关系学的兼容学派提倡西方主流理论和非西方理论的兼容并蓄，批判学派则明确反对西方主流学派的压制性话语霸权，两派都质疑当下国际关系学及其理论的“非国际性”和“非全球性”问题，提倡全球国际关系学者的共同参与，创建真正具有全球意义和内容的国际关系理论。这些前沿理论和思潮揭示了国际关系理论视野的拓展和国际关系知识生产的重要发展进路。本书重点突出、论述清晰，可作为国际政治、外交学、政治学等专业的教材，也可作为相关人员研究国际关系理论前沿的参考用书。

作者简介

秦亚青　山东大学讲席教授，外交学院原院长。曾任中国国际关系学会常务副会长、联合国名人小组研究队成员、10+3思想库网络中国国家协调员、中国–东盟思想库网络中国国家协调员、中日韩思想库网络中国国家协调员。主要研究领域为国际关系理论和全球治理，代表性著作有：《世界政治的关系理论》（上海人民出版社，2021）、*Globalizing IR Theory*（Routledge, 2020）、《全球治理：多元世界的秩序重建》（世界知识出版社，2019）、*A Relational Theory of World Politics*（Cambridge University Press, 2018）、《权力·制度·文化：国际关系理论与方法研究文集》（北京大学出版社，2016年第二版）。

总序

改革开放是新中国成立以来的又一次革命，给中国带来了革命性变化。这种革命性变化不仅体现在经济、政治等层面的现实生活上，而且还体现在因现实的变迁而带来的理论上的创新和发展以及由此带来的政治学学科建设上的成就方面。

在我国，计划经济体制已经让位于社会主义市场经济体制，同时由经济变革带来的政治体制上的变化也是有目共睹的。首先，在民主法治建设上，政治的制度化正在加强。其次，在国家结构上，过去在计划经济时期的简单的单一制已经转变为更加复杂的国家结构关系。中央与地方、地方政府与地方政府之间的关系有了更多的市场经济特征。再次，在国家与社会之间的关系上，也发生了方向性变化。最后，在意识形态上，过去那种对待马克思主义、毛泽东思想的封闭、激进而又教条的态度已经转变为开放、理性而又灵活的态度。所有这些变革，都是我们以前所无法想象的。当然，在政治进步的同时，存在的问题也不容回避。那就是迫切需要建立一套约束政府权力、使人民群众的真实意愿和利益诉求能够得到顺畅表达的机制，以便从根本上保证社会的稳定与和谐。这些问题的解决，不仅需要实际工作者在体制创新方面的实践，更需要政治学学科的发展和政治学专业人才的智慧与理论贡献。

我国的政治变革既是对政治学研究工作的挑战，又是促使政治学发展的良好机遇。我国的政治学在这种压力与机遇并存的环境中正在快步前进。首先，在学科分类上，政治学已经从法学中独立出来而成为一级学科。其次，在学科分支上，政治学从马克思主义政治理论、制度史、思想史发展成为学科门类更加丰富、更加有特色的一门学科，诸如新政治经济学、政治社会学、政治心理学、政治文化、政治学方法论等。再次，在研究方法上，从单一的阶级分析法发展成为以历史唯物主义为基础的多元化方法论，诸如行为主义、理性选择主义以及方兴未艾的新制度主义。最后，在问题研究上，无论是深度还是广度，我国政治学界都取得了可喜的成就，为中国的政治发展和政治变革做出了自己应有的贡献。当然，在看到成绩的同时，也不能无视发展中的不足。作为中国政治学学科建设和发展的见证人，我们不能不为政治学发展中的结构性缺失而忧心忡忡。比如，就专业刊物而言，不要说与经济学、法学和历史学比较，就是和政治学的二级学科国际关系比较，政治学专业刊物的数量也是少之又少。这种现象严重制约了我国政治学的发展，很多优秀的研究成果只能散见于综合性学术刊物和大学学报。

中国政治学学科发展的基础是高校政治学专业建设。自 1980 年恢复政治学专业以来，政治学系或政治与行政管理学系已经成为很多高校的普遍性建制。而且在各高校政治学专业竞相发展的过程中，我们很高兴地看到各个高校的政治学学科建设，无不生机勃勃，成就斐然。其中特别值得一提的是中国人民大学。人所共知，中国人民大学一直是中国近代政治制度的研究重镇。同时，中国人民大学在学科发展中非常注重教材建设，经过专业优化组合的“新编 21 世纪政治学系列教材”在全国享有很高的声誉，是我国很多高校政治学专业和行政管理学专业的必备教科书。从已经出版的教材来看，我认为，“新编 21 世纪政治学系列教材”具有如下特点：

第一，体系上的创新性与独特性。教科书固然应该有通用的内容，但是在教材林立的今天，千篇一律而了无特色的教材是难以立足的，也难以为社会所认可和接受。“新编 21 世纪政治学系列教材”中的每一本教材在体系上的创新性与独特性都是很突出的。

第二，内容上的研究性与新颖性。体系上的独特性应该由内容上的研究性与新颖性构成。教科书不但要介绍一般性的概念和理论，还应该容纳最新的理论研究成果以及对有关理论成果的看法与评价。该系列教材的一个重要特征是，这些教材都是作者们基于自己多年的教学与研究心得而撰写的具有新意的研究性作品。一本好的教科书之所以享有盛名，就在于其因体系上的独特性和内容上的研究性而形成的权威性。

第三，观点上的全面性与选择性。教科书是一种通论性的著作，因而包容的学术观点、理论应该尽量全面。但是，在信息爆炸的时代，一本书企图容纳所有的观点是不可能，也是不必要的。因为有的观点不过是个别学者的偶发奇想而不具有普遍性。这就需要撰写者去伪存真，认真取舍。我很高兴地看到，本系列教材在追求观点的全面性时，也没有忘记选择性原则。

第四，方法论上的马克思主义原则性与包容性。我国的社会科学研究离不开马克思主义的基本方法论，尤其离不开历史唯物主义的指导，政治科学更是如此。但是马克思主义并不是凭空产生的，它是在吸纳人类精神文明优秀成果的基础上产生的，马克思主义的发展同样少不了与其他理论流派的碰撞以及对人类文明成果的借鉴与扬弃。封闭的马克思主义是没有生命力的，坚持马克思主义并不排除对其他理论流派的介绍与分析。正是基于这样的指导思想，本套教材在介绍马克思主义政治学的同时，能运用历史唯物主义的基本原理兼容并蓄地介绍和分析其他理论流派。

本套教材的上述特点决定了它们不但是有关专业的教师和学生必备的教学和学习用书，也是政治学研究者的重要参考书籍。虽然具有上述优点和特征，但是十全十美的社会科学著作是不存在的，因此，本套教材中的缺点与不足在所难免。衷心希望专家学者、广大读者积极批评、热情指正！

赵宝煦

前言

习近平总书记在哲学社会科学工作座谈会上指出，人类社会每一次重大跃进，人类文明每一次重大发展，都离不开哲学社会科学的知识变革和思想先导。国际关系学的知识生产也是如此。厘清国际关系知识新的发展取向，对于认识国际关系世界有着重要的意义。综观国际关系学科和国际关系理论的发展，当前有两条重要的脉络值得关注。一是对世界本原的再认知，亦即这个世界可能与我们原来非常熟悉并坚信属真的世界不是一个样子，构成这个世界的基本单位也可能与现代科学所认知的有着重大差异。二是对国际关系的“国际性”或“全球性”的探索：业已形成的国际关系学是否具有真正的“国际性”？现在呈现在我们面前的国际关系学具有真正的全球意义吗？沿着这两条主线，本书评介四种理论和思潮，包括实践理论、量子社会理论、全球国际关系学的兼容学派和批判学派。其中，实践理论和量子社会理论指向世界的本原，而全球国际关系学的兼容学派和批判学派都质疑当下国际关系学及其理论的“非国际性”和“非全球性”问题。

一、理论的静默

从 20 世纪 90 年代末至今，国际关系研究领域没有出现重大理论。用托马斯·库恩的话说，这可能属于常规科学时期，大量研究成果依然跃然于各种学术期刊之上，理论演绎更加精准、方法使用更加精致、研究内容更加细化，但冲击性的思想似乎消失了，颠覆性的学术话语似乎平庸了，革命性的原创意识也似乎淡出了。

二战之后国际关系理论发展一直相当活跃，无论是国际关系主流理论之间的所谓范式之争，还是新理论的出现，都表现出一种理论生产的繁荣。在 20 世纪 60 年代，跨大西洋的国际关系学术论争是非常激烈的，英国学派的代表人物对美国行为主义进行了毫不留情的批判，用词尖锐到刻薄的程度。再以美国的新现实主义、新自由制度主义和建构主义为例，新现实主义代表作《国际政治理论》发表 5 年之后，新自由制度主义代表作《霸权之后》即行问世，而主流建构主义代表作《国际政治的社会理论》间隔时间较长，与《霸权之后》相隔 15 年。但从《国际政治的社会理论》于 1999 年出版至今，已经 20 多年了，依然没有重大理论出现。

以三大理论为代表的主流国际关系研究依然占据主导地位，大量实证性研究在主流国际关系期刊发表。这些研究涉及三大理论的方方面面，研究设计越来越工巧，研究方法越来越精细。与三大理论相关的研究也不断出现，比如从结构现实主义到新古典现实主义，从新自由制度主义到制度竞争，从国际体系文化到身份认同，等等。比如第一代、第二代甚至第三代的现实主义研究依次发展，从国家层面到国际体系层面，再从国际体系层面回归国家和国家内部；再比如建构主义的规范研究，在 20 世纪后 10 年兴起，从国际体系层面的规范到单位层面的规范，从规范产生和规范传播到规范退化和规范消亡，各个层面的规范似乎都已经研究到了，规范的生命周期也都一一予以探讨和验证。人的大脑真是一个精密的机器，可以发现最边缘的问题和最微小的差异，并且从这些微小差异中寻找学术的意义。

但在同时，国际关系学界和学者也注意到，以三大理论为主导的研究，以及从中派生出来的再思考和再认知，已经很难产生突破性的理论和新的知识。如果以亚历山大·温特的《国际政治的社会理论》为主流建构主义兴起的标志，那么，20 多年的时间已经过去了，依然没有重大理论的出现，依然没有国际关系理论发展的科学革命。三大理论没有休止，我们可以从主流国际关系专业期刊上看到大量经验性研究，事无巨细地论争每一个理论衍生出来的每一个假设，在边边角角上面也时有新的想法和新的构思。学术研究仍在继续，但与之相关的研究越来越朝着技术性方向发展，越来越追求“科学”标准，同时，也越来越失去创造活力，越来越成为技术精致、思想贫瘠的知识重复，有的时候，真的犹如一条机械化生产线生产出来的产品一样。

国际关系理论发展似乎进入了静默期。

二、世界的本原

学术的价值在于思想活力，学术的真谛在于激活反思。“理论的生命力在于创新。创新是哲学社会科学发展的永恒主题，也是社会发展、实践深化、历史前进对哲学社会科学的必然要求。”学者的真实使命和终极目标是思想创新，是生产有原创意义的知识并以此激活他人的思想、引发学术的论争。因此，即便目前的国际关系研究真是处于一个常规科学时期，学者的思考依然没有停止，创新的意识依然没有死灭。综观进入 21 世纪之后国际关系理论的发展，可以发现人们正在重新认识世界的本原和知识的内涵，原来主流国际关系理论的本体论、认识论和方法论都出现了危机，对世界本原的再认识也许会颠覆主流国际关系的理论大厦。

首先是实践理论。实践理论是21世纪开始10年里兴起的，集中思考的一个问题是人类世界的实践本体。实践理论之所以属于前沿理论之列，是因为实践理论提出的实践本体论试图从最根本的层面超越国际关系主流理论的本体论论争，使多年来主流理论心物二分的基本研究取向在实践层面上统一起来。物质的和精神的因素都是重要的因素，但是两者之间不是二元分立，两者都无法独自产生意义，只有在社会实践中合二为一，才能将自身意义表现出来，共同产生社会性意义。依照实践本体论的观点，人类世界的本原是实践，人类的实践活动构成了一切存在的基础条件。人追求物质丰裕、生发思想理念，但这一切都需要在实践中才能形成，才能具有社会意义。犹如王阳明观花，在没有“看”的实践之前，作为物的花和作为意的心同归于寂，“看”的实践使得花的颜色一时明白起来，物和心在实践中结合起来，产生了意义。

在实践理论的视域之中，行为体的行为动因和行动逻辑都会表现出与主流理论的重要差异。比如，行为体不会像主流理论描述的那样，主要依照经过理性反思的表象知识实施行动，无以明言和来自实践的实践知识才是他们的主要行动动因。主流理论的理性人假定就是一个典型的例子。国家行为体首先被假定为理性人，理性人的重要行为动机是工具性的利益权衡，利益权衡促成人的特定行动。即便建构主义将工具理性扩展到规范理性，从物质利益考虑转向理念因素权衡，但依然遵循理性人的基本思维逻辑和行为逻辑。实践本体论在行动逻辑上打破了理性个体的前提假定，将实践知识作为驱动行为的最重要因素，因之突破了主流理论的理性人思维。虽然争议很大，但也开拓了一种新的思考方式和研究取向。

如果说实践理论试图从人类世界本体论立场审视主流理论，那么，量子理论则可能使我们看到一个更加不一样的自然世界乃至更加浩瀚的宇宙，从根本上颠覆经典科学观的本体论、认识论和方法论基础。量子叠加态和完全随机性、观测非中立性和创造性、量子纠缠所表现的反经典超距关联等，这一切表明，量子世界是一个完全不同于经典科学所描述的世界。当年被开尔文勋爵视为“两朵乌云”之一的黑体辐射问题竟然生发了量子力学，震撼了经典科学观的基底。量子世界是一个具有本原不确定性的世界，经典世界中的确定性假定可能会被彻底颠覆，世界和宇宙可能会被重新认知。

主流国际关系理论的最重要依据是所谓的“科学”，其本体论、认识论和方法论都坚定不移地秉持经典科学传统。主流理论自诩为“科学”理论，以“科学”名义批判其他“非科学”理论，并以此为国际关系理论建立科学标准和学科门槛。但是，主流国际关系理论的科学假定其实只是经典科学范畴内的假定，反映的是以牛顿力学、麦克斯韦电磁学和经典统计学为核心的现代科学体系。量子力学恰恰打破了这种对“科学”的狭隘界定。在量子系统中，构成世界最小单位的量子总是处于叠加态并表现出完全随机性，观测世界的人和工具都不是绝对客观的，因果关系不是决定性意义上的因果关系，这表明经典科学观出现了重要的问题，告诉人们经典科学不等同于科学。那么，在前提假定上遵循经典科学观的主流国际关系理论也就会从根本上出现问题。世间存在的可能是叠加态的“量子人”而不是单一态的“经典人”，行为体决策可能是“量子决策”而不是“理性决策”，人们对客观世界的观测永远与被观察物有着相互的影响，大千世界可能更是万物关联而不是万物分离。总之，不确定性成为世界的本原，非决定性理论可能取代决定性因果律这一经典理论坚信的客观规律。

现在量子理论更多用于自然科学的微观世界，在宏观世界的表现依然没有清晰的解释，但量子力学有可能成为包容经典力学的科学。这样一来，经典科学预设的那个确定性世界就坍塌了。据此，主流国际关系理论所依赖的经典科学观也会被颠覆，甚至有皮之不存、毛将焉附的窘境。即便是在自然科学的微观世界里，虽然量子特征已被无数实验所证明，但有些依然不能在理论上得到充分的解释。在社会科学领域，量子理论就更是前沿理论，至今依然没有成熟的理论出现，也远远落后于自然科学领域的进展，因此还很难说量子理论是否可以成为成熟的社会理论以应用于社会世界。但是，进入 21 世纪以来，国际关系学界的学者已经在做有意义的探索，相信向未知世界的前进一定会有新的发现，产生激活思想的原创动力。

三、知识的边界

进入 21 世纪之后，尤其需要关注的一个问题是非西方世界知识生产的现状和发展前景。从国际关系学科正式建立之时起，国际关系学就是一门西方的社会科学。二战之后，用斯坦利·霍夫曼教授的话说，国际关系学就是一门美国的社会科学。所有主流国际关系理论都是在西方国家产生的，三大理论都是在美国产生的。这些理论的实践依据大都是威斯特伐利亚国际关系史，思想依据大都是西方的政治经济社会思想传统，世界观大都是西方的地缘文化认知。这种现象显然是不合理的，尤其是在当今世界，多元化和多样化表现在各个方面，无论是国际关系行为体，还是国际关系思想、国际关系实践等，都不是能用一种单一模式可以解释的。换言之，知识生产不能永远锁定于一种单一的生产方式和一种同质化的生产边界。

于是，进入 21 世纪之后就出现了一种很有意义的研究取向，这就是推动国际关系学朝着真正意义上的全球国际关系学的方向发展，推动国际关系理论朝着去中心化和多元化方向发展，推动国际关系知识生产朝着一种更加公平合理的生产关系方向发展。这一研究取向包含了两个重要的研究议程，一是全球国际关系学的兼容学派，二是全球国际关系学的批判学派。

兼容学派和批判学派都是在 21 世纪头 10 年出现的理论思潮，现在依然在发展之中，也形成了一些重要的共识。两个学派都认识到当前世界国际关系研究的现状是西方学术主导，也都认为这种现象是不合理的、不利于知识进步的。从这个基本认知出发，两个学派也都意识到，需要建立真正意义上的全球国际关系学。而要建立全球国际关系学，就需要超越西方的地域文化，在整个世界寻找和建构国际关系的思想和知识，使国际关系学成为一门“国际”的、“全球”的学问，而不是仅仅西方的学科。因此，推动国际关系学向全球意义发展是两派的共同目标。

但是，两个学派也有着根本性的不同。兼容学派一个最核心的观点是，无论西方还是非西方，都需要国际关系理论，也都需要进行国际关系的知识生产。西方学者产出的理论很难解释非西方的现实，因此，要鼓励非西方学者的知识生产，激发他们构建原创性的国际关系理论。兼容学派对西方国际关系理论进行了批评，认为西方国际关系理论的基础仅仅是威斯特伐利亚国际关系史，依据的是西方世界的国际政治实践，这也是西方国际关系理论为什么不能充分解释整个世界的根本原因。也正因为如此，兼容学派呼吁非西方的国际关系学界充分挖掘和使用自身的文化资源和实践内涵，成为平等的知识生产者。兼容学派的最终目标是建立一种全球性的国际关系学，既包含西方的国际关系思想和理论，也包括非西方世界的思想和理论，在多元中实现一体化，在兼容中实现普遍性。

兼容学派推动建立全球国际关系学的做法是通过对不同地域文化中国际关系研究的现状和存在的问题入手，发现西方和非西方在国际关系世界中的认知和思想差异，并在差异中发现通向国际关系学科全球化的多元路径。兼容学派对国际关系发展的历史和思想的产生做了深入的追溯和分析，发现国际关系的思想不仅存在于西方世界，在非西方世界中也有极具活力的思想理念，尤其是在历史悠久的重要文明体如中华文明、印度文明、伊斯兰文明中，发现了对政治、权力、行为体关系等重要概念的理解和思考。

批判学派不能认同当今国际关系研究的问题是西方国际关系理论不能充分解释整个世界的国际关系现实这一兼容学派的基本观点，也不会将这样一种研判作为自身研究的基础。从一开始，批判学派就认为，当今世界的国际关系研究之所以出现西方学术话语霸权的状况，并不是西方的知识生产的先进和非西方的落后，关键问题也不是西方国际关系理论不能充分解释全球现实。国际关系学的根本问题是西方建立了学术话语霸权，并且通过权力压制西方以外的国际关系思想和理论，目的是维护知识霸权，将自己永远定格于知识生产的顶端，将其他地域文化永远定位于知识生产的底层。西方国际关系学界是主体，西方以外的都是客体，主体生产知识，客体接受和消费知识。因此，批判学派认定，是当今世界国际关系研究领域的权力结构塑造和维持了不平等的生产关系，导致了非西方世界国际关系知识生产的落后状态。

因此，批判学派寻求的是建立一种更合理的知识生产方式和知识生产关系。批判学派也寻求不同地域文化中的重大思想差异和研究差异，也发现这样的差异确实存在。但是，批判学者经过努力发现，这样的差异远远无法消除当今国际关系领域研究的不平等现象，不能真正颠覆中心地带国际关系理论的统治地位。同时，他们也组织了各种学术对话，将不同地域文化的学者聚拢在一起，共同讨论国际关系的知识问题。但是，他们也发现，这样的对话虽然能够拓宽国际关系学的视野，却依然无法撼动西方的学术霸权地位，甚至可能成为西方国际关系学界规训他者的平台，进而更加巩固他们的统治地位。因此，批判学者呼吁超越国际关系学，在其他领域发现更加有效的方式、更加活跃的思想、更加美好的生活方式。

批判学派的理想目标与兼容学派是根本不同的。批判学派不是要建立一种包含世界各地学术思想的所谓多元一体的学科。批判学派认为由于西方国际关系学已经在这一领域建立起一整套概念体系、方法体系和思想体系，所有的讨论都只能是在这样一种体系中发声和展开，因此，从一开始，对话就是不平等的，反映的其实是权力关系。并且，在这种对话中，中心地带会通过学术的科学化和专业化，进一步加强自身的话语权，划定学科边界，强化学科标准，规训外围地带的学术界。批判学派继承马克思主义的批判精神，寻求人的彻底解放和人的思想的彻底解放。要实现这个目标，只能颠覆当前的国际关系理论大厦，重构国际关系知识领域的生产方式和生产关系。这也是所有罗伯特·考克斯意义上的“解放理论”所追求的终极目标。

无论是兼容学派还是批判学派，都是在世界进入 21 世纪以来，基于全球国际关系新的实践生成的国际关系思想，也都依然在生长和发展之中。兼容学派很可能更加强调统一的知识范畴，推动西方和非西方学术思想的交融；而批判学派则更可能在不同思想和视野中探寻思想解放的路径，努力发现可以导向变革的根本性矛盾。进而，两个学派都希望扩展国际关系知识的边界，将其从原来狭隘的西方世界推向全球。但是，两个学派能够发展到什么程度，推出什么样的研究议程和理论思想，依然需要我们进行持续的观察和研判。

四、简短的结语

本书讨论的四种理论和思潮属于国际关系领域的研究前沿。所谓“前沿”，有两种含义：一是这些理论思想是在对现有主流理论质疑和批判的基础上形成的；二是这些理论思想都没有形成一种完全自洽的理论体系，有的是理论雏形，有的是概念重构，有的是知识倡议。但在同时，理论前沿具有生发理论的潜力，有导向新的理论的可能性。这是因为理论前沿可以强烈地冲击思想，震荡认知，颠覆常识，激活潜能。这也许是理论前沿的重要意义所在。

进入 21 世纪之后，中国的国际关系理论有了重要的发展，在世界的国际关系研究领域引发了不少的讨论和辩论。实际上，中国的国际关系理论与这些前沿理论和思想也是有交集关联的。比如，全球国际关系学的兼容学派和批判学派都高度重视中国国际关系领域的知识生产和知识产品，并在某种程度上启发这些学派对文明和地域文化的敏感和兴趣。再比如，对于世界本原问题，中华文化世界观中的天下体系、和谐理念、中庸思维、万物互联观念等，都可能在新的理论创新中产生重要的影响。

知识是人类的共同知识，知识不会也不应止于权力划定的边界，国际关系理论尤其需要具有和表现出世界的意义和全球的气度。

2023 年 5 月 28 日于即墨鳌山卫

目录

第一篇

实践理论

第二篇

量子社会理论

第三篇

全球国际关系学：兼容学派

第四篇

全球国际关系学：批判学派

第一篇

实践理论

导 言

国际关系的实践理论是进入 21 世纪之后兴起的。实践理论最根本的一点是坚持实践本体论，认为人类的一切行为都是首先来自实践。实践理论的最大创新点也正在于它所坚持的实践本体论突破了主流国际关系理论在 20 世纪后期学术论争的界限，指出了一条新的国际关系研究路径。

在实践理论兴起之前，支撑主流国际关系理论的本体论主要是物质主义和理念主义，前者强调物质性因素是人类行为的基础，而后者则认为思想理念才是人类行为的依据。两种本体论立场互不妥协，主流之间的主要论争也往往集中在到底是物质还是理念构成了人类行为的第一推动。这既反映了西方主流国际关系理论背后本体立场的重要性，也反映了西方国际关系领域的关键分歧并没有超越西方哲学史上的物质和理念的论争，没有突破心物二分、二元对立的思维方式。

包括结构现实主义和新自由制度主义在内的理性主义理论所坚持的是物质本体论，物质性利益构成了行为的基本动力。以现实主义为例，国家物质性利益驱动国家行为，对于国家而言，只有永恒的利益，没有永恒的友谊。新自由制度主义的基本依据是国际制度使互动的双方可以在制度引导下进行合作，以最大限度地实现国家的物质性利益。而在 20 世纪 90 年代前后兴起的主流建构主义则坚持理念主义本体论，认为观念才是人类行为的最重要驱动因素。温特的建构主义与新现实主义和新自由制度主义等理性主义国际关系理论的最大区别就在于它坚持了理念主义本体立场，将国际体系观念结构或曰文化视为引导和塑造国家身份、驱动国家行为的基本依据。

实践理论认为，无论是物质性因素还是理念性因素，都不具本体优先的地位，都无法单独实现驱动行为的功能。毫无疑问，两者都有着重要的意义，两者都是人类活动的关键要素，但是，在人的行为问题上，是无法区分到底是物质还是理念起到了第一推动的作用。只有发现一座使两者能够结合在一起的桥梁，人的行为才可能成为现实。这座桥梁就是实践。实践使物质和理念联系起来，探索心和物在实践活动中的统一。从这个意义上讲，国际关系实践理论是社会科学研究领域"实践转向"的一种表现，也是国际关系学界开始从具体实践活动到思维行为方式自下而上地思考行为动因的尝试。

在实践本体论框架之中，国际关系的实践理论有三个重要观点。首先是实践知识的根本性意义。人类知识可以分为实践知识和表象知识。前者指人在实践中获得的知识，是没有明言和没有经过理性处理的知识。这样的知识只能来自行为体的实践活动，比如人们只能在游泳中学会游泳。后者指经过理性处理的知识。这是经过人脑思考并且业已言明的知识，比如理论或书本知识。实践本体论意味着实践知识是第一性的，表象知识是第二性的，表象知识所表象的是实践知识。

其次是实践性逻辑。实践性逻辑认为实践知识才是人类行动的第一推动。主流社会科学理论认为表象知识是人类行为的主要驱动因素，因为人是理性动物，是会思考的行为体，所以，经过人脑梳理而形成的知识引导人们采取理性的行动。无论是结果性逻辑还是规范性逻辑，都强调表象知识的重要意义。前者强调人的工具理性，后者侧重人的规范理性。但实践理论认为，人的行动的首要依据是其实践活动，是人在实践中形成的习惯性行为。比如，中国人用筷子吃饭，而西方人用刀叉吃饭，可能细究背后的理性因素也会找出不少解释，但当人们使用筷子或刀叉的时候，只是从小在文化环境中的实践形成的行为，是实践使然，因此也不会去思考背后的道理。

最后是实践共同体思想。相似的实践活动使人们组成了基于实践的共同体，实践共同体成员在宏观层面上表现出相似的思维方式和行为方式。国际关系研究的一个重要议题是安全共同体。安全共同体是一个实践共同体，其根本的实践活动是以和平方式处理国家间的分歧和矛盾。在逐渐形成并成熟的安全共同体之中，成员并不是反复进行工具性或规范性权衡，而是自然而然地采取和平方式解决争端，战争方式已经不在他们的行动选择菜单之中。环境保护共同体也是如此，共同体成员已经将环境保护作为习惯性行为，并且还可能逐渐消除人类中心主义，与万物共生共存，平等相处。

实践本体论背景下的实践知识、实践性逻辑和实践共同体构成了实践理论的核心内容。虽然现在实践理论也是在起步阶段，不像主流理论那样有着大量的理论阐释和经验研究，但是，作为21世纪国际关系领域的前沿理论之一，实践理论有着很大的潜力。尤其是实践理论遵循的自下而上的思维方式，相信世界是由多元实践共同体构成的世界，也会因之鼓励知识生产的多元化和知识产品的多样化，从而推动地方性知识生产的合法性与国际关系研究的民主化。

第一章 实践本体论

国际关系的实践理论是21世纪初开始在国际关系领域形成的一个重要理论学派。实践理论的目的是将实践概念引入国际关系知识生产之中，以实践本体论为核心，破解国际关系理论长期存在的物质-理念二元对立难题，将其在实践层面整合起来，形成一种解释物质和理念的功能和意义的理论范式。

主流国际关系理论没有自身的本体论原点，其本体立场主要以借鉴其他学科的理论而生成，比如，结构现实主义主要借鉴微观经济学，新自由制度主义从制度经济学那里得到灵感，建构主义则更多地师从社会学建构学派。因此，在这些理论借鉴其他理论的时候，也就将其背后的本体立场有意无意地一起借用过来了，并且这样的本体论立场直接影响理论建构和知识生产。虽然包括结构现实主义和新自由制度主义的理性国际关系理论并不主张深入探讨背后的本体论问题，但实际上，理性主义国际关系理论的物质主义本体论是理论产生的重要依据。而建构主义从一开始就关注本体问题，自觉地将理论原点明确设定为理念主义本体论，这也将与理性主义理论论战的核心置于本体论上面。①

西方主流国际关系理论的本体依据与西方哲学思想史发展是一脉相承的。从西方哲学来看，几个世纪以来的主线脉络是物质主义和理念主义两种本体论的论争，并且两者之间基本没有妥协的余地，因为西方哲学的一个根深蒂固的理念是“非此即彼”，而“彼此相即”的思想很少存在于西方主流逻辑思辨和学术思维之中。②在国际关系理论研究领域，到21世纪初，至少在主流理论范畴之内，物质主义和理

① 亚历山大·温特：《国际政治的社会理论》，秦亚青译，上海人民出版社，2000。

② “彼此相即”是庞朴教授对中庸辩证思想的总结，与“非此即彼”思维定式有着根本的不同。参见庞朴：《“中庸”平议》，《中国社会科学》1980年第1期；亦参见 Richard E. Nisbett, *The Geography of Thought: How Asians and Westerners Think Differently... and Why* (New York: Free Press, 2003).

念主义依然是理论论争的本体论分界线，物心谁为主导、谁为从属的问题从来没有得到解决。直到实践理论在国际关系学界出现，才将实践本体引入学术论争，这就导致了国际关系领域研究的“实践转向”：从知识来源于物质或理念转向知识来自实践，从行动受物质因素驱动或被理念因素驱动转向行动由实践驱动。

实践理论坚持实践本体立场，认为物质和理念自身都不会产生社会意义，只有在实践之中，两者才会交互作用、合二而一，共同产生社会意义。实践本体的立场直接关涉三个方面：一是知识观，认为实践知识比表象知识更具根本性意义；二是实践共同体，认为共同的实践知识形成实践共同体，实践共同体成员在宏观层面具有相似的思维和行为方式；三是实践性逻辑，认为实践性逻辑是比结果性逻辑和适当性逻辑更为重要的行动逻辑。因此，依据实践本体的根本立场，实践知识、实践共同体和实践性逻辑构成了实践理论的三个重要内容。

马克思曾经说过，全部社会生活在本质上是实践的。实践理论的基本观点也是将实践置于社会生活的核心位置。实践理论包含许多重要内容，但这些内容基本上都是从实践本体论衍生出来的。因此，我们首先需要通过与主流国际关系理论的比较，讨论实践理论的本体论立场。

一、物质主义本体论：新现实主义和新自由主义

在西方哲学和思想史发展历程中，物质主义和理念主义一直是针锋相对的两种本体论，也是西方思想中占据主导地位的两种本体立场。物质主义强调世界是由物质构成的，物质具有本体优先地位，人类行动是由物质利益驱动的。理念主义恰恰相反，认为世界是由理念构成的，理念才具有本体优先地位，人类的行动首先是由理念驱动的。虽然物质主义也承认理念的存在，理念主义也承认物质的作用，但在孰先孰后、孰重孰轻，以及哪种因素具有本体优先地位这一根本问题上，两者针锋相对，几乎没有妥协的余地。

至亚历山大·温特（Alexander Wendt）的《国际政治的社会理论》一书问世，主流国际关系理论一直是物质主义本体论占据主导地位。虽然像肯尼思·华尔兹（Kenneth Waltz）和罗伯特·基欧汉（Robert Keohane）等主流学派领军人物声称不会刻意关注本体论问题，甚至明确反对将本体论纳入国际关系理论话语和讨论之中，但理论学者的本体论却实实在在地存在于他们的背景知识之中①，对其理论建构产生了根本性意义。物质主义本体论，这个西方现代化过程中占据显赫地位的本体立场，同样奠定了20世纪七八十年代新现实主义和新自由制度主义两大主流理论的基础。

新现实主义是几近完全意义上的物质主义本体论。物化的无政府状态、原子式的行为个体、物质性权力分布形成的国际体系结构反映了新现实主义物质本体论的

---

① John R. Searle, *The Construction of Social Reality* (New York: The Free Press, 1997).

三个要素。国家是国际社会的主导行为体，是国际关系世界构成的基本单位。国家作为行为个体，是自组织的实在、是实体性存在的原子个体，具有相似的恒定属性，在独立存在的状态下生成自我利益，并在国际体系的环境中学会获取利益的理性方式。①独立存在的自组织个体是物质主义本体论观照下的实在，弹子球式的国家在作为环境的棋盘上，依靠外力和互力的作用而产生碰撞式互动，这种充满物质主义个体的本体观念构成了新现实主义的基线思维。

物化的无政府状态是新现实主义国际关系的第一推动。华尔兹将国际体系的无政府状态作为区分国际政治与国内政治的根本标识。国际体系之所以不同于国内体系，是因为国际体系是一个无政府体系，这也正是国际政治理论成为独立研究领域的基本原因。无政府状态是以每个人反对每个人的战争为秩序原则的，国际体系中的个体单位都会以此为行为起点，因此，无政府状态是国际政治的标识。如果说国内体系由于政府的存在而属于他助体系，那么无政府体系则是典型的自助体系。国家在这样一种体系中，只有依靠自己的力量，才能够得以生存和发展。在新现实主义那里，无政府状态得到充分物化，被视为国际关系世界的客观存在。②这在很大程度上是新现实主义背后的强势物质主义本体论使然。

以物质性权力为基本内涵的国际体系结构是新现实主义的核心要素。华尔兹在考虑国际政治的时候，受到结构主义的重要影响，将体系结构视为理论的主导自变量，体系结构决定体系单位的行为取向和体系自身的稳定与否，这就是所谓的“结构选择”。进而，华尔兹将新现实主义理论中这个核心变量界定为完全意义上的物质性要素：体系结构中的物质性权力或曰实力分布，且明确指大国的物质性权力分布。单极、两极、多极格局几乎都是在这种物质主义本体论的范畴内界定的：单极稳定、两极稳定、多极稳定都是依据国际体系物质性结构这一关键自变量产生的理论观点。国际关系的大多数经验性研究也是依照这种思维方式展开的，虽然研究者并不一定在意或知晓研究背后的本体论及其物质主义的核心内涵。

新自由制度主义同样采用了物质主义本体论，因为从根本上说，一个物质性的世界是新自由制度主义的前提假定。当然，新自由制度主义的物质主义是妥协的物质主义，也就是说，它不是新现实主义那样几近完全意义上的物质主义，而是在采取物质主义本体论的大前提下，收纳了非完全意义上物质主义的要素。从新自由制度主义的基本行为单位来看，与新现实主义没有区别，依然是自组织的单一国家，这样的行为单位具有先在的个体身份，因此也就具有先在的个体利益，其最根本的特征就像经典物理学中的最小单位一样，具有终极的物质属性和不可更变的实体特征。这样的身份和利益是不需要经过任何非物质或社会性互动就可以独立存在，仅仅通过个体理性的权衡就可以成立的。基欧汉在新自由制度主义理论建构中使用了

---

① 肯尼思·华尔兹：《国际政治理论》，信强译，上海人民出版社，2017。

② 物化意味着将人的活动及其产品视为非人的物体。实际上，温特的建构主义的起始点之一就是对无政府状态物化现象的批判。参见 Peter L. Berger and Thomas Luckman, *The Social Construction of Reality*: *A Treatise in the Sociology of Knowledge* (New York: Doubleday, 1966), p. 89.

博弈论方法，证明制度对合作的重要意义，但经典博弈论的基础是自为自在的个体和物质性个体利益，以工具理性作为思想实验的原点，因此，从国际体系基本单位来说，新自由制度主义具有先在的物质性本体立场。

在国际关系的第一推动问题上，新自由制度主义也完全采纳了新现实主义对无政府状态的物化定义，认为这是国际关系世界的客观事实和前提条件，并且对于这种无政府状态的认知与新现实主义并没有什么差异，行为体之间的冲突构成了无政府状态下的基本行动取向。因此，基欧汉承认，在理性的个体行为体和国际体系无政府状态这些基本单位假定方面，新自由制度主义与新现实主义没有差异。①无政府状态的高度物化和实体性存在反映了新自由制度主义的本体论立场，大量新自由制度主义理论框架中的研究也都是以物化的无政府体系为客观实在的。

新自由制度主义的核心自变量是国际制度。虽然无政府状态决定了国家间冲突是基本的行为取向，但新自由制度主义试图发现一个国际体系层面的主导性变量，能够弱化和缓解无政府状态既有的冲突取向，促成国家之间的功能性合作。新自由制度主义发现的主导自变量是国际制度，认为国际制度可以在很大程度上决定国家行为，亦即“制度选择”。国际制度并非完全意义上的物质性因素，因为制度属于上层建筑之列，是行动者创建的。在这个意义上，新自由制度主义表现了妥协性，因此属于弱式物质主义之列。正是因为这种妥协，温特将新自由主义归于物质主义和理念主义之间的位置。②但除了坚持实体性个体和物化的无政府状态，从制度的作用方面来看，其功效也在于物质性能力，在于物质利益的获取和分配，行动者采取行动的主要动因依然是物质利益。正因为基欧汉理论对个体行动者和无政府状态的基本假定，加上国际制度促成合作的物质性本质，“新自由主义的基础说到底是新现实主义的本体论”③。

二、理念主义本体论：温特的建构主义

建构主义的出现代表了国际关系理论发展历程中的一条新的路径，但从本质上并没有摆脱物质主义和理念主义二元竞争的基本态势。从温特的一系列论述，包括最后集大成的著作《国际政治的社会理论》，都反映了一种明显偏向理念主义的本体论，这也构成了温特的建构主义与华尔兹的新现实主义和基欧汉的新自由制度主义的最重要差异。因此，在国际关系理论领域，以新现实主义和新自由制度主义为代表的理性主义和以温特的建构主义为代表的理念主义之争，构成了世纪之交主流国际关系理论在本体论上最鲜明的论战。正因为这一论争契合了西方哲学思想中的

---

① Robert Keohane, “International Institutions: Two Approaches,” in *International Institutions and State Power: Essay in International Relations Theory*, ed. Robert Keohane (Boulder: Westview Press, 1989), pp. 158-179.

② 亚历山大·温特：《国际政治的社会理论》，秦亚青译，上海人民出版社，2014，第30页。

③ 同上书，第29页。

心物二分、理念物质对立的传统，所以，理性主义和建构主义之争成为比新现实主义和新自由制度主义之争更为深刻的学理和思想论争。

温特首先指出，本体论立场对于国际关系理论建构是至关重要的，无论承认与否，都会对理论建构取向产生重大影响。温特在《国际政治的社会理论》一书中首先对国际关系理论进行了分类，分类有两个标准，一个是理念主义和物质主义，另一个是整体性和个体性，两者共同形成了一个类属坐标系及其四个象限。其中，新现实主义和古典现实主义属于个体性物质主义范畴，而英国学派理论、后现代理论、女性国际关系理论则属整体性理念主义之列。因此，在分类上，本体论就是一个最基本的标准。建构主义没有明确标注在这个坐标图谱之中，但从其根本属性而言，建构主义属于整体性理念主义，这也就界定了建构主义的理念本体立场。

建构主义的理念本体立场首先表现在对社会个体的认知。温特的建构主义借鉴了英国学派国际社会的概念①，强调的是社会性和主体间性，即强调不仅存在一个国际体系，还存在一个国际社会；国际社会成员的身份不是既定实体的确定身份，不是物质性存在，而是在主体间互动过程中形成的。建构主义强调行动者身份的意义，也就是强调这种主体间互动的过程和互动过程产生的身份塑造能力。在温特早期的研究成果中，这一点尤为突出，在本体论上对个体的、独立的行动者提出了深刻的质疑。在建构主义的视域里，行动者不再是完全自在的原子个体，而是在社会互动中形成身份的个体，是在社会结构中“被建构”“被身份”的个体。

其次是对国际体系结构的理念主义诠释。温特的建构主义是结构性理论，强调国际社会的整体结构。但是，温特的国际结构与华尔兹的国际结构有着根本的不同。温特的结构从本质上说是理念性的，所以被称为国际体系的文化。比如国际体系的无政府状态，被定义为国际社会的文化结构，文化结构是理念性结构而不是物质性结构。在这个意义上，建构主义质疑并挑战被物化和被客观化的无政府状态。“无政府状态是国家建构的”几乎成为温特的建构主义的标志性话语。②这意味着被新现实主义和新自由制度主义视为国际关系世界客观事实和物质性存在的无政府状态实际上是行动者的互动行为所建构起来的。不同的互动方式建构不同的无政府状态，不同的无政府状态又反过来建构不同的行动者身份。据此，无政府状态的物质性、客观性和确定性假定就被否定了。

这方面最典型的例子就是温特对国际体系理念结构的分类。他将此称为国际体系的无政府文化，指出国际体系文化不是客观存在和先验固有的，而是行动者建构起来的。如果国际体系无政府文化是行动者在互动中建构的，那么，行动者不同的互构行为就会建构不同的无政府文化。进而，不同的无政府文化建构不同的行动者身份。比如行动者可以建构霍布斯文化（Hobbesian culture），也可以建构洛克文

---

① Hedley Bull, *The Anarchical Society: A Study of Order in World Politics* (New York: Columbia University Press, 1977).

② Alexander Wendt, “Anarchy is What States Make of It: The Social Construction of Power Politics,” *International Organization*, vol. 46, no. 2 (1992): 391-425.

化（Lockean culture）和康德文化（Kantian culture）；霍布斯文化建构敌人身份，洛克文化建构竞争身份，而康德文化则建构朋友身份。如果说华尔兹的结构是物质性实力结构、基欧汉的结构是有所妥协的物质性制度结构，那么，温特的结构则基本上属于理念性的文化结构。将国际体系结构定义为理念结构，是温特的建构主义与理性主义国际关系理论最大的不同，因此，三种理论的不同实际上反映的是更为深层的本体论差异。

建构主义的理念本体论还反映在对行为体行动的阐释上。新现实主义和新自由制度主义的行为动机都是物质性利益，认为行为体的身份是先验给定的，先验给定身份决定了行为体的利益是通过理性自我界定的，比如，生存利益是任何行为体的第一需求，这是他自身的生存需求而不是社会性互动所决定的。鲁滨孙即便是在一个荒岛上，也首先需要解决生存问题。“国家只有永远的利益”这句被反复引用的话也反映了这个本体论立场。建构主义认为利益决定行为，但利益不是原生和固有的，利益是依据身份而产生的；进而，身份也不是原生和固有的，身份是在社会互动过程中被建构起来的。比如，女性之所以为当今社会的“第二性”，是因为男权社会建构起这样一种女性身份。对于建构主义而言，社会建构身份，身份塑造利益，利益驱动行为。

当建构主义建立起以国际规范为重点的研究议程之后，这种理念主义本体立场就反映得更加明显。温特的建构主义问世之后，建构主义研究议程开始在旗舰期刊的引领下不断聚焦，最后定格在“国际规范”这一核心概念上面。[①]国际规范是体系层面要素，这就符合了结构建构主义的整体性特征，主要思考体系层面因素对体系单元的影响。另外，国际规范属于理念范畴。新自由制度主义的国际制度包含了物质性和理念性因素，比如，制度的实体存在和实体的规范设定，但国际规范却主要是理念性因素。国际规范不但使行为体知道在什么样的条件下采取什么样的行动才是适切的，而且是通过以规范建构行为体身份而使行为体知道自己具有什么适切的利益。比如，去殖民化运动产生了大量新的独立主权国家，这些新的国家在国际组织的规范教化中学会了什么是现代化国家，现代化国家的根本利益是什么，等等。甚至国际规范还塑造了行为体的物质性身体构成，比如，因需要现代化国家的现代化教育而接受国际组织的援助，因而也就设立了与之相关的政府机构。[②]以国际规范为核心的研究议程明确显现了理念的核心作用，也更加明显地反映了所秉持的理念主义本体立场。

温特认为他所采取的是一条“折中”路线。比如，在行动者身份问题上面，虽然温特强调身份的社会建构，但在他使用的例子里，自我和他者都是具有先在身份的，或者说首先是一个自组织的个体。再比如，他坚持科学实在论的认识论和方法

---

① 参见 *International Organization*（vol. 5，Fall，2005）中所载的一系列规范研究论文。

② Martha Finnemore，*National Interests in International Society*，*Ithaca*（New York：Cornell University Press，1996）.

论立场，认为理念主义和科学实在论是可以折中调和的，因此也被一些更彻底的理念主义学者批评为披着理念主义外衣而具有物质主义实质的理论。①不过，应当承认的一点是，温特的建构主义的理念主义成分非常明显，与其他主流国际关系理论的根本分歧也在于建构主义明显的反物质主义倾向。温特的建构主义之所以能够成为国际关系理论的重要突破，主要是因为其理念主义本体论。因此，《国际政治的社会理论》一书的开篇就引用了阿尔弗雷德·怀特海（Alfred North Whitehead）的话："没有任何科学可以比无意识的形而上学更为可靠，因为任何科学都含蓄地以某种形而上学为前提条件。"②

温特的建构主义与新现实主义和新自由制度主义的最大不同是本体立场的差异，亦即建构主义从物质主义本体论走向理念主义本体论。在两者的论争之中，我们可以看到物质与理念这一长期以来在西方学界的二元对立思维结构和认知定式的再现。从这个意义上讲，西方国际关系理论的辩论和创新依然囿于物质－理念的二元分野知识结构，依然是在西方传统哲学世界里的辩论，因之并没有反映本体论方面的创新和突破。

三、实践本体论：国际关系的实践理论

国际关系的实践理论开始突破心物二分的本体结构，也超越了国际关系理论领域以物质主义和理念主义之争为本体论断裂线的基本格局。实践理论是进入 21 世纪之后开始在国际关系理论产生影响的，核心思想就是以实践为研究重点，以实践本体为基本本体论立场，并试图将物质与理念统一到更具本体优先地位的实践上来。

国际关系的实践理论受到其他领域理论和思想的影响，尤其是社会学领域的实践转向对国际关系领域的理论建构产生了很大的启发。③实践理论在国际关系领域也有一些不同的流派，影响最大的是以伊曼纽尔·阿德勒（Emanuel Adler）和文森特·波略特（Vincent Pouliot）为领军学者的国际实践学派。从学术传承上讲，实践理论深受路德维希·维特根斯坦（Ludwig Wittgenstein）、米歇尔·福柯（Michel Foucault）、皮埃尔·布尔迪厄（Pierre Bourdieu）等学者的影响。后结构主义对日常实践活动的重视以及建构主义的行动理论等对实践理论也形成了直接的影响。实践理论将日常的实践活动视为政治的重要组成部分，将实践理性、语言实践、文本实践、话语实践等作为研究的重要内容。同时，国际关系领域的实践活动

① Roxanne Lynn Dorty, "Desires All Way Down," *Reviews of International Studies*, vol. 26, no. 1 (2000): 137-39.

② Alexander Wendt, *Social Theory of International Politics* (Cambridge: Cambridge University, 1999), p. xvi.

③ Theodore R. Schatzki, Karin Knorr Cetina and Eike von Savigny (eds), *The Practice Turn in Contemporary Theory*, (London and New York: Routledge, 2001).

也丰富多彩，许多重要的理论学者和理论学派，比如亨利·基辛格（Henry Kissinger）、罗伯特·基欧汉、约瑟夫·奈（Joseph Nye），还有英国学派等，都对历史和现实的实践活动高度关注。建构主义的结构-行动者互动理论也包含了深刻的实践内容。虽然这些学者没有使用实践理论，没有对实践进行理论凝练，也没有在知识生产层面对实践进行深入的讨论，但他们的学术思想与实践密不可分。①

实践理论的核心概念是实践，该理论认为国际关系和世界政治首先是由实践活动构成的。根据实践理论的定义，实践是行动的实施，是具有社会意义的有规律的行动。② 这个基本的概念有着几个含义。首先，实践是做事情，是做事情的过程。实践不同于实体，不是一个具体实在，而是一个行动实施的过程。其次，实践是有规律的社会行动，会表现出跨越时间和空间的规律性。也就是说，实践往往表现为时间和空间上的延续性和重复性。最后，实践是社会层面的事情，不是个体行动。正因为如此，实践和实践的规律性可以在社会层面得以识别，最明显地表现在实践共同体上面。因此，实践具有重要的社会性意义。③

实践理论坚持认为，实践具有本体优先地位。也就是说，在人类世界里，最具根本意义的是实践。物质性因素和理念性因素都是人类世界中的重要组成部分。世界不可能没有物质，环视四周，物质性的东西处处可见，无论是我们吃的食物还是我们使用的器皿，都是物质的；同时，我们也可以随时随地感受到思想的存在和影响，无论是亚里士多德还是孔子，都对人类产生了至关重要的影响。但是，如果抽去了实践这个基底，二者皆空，亦即二者都失去了社会意义。物质不会单独地产生社会意义，理念也不会来自缥缈虚无。

物质性因素和理念性因素在实践过程中产生意义，社会事实和社会意义是社会实践的结果。这就是实践的本体优先地位。王阳明观花的故事形象地说明了这一点。《传习录》记载："先生游南镇，一友指岩中花树问曰：'天下无心外之物，如此花树，在深山中自开自落，于我心亦何相关？'先生曰：'你未看此花时，此花与汝心同归于寂。你来看此花时，则此花颜色一时明白起来，便知此花不在你的心外。'"④根据王阳明的观点，在你不看花时，花并非不存在，但花对你是没有意义的。于是，"花与汝心同寂"。"同寂"不是说花是不存在的，而是说花之于你没有属人的意义。而"你来看此花时，则此花颜色一时明白起来"，也就是说花对你产生了意义。当人心中的知识和他所观察的事物之间相遇的时候，物质性的花与理念性的心就联系在一起，使两者联系在一起并产生意义的是"看"这个实践活动：是"看"的实践打破了"同寂"，产生了活生生的意义。

从本体论角度来看，实践的本体优先性有着三重递进的意义。其一，对于人类

① 伊曼纽尔·阿德勒、文森特·波略特：《国际实践》，秦亚青、孙吉胜、魏玲等译，上海人民出版社，2015，第4-5页。

② 同上书，第6页。

③ 同上书，第6-9页。

④ 王阳明：《传习录》，叶圣陶点校，北京时代文化书局，2014，第233页。

社会而言，实践是先于物质和理念的。物质和理念只有在实践的条件下，才可能产生社会意义并因之导向社会行动。在没有实践活动的条件下，作为自然存在的物质是没有意义的，而作为人类思想的理念也只能是无本之木和无源之水，是难以生发和生长的。

其二，实践是物质和理念的叠加显现。物质世界的存在是一个事实，网络世界离不开电脑，任何学校也都离不开教室和教具。在国际关系领域，战争离不开武器。所以，“实践不是对世界的苦思冥想，而是直接介入物质世界，因此也只有在物质世界中才能存在。实践还是与身体相关的，因为实践活动不仅涉及大脑，也涉及身体的行动”①。因此，实践是物质的。但同时，实践又是理念的，是充满意义的。实践既是物质性的，因为实践“做事情”的基本定义表现出物质性因素的意义，比如一个国家所拥有的核弹头是其物质性实力的表现；同时实践又是理念性的，因为使用核武器的行动是由人的思想和判断形成的。一个有核国家可以不对其盟友使用核武器，也可以宣布不首先使用核武器，这些大都是理念层面的因素在发生作用。

其三，实践是物质和理念统合生成社会意义的平台。西方哲学的长期论争是到底物质还是理念产生主导性作用，实践理论认为这是一个伪命题，因为物质和理念都不会单独产生作用，两者只有在实践中才会产生意义。心物不是独立产生意义，而是在互动中产生意义，这种互动就是心物之间的互实践性。它是心物之间的互动，是心物结合的平台和意义生成的孵化器。正如观花的实践不仅需要花的物质性存在，而且要有赏花之心，通过“看”的实践介入花的活动，使花与赏花的心联系在一起，于是，花和心便同时不再“同归于寂”。在这个意义上，实践绝不仅仅“只是裹在物质性外衣里面的意义”，它还通过社会性互动，对行动赋予意义，并在不断的互动过程中产生新的意义。

将实践置于本体优先的地位是国际关系理论发展过程中的一次革命。这不仅仅是指实践本体论突破了物质-理念的二元本体结构，它还成为日常实践活动在国际关系领域受到特别重视的一种思维方式和知识生产路径。实践本体论视域中的国际关系理论开始在两个方面突出地表现出来：一是实践性知识较之于表象性知识的优先地位，二是实践性逻辑较之于结果性逻辑和适当性逻辑的根本作用。这是下面两章讨论的内容。

① 伊曼纽尔·阿德勒、文森特·波略特：《国际实践》，秦亚青、孙吉胜、魏玲等译，上海人民出版社，2015，第15页。

第二章

实践知识与实践共同体

自 20 世纪 70 年代以来，国际关系的理论研究领域出现了新现实主义、新自由主义、建构主义等主流理论。进入 21 世纪之后，出现了实践理论。这个过程使得理论构建一步一步地从理性思维转向人们的日常实践，从超然理论转向行动者作为社会人活动和习性的理论，从表象知识转向实践知识。进而，共同的实践知识又构成了实践共同体，不仅成为世界构成的重要单元，也成为研究和分析人类行为的一个重要单位。社会学领域的“知识转向”开始在国际关系学科产生直接影响，这是国际关系理论的一个重要发展，也是国际关系理论从关注超然理性到关注日常实践活动的知识指向。

一、表象知识

人类的知识可以分为表象知识和实践知识两类①，前者类似于我们常说的书本知识，后者是直接来自社会实践的知识。对两种知识的理解和认识影响了人们对行为的解读，以及对社会科学知识生产内涵的认知，也构成了实践理论的一个主要内容。

表象知识是西方自启蒙运动以来的主导型知识论观点，是现代自然科学和社会科学的基础。这种观点认为，客观世界是具有内在规律的，这些规律是可以通过人的思考和反思发现并真实地予以表象的。因此，表象知识是人通过价值无涉的观察和理性大脑的反思产生的知识，是思维和分析的结果，是强意识的、抽象的、可以

---

① Vincent Pouliot, “The Logic of Practicality: A Theory of Practice of Security Communities,” *International Organization*, vol. 62, no. 2 (2008): 257-288.

言明的系统知识。[①]所谓表象，就是以抽象的形式再现客观世界的规律。所以，表象知识被视为人通过理性思考之后对真实世界的真实写照，是普适性知识，是通则和规律。表象知识不是来自具体的情景，不以具体地域和文化的经历为基础，而是来自理性人对世界的客观观察、抽象思维和真实再现。因此，从定义上讲，表象知识是非历史的、跨时空的，具有普遍意义，不以特殊的地方性和人为要素为转移。

在相当长的一段时间内，表象知识的主导地位主要来自笛卡儿的二元主义以及因之产生的理性主义传统。[②]二元主义本体论的核心是二元分离，认为世界是由两种存在形态构成的，一种是“物体”（things），一种是“思想”（thoughts）。前者指观察者所观察的对象；后者是观察者对所观察对象的理性抽象，所生产的知识也就是对客观世界尤其是客观世界规律的重现。根据这种观点，世界分为现实的世界和知识的世界。知识的世界是由表象知识所构成的。[③]正是人的灵魂与肉体的二元分离，思想与物体的二元分离，以及人的灵魂或心智被赋予的超然能力，使得知识的性质被赋予重要的特征：知识只有通过人的抽象思维才能被生产出来，客观世界只有通过人的反思才能再现出来。这种思想在知识生产中有着特殊的意义，因为只有人以其超然理性进行抽象分析和思维，才能够生产出普适性的知识，这样的知识也必然是思辨性和充满能动作用的。

现代西方社会科学寻求普适性通则的做法，认为只有表象知识才是知识，才能够超越时空而产生普遍意义。人不但可以超脱于自然世界，也可以超然于他们置身其中的社会世界，通过理性禀赋，发现被观察世界的深层规律。社会理论被视为客观社会世界的表象：社会世界是存在客观规律的，是经过人的观察、辨析、反思、抽象而得到的，并且理性地、简约地予以表象。因此，这些通过观察和理性思辨形成的理论都属于表象知识，知识生产的过程就是知识生产者对客观世界的表象过程，生产的知识产品就是表象结果。据此，理论都是表象知识，也只有表象知识才能揭示客观规律，进而才能驱动人的行动。比如，现实主义认为无政府状态是国际关系世界的客观事实，这种客观事实所驱动的国家行为主要以自助为典型特征。

从一般意义上讲，现有的主流国际关系理论都属于表象知识之列。同时，也正是因为主流理论主要采取了实证主义的研究视角，坚持认为知识生产发现客观世界普遍规律，并且这种发现规律的活动是人的理性观察和思考的结果，所以，表象知识就成为知识生产的根本。新现实主义将国际体系视为霍布斯意义上的无政府体系，以无政府体系中的权力分布为国际关系世界的主导自变量，依此判断国家这一

---

① Vincent Pouliot, “The Logic of Practicality: A Theory of Practice of Security Communities,” *International Organization*, vol. 62, no. 2 (2008): 260.

② C. Robert Mesle, *Process-Relational Philosophy: An Introduction to Alfred North Whitehead* (West Conshohocken, Pennsylvania: Templeton Foundation Press, 2008), pp. 20-30; 亦参见 Victor Lowe, *Understanding Alfred North Whitehead*, (Baltimore: John Hopkins University Press, 1966).

③ Patrick Thaddeus Jackson, “Foregrounding Ontology: Dualism, Monism, and IR theory,” *Review of International Studies*, vol. 34 (2008): 129-153.

国际体系主要构成单位的国际行为，提出权力结构决定行为体行为的通则性判断，将其作为国际关系世界的客观规律；新自由制度主义则提出了国际体系制度条件这个主导变量，认为国际制度塑造国际行为体行为才是国际关系世界的重要规律。新现实主义和新自由制度主义都是对国际关系的客观世界及其规律的抽象和表象。两种主流理论都是典型的表象知识，都自诩普适性理论，都认为发现了客观世界的真理。后来建构主义形成的国际规范研究议程也遵循了同样的表象逻辑。

二、实践知识

国际关系实践理论的理论硬核是实践，因此也就突出强调了实践知识的根本性意义。与表象知识不同，实践知识是指无意识的、非表象的、无以言明、直接来自实践的知识。实际上，约翰·塞尔（John Searle）从哲学角度界定的“背景”（background）就准确地表达了实践知识的内涵。塞尔对“背景”做出了以下明确的定义：

> 我已经论证了我称之为背景的论点：只有在背景能力存在的条件下，意向性状态才可能出现。这些背景能力自身不构成有意向性的现象。譬如，信念、愿望、规则等只能决定满足性条件，对信念而言是真实条件，对愿望而言是实现条件。这些背景能力并不存在于有意向性的现象之中。所以，我将背景这一概念定义为一套使得意向性功能状态成为可能的非意向性或是前意向性能力。①

对于塞尔来说，背景就像语言学意义上的语境。如果没有语境，一个在词义上没有歧义的单词就不会具有功能，也不会产生任何意义。对于一个人来说，任何有意识的状态都是背景使然，背景构成了意义理解和诠释系统。

进而，塞尔也对背景的功能进行了讨论，其中包括使语言性诠释（linguistic interpretation）和感知性诠释（perceptual interpretation）成为可能，使意识得以结构化，使行为产生意义，等等。②语言性诠释意味着，“我们不会在单纯语义学的范畴里诠释一个句子。诠释总是会上升到我们背景性能力的层面”。我们诠释的范畴是我们的背景知识可及的范畴，在背景知识的作用下，我们会“即时即刻、不假思索地理解诠释”单词在句子里面的意义。③感知性诠释意味着，在具有背景知识的

---

① 塞尔的背景概念定义对于实践理论和文化研究非常重要，现将原文抄录在这里，以便检核。“I have argued for what I call the thesis of the Background: Intentional states function only given a set of background capabilities that do not themselves consist in intentional phenomena. Thus, for example, beliefs, desires, and rules only determine conditions of satisfaction—truth conditions for beliefs, fulfillment conditions for desires, etc.—given a set of capacities that do not themselves consist in intentional phenomena. I have thus defined the concept of the Background as the set of nonintentional or preintentional capacities that enable intentional states of function.” John R. Searle, *The Construction of Social Reality* (New York: The Free Press, 1959), p. 129.

② John R. Searle, *The Construction of Social Reality* (New York: The Free Press, 1959), pp. 132-137.

③ Ibid., p. 132.

条件下，我们可以对所观察到的事物进行判断，也就是说，依据背景知识，对外界刺激感知的事物做出界定。维特根斯坦也认为，知觉并不是纯粹的感觉，因为观察事物的过程也就是赋予这个事物意义的过程。①比如一个人在欣赏一幅画或聆听一首乐曲的时候，会同时赋予这幅画或这首乐曲某种特定的意义。

同理，我们之所以能够赋予某种社会事件意义，正是因为我们将这一社会事件置于我们的背景知识图式之中，虽然这种做法往往是无意识的，但使我们能够即时即刻、不假思索地对社会实践进行理解和诠释的恰恰是我们的背景知识。中国的相声可以使中国听众捧腹大笑，但如果是一群英国听众，即便被即时翻译成英语，他们却可能什么反应都没有。因为英国听众没有中国听众的共同背景知识，没有一个可以产生意义的含蓄知识语境，自然也就难以理解来自他文化相声中的包袱和笑料。这与布尔迪厄所称的"惯习"，吉登斯所称的"实践意识知识"，福柯所称的"认知、思想系统或是历史性先验假定"，都具有相似的意思和内涵。②

实践知识主要是来自行动者的经验知识，是行动者通过长期的自身经历获得的知识，是长期实践过程的自然沉淀积累。实践知识不同于表象知识，犹如在游泳中学到的游泳知识不同于在教科书上学到的游泳知识。因此，实践知识具有与表象知识不同的特点。首先，实践知识是地方性的、具体的、自下而上的。由于行动者的行动只能在具体场景中发生，实践知识必然是地方性的，是在具体经历和实践中自下而上产生的知识，而不是自上而下的、由人脑通过抽象思维产生的所谓高度普适性知识。其次，实践知识是弱意识的、高自发性的。也就是说，行动者在获取这类知识的时候，并不是有意识地去思考，而是通过自己的实践活动自然习得而来，亦即在游泳中学会游泳。最后，这种知识是弹性的、变化的。表象知识的一个重要特点是寻求确定性，发现通则性的恒定规律，探讨确立放之四海而皆准的真理。而实践知识则是在实践中摸索出来的，是摸着石头过河的知识。因为它的获取是在具体的、地方的场景之中，所以它也随着具体情况的变化而发生变化，随着情势的发展而不断调整。③

需要注意的是，表象知识和实践知识不同于我们通常理解的感性知识和理性知识。感性知识和理性知识是认识论范畴的现代性概念。前者指人的感官对客观事物的印象，反映了事物的现象和外部联系；后者指在感性知识基础之上的推理判断，反映了事物的规律和内在联系。感性知识是认识的初级阶段，理性知识则是认识的高级阶段，两者在实践中统一起来。表象知识和实践知识是知识论范畴的概念，前者指来自理性思考的抽象知识，后者指来自实践活动的经验知识，两者之间没有高低阶段之分。与实践密切相关的主要是实践知识，故亦称实践知识（practical

① John R. Searle, *The Construction of Social Reality* (New York: The Free Press, 1959), p. 133.

② Mark Haugaard, "Rethinking the Four Dimensions of Power: Domination and Empowerment," *Journal of Political Power*, vol. 5, no. 1 (2012): 42.

③ Friedrich Kratochwil, "Making Sense of 'International Practices'," in *International Practices*, eds. Adler and Pouliot, pp. 43-48.

knowledge）或是非言明知识（tacit knowledge）。

在国际关系领域，实践知识的重要意义是由实践理论学者明确提出来的。实践理论借鉴哲学、语言学和社会学理论，在国际关系领域区分了表象和实践两类知识。实践理论学者的实践本体立场，使他们从一开始就在研究中突出了实践知识。虽然在 2002 年，国际关系理论期刊《千禧年》出版专辑并已经把实践经验设定为最重要的行动要素①，但明确做出两类知识的分类的是加拿大学者文森特·波略特。他于 2008 年在《国际组织》杂志上发表的学理性论文《实践性逻辑：一种安全共同体的实践理论》，不但区分了两类知识，而且对西方主流国际关系学界表象知识的话语霸权地位提出了深刻的批判。

波略特指出，主流国际关系理论注重反思性和有意识的知识（reflexive and conscious knowledge），忽视背景性和无以言明的知识（background and inarticulate know-how knowledge），表现出西方国际关系理论中根深蒂固的"表象偏见"（representational bias）。之所以出现表象知识偏见，是因为在启蒙运动和科学革命以来西方思想的演进过程中，形成了对知识生产根深蒂固的思维模式。理性戴上了至高无上和普适意义的桂冠，通则性、抽象性的公理备受青睐，而"在特定情境中具有意义的地方性知识"却被排斥在科学大门之外。②主流国际关系理论，无论是坚持结果性逻辑的理性主义学派，还是信奉适当性逻辑的建构主义学派，都表现出明显的表象知识偏见。

在批判表象偏见的基础上，实践学派明确提出了实践知识这一概念。③在 2011 年出版的实践理论代表著作《国际实践》中，阿德勒和波略特在实践定义中明确使用了"实践知识"的术语，并且使用了"背景知识"来界定实践性知识，指"无以言明的经验性知识，在实践中并通过实践习得，使得有意识和有意向的行动成为可能"④，用以指代与表象知识不同的知识类别。⑤这一定义与塞尔对"背景"概念的定义是一致的，实践学派的基本理论也显然受到塞尔的重要影响和启迪。可以看出，以实践理论为基础的研究将知识的重心从表象知识转移到实践知识，将国际关系的日常实践视为重要的研究内容，并将实践知识作为行动逻辑的根本机制。其后，波略特在 2016 年出版的《国际等级结构：多边外交的政治与实践》一书中，对国际多边外交实践共同体进行了深入研究，明确指出外交实践对国际外交共同体

---

① Editors, "Editorial Note," *Millennium*, vol. 31, no. 3 (2002): iii–iv.

② Vincent Pouliot, "The Logic of Practicality: A Theory of Practice of Security Communities," *International Organization*, vol. 62, no. 2 (2008): 260.

③ Ibid., 260–271.

④ Emanuel Adler and Vincent Pouliot (eds.), *International Practices* (Cambridge: Cambridge University Press, 2011), p. 16.

⑤ 伊曼纽尔·阿德勒、文森特·波略特：《国际实践》，秦亚青、孙吉胜、魏玲等译，上海人民出版社，2015，第 6 页。

中等级结构形成的主要作用。①

实践知识的这些特征至少在三个方面对社会科学理论的建构产生了启发作用。其一，实践知识的地方性本源。依据定义，实践知识来自行动者在特定环境中的经验，通过与日常生活的全方位实践性接触而产生。实践知识不像表象知识，需要一个超验的、理性的大脑，凌驾于实践之上，穿行于时空之间。实践知识是一种自下而上形成的知识，地方性而不是所谓普适性才是背景知识的本源。其二，实践知识的非言明和无意识特征。当行动者开始习得实践知识，一个学习和实践的过程就启动了。但这不是一种教科书式的学习，而是一种无意识的学习，是通过实践并在实践活动中习得的。② 只有这样习得的知识，才能够使行动者在受到外部因素刺激的时候，即时地、本能地做出反应。其三，实践知识的多元和包容特点。这些特点在关涉本体论和认识论这类根本性问题的时候表现得尤为突出。《千禧年》期刊专辑的编者导语在谈到实用主义时指出："与国际关系学表现出来的绝对和排异的僵硬本体观点不同，实用主义提倡一种多视角的研究路径。这种研究路径将实践置于优先地位，从对世界政治的各种观点的互补中受益，而不是将其视为互相对立的思想。"③ 实践知识起源于地方，由于世界上有着诸多的地缘文化场景，人们对世界的理解和对"那在"事实的解读自然有着差异，实践知识因之必然是多元的。从这一逻辑推衍，实践知识的概念也必然是包容的，因为实践知识的多元特征使得各种实践知识的共存就是一个必然事实。实践知识的生命不可能也不在于它自身的孤立存在和特立独行，一种实践知识的生命生成和发展必然是在与其他实践知识的共在、共生、对话、互补过程之中。这就是我称之为"互实践性"（inter-practicality）的意义。④ 一种实践知识具有先天优越性的说法只不过是一个神话，实践的平等和实践知识的平等奠定了互实践性的基础。

三、实践共同体

实践知识的思想在国际关系研究领域的回归是新近的现象，实践理论也在逐步发展的过程之中，并初步建立了国际实践学派的研究议程。实践学派的一个重要贡献是将实践知识与实践共同体这两个概念密切结合在一起，这样一来，对于国际关系研究就产生了现实的意义。实践共同体是一个具有共同实践知识的社会团体，依

---

① Vincent Pouliot, *International Pecking Order: The Politics and Practice of Multilateral Diplomacy* (Cambridge: Cambridge University Press, 2016).

② 《庄子·天道》中有"轮扁斫轮"的故事。轮扁对齐桓公说："臣也，以臣之事观之。斫轮，徐则甘而不固，疾则苦而不入。不徐不疾，得之于手而应于心，口不能言，有数存焉于其间。臣不能以喻臣之子，臣之子亦不能受之于臣，是以行年七十而老斫轮。"轮扁所说的实际上就是实践性知识。

③ Editors of *Millennium*, vol. 31, no. 3 (2002): iii.

④ Qin Yaqing, "Multilateralism via Inter-practicality: Institutions and Relations," in *Towards a New Multilateralism: Cultural Divergence and Political Convergence?* eds. Thomas Meyer, José Luís de Sales Marques, and Mario Telò (London and New York: Routledge, 2021), pp. 199–216.

着实践知识而形成并实施具有社会意义的行动。阿德勒对实践和实践共同体的关系是这样表述的：实践是由知识建构的、有意义的社会组织性活动，深嵌于共同体和社会的组织形式之中，并形成共同体成员的经验结构。①实践共同体是社会性群体，它生产、积累、维持、分享背景知识，同时也受到实践知识的建构和塑造。国际红十字会是一个典型的例子，国际关系学者研究过的认知共同体、跨国倡议网络等都属于实践共同体的具体形态。

阿德勒和波略特认为，实践知识塑造了实践共同体。他们对实践共同体的定义是："一种知识范畴的形构体，其成员有相似的思维逻辑；一个由人构成的共同体，它'创造了知识的社会意义'；一种共同的实践体，它包含了'共同体创造、分享并坚持的知识'。"②这个定义比较抽象，但所强调的是具有共同知识、共同实践、共同思维逻辑的群体。在阿德勒较早的一项研究中，他曾经对共同体做过阐释，认为共同实践、共同资源等构成了共同体的特征，所谓共同资源，包括"日常活动、文字、工具、行为方式、传说故事、象征符号、话语"等内容。③这些特征为一个共同体的成员提供了活动范畴，将他们非正式地联系在一起。④

在国际关系研究领域，实践共同体被专门界定为跨国性质的共同体，包括外交共同体、贸易共同体、环境保护共同体、人权共同体，等等。同时，像有着共同认知思维偏好的人组成的所谓认知共同体也在实践共同体之列。我们通常可以看到实践共同体的个案研究，这些研究就包含了外交、裁军、气候变化、人道主义（红十字会）、国际法等不同领域。根据阿德勒和波略特对实践共同体的定义和诸多学者的经验性研究，可以看出，实践共同体在国际关系领域主要是指那些具体的、与问题领域密切相关的团体。在这些问题领域，跨越国界的实践者聚集在一起，以鲜明的共有身份和相似的行为方式进行日常的实践活动。

毫无疑问，这种实践共同体在当下的国际关系研究中是非常重要的。实践研究议程的重要意义在于，多年主导国际关系乃至社会科学研究的理性划一的表象知识不再是学术研究的根本和目的。来自实践并建构实践的实践知识使得国际关系研究生成了新的研究议程和议题。实践学派的关键词无疑是实践。阿德勒和波略特对实践的定义是："实践是适当绩效行动的实施。更加具体地说，实践是具有社会意义的有规律的行动。这类行动程度不同地表现出行动者的适当绩效，同时包含并展现背景知识和话语，并可能物化这样的知识和话语。这类行动在物质世界中发生，也

---

① Emanuel Adler, "The Spread of Security Communities: Communities of Practice, Self-Restraint, and NATO's Post-Cold War Transformation," *European Journal of International Relations*, Vol. 14, No. 2 (2008): 198.

② Ibid., p. 17.

③ Emanuel Adler, *Communitarian International Relations: The Epistemic Foundations of International Relations* (London and New York: Routledge, 2005), p. 15.

④ Emanuel Adler and Patricia Greve, "When Security Community Meets Balance of Power: Overlapping Regional Mechanisms of Security Governance," *Review of International Studies*, vol. 35, S1 (2008): 59-84.

会对物质世界产生影响。”① 用这样一种路径研究国际关系和社会科学的确使人耳目一新。可以看出，实践路径反映的是一种不同于主流国际关系理论的世界观，它不再把世界视为一个国家博弈的大棋局，或是一个制度性的实体，而是一个由不同领域中实践共同体构成的网络。“既不把世界视为一个国家聚集的所在，也不将世界视为民族认同和疆界分割的版图，而是一个跨国的实践共同体网络。它基于人们实实在在的实践活动，而不是他们碰巧生于何处、身处何地等其他因素。”② 根据这样一种世界观，研究人员也需要调整自己对世界的认识，重新审视国家和非国家行为体的作用，以新的目光观察国际生活的方方面面，包括全球问题和全球治理。

在当下国际关系研究领域里，安全、外交、环境、公共卫生等都是重要的问题，在全球化背景之下，尤其如此。不同国家的实践者聚集在一起，通过共同的日常实践活动，产生相似的思想，凝聚共同背景知识，这无疑是有意义的事情。但总体而言，阿德勒和波略特所定义的实践共同体是局限于跨国问题领域的，所以，阿德勒称，背景知识将不同国家的行动者聚合在一起。③虽然实践共同体的成员来自不同国家，就某个具体领域的问题具有相似的理念、立场和行动，无论关涉环境保护、气候变化还是人权和公共卫生。但是，如果我们回到背景知识这个理念本身，就可以发现实践共同体的概念涉及范畴很广，远远超出国际关系领域所讨论的具体问题领域。

实践共同体是由共同的实践知识所维系的群体，波略特尤其强调了布尔迪厄的“惯习”（habitus）概念，即“一套持久的、可调整的习性系统，它类似一个包含感知、判断、行动等要素的参照系，既融合了过去的经历，也发挥着实时的作用。通过这一系统，人们能够使得性质迥然不同的纷杂事物成为可以把握的事情”④。这个定义表现了历史性、延续性、惯习性等特征，其内涵非常丰富，覆盖范围也十分广。布尔迪厄的定义对波略特提出实践性逻辑具有重要的影响。波略特借用了布尔迪厄的定义，但他用来说明这个定义的例子是“外交惯习”，指“一套有规律的习性，使得具有这样习性的人会以某种特定方式实施行动”⑤。波略特的这个衍生定义和外交惯习的例子实际上将布尔迪厄的惯习定义局限在一个特定的范畴之中，因之也就把实践共同体限定在一个具有明显技术性的具体事务领域。这样做当然是事出有因，因为任何研究都需要确定自己的研究边界。如果说世界是由实践共同体而不是由国家构成的，那么，这个世界就是一个不一样的世界，其中蕴含的意义也会有着很大的不同。这确实是一种新的世界观，但是，实践共同体的范畴，从其本意上说，显然要比这类技术性和事务性的工作群体大得多。国际关系研究实践

① 伊曼纽尔·阿德勒、文森特·波略特：《国际实践》，秦亚青、孙吉胜、魏玲等译，上海人民出版社，2015，第6页。

② 同上书，第24页

③ Adler, *Communitarian International Relations*，转引自 Vincent Pouliot，“The Logic of Practicality: A Theory of Practice of Security Communities,” *International Organization*, vol. 62, no. 2 (2008): 259.

④⑤ Ibid., 272.

学派所界定的实践共同体只不过是实践共同体概念所覆盖的一小部分而已。因此，对实践共同体范畴的再定义会拓展学术研究的视野，为观察世界提供一个新的视角。

在这个问题上，巴里·布赞（Barry Buzan）对“gemeinschaft”和“gesellschaft”这两个概念的讨论颇具启发性。“gemeinschaft”更多地是指一个文明意义上的共同体（civilizational community），是自然形成的群体，具有强烈的“我们”意识。“gesellschaft”更多地是指一个功能性的群体，成员之间可能有着某种文化联系，但总体上是以频繁的互动联系在一起的，因此在功能性意义上也是一个共同体。①阿德勒和波略特定义的实践共同体更像是 gesellschaft，成员之间可能并没有先在的身份认同和密切的文化关联。他们具有跨国身份，聚集在一起也是要完成某一跨国领域的工作或使命，比如外交、人权或环境保护领域。依照布赞的分析，gemeinschaft 更多地依赖于传统、文化、文明等要素，因此，与功能性、事务性特征明显的 gesellschaft 相比，gemeinschaft 构成了一个更为紧密和稳定的共同体。gesellschaft 的成员可能会受到共同体惯习的影响，表现出相似的行为方式，但 gemeinschaft 对其成员的影响更为深刻、更为彻底，因为它的成员是深深浸泡在这种共同体文化之中的。

实践共同体的最具代表性的原型是文化共同体。它类似于 gemeinschaft，是以文化和传统为连接纽带，以共同身份和世界观为群体基础的实践共同体。这些年来，国际关系研究往往避开文化，不仅仅是因为文化因素很难被纳入实证主义的科学标准之内，而且还因为研究人员不想被视为文化相对主义者。文化自然不是万能妙药，但是，当我们讨论“共同体”这个概念的时候，文化是无法绕开或回避的。如果一个社会群体的成员被历史地联系在一起，享有共同的背景知识，并因之实施有意义的行动，意会他人行动的意义，那么，这个社会群体就是一个文化共同体。在这个意义上，文化自然而然地与共同体概念联系在一起。正如理查德·施韦德（Richard A. Shweder）所说的那样：

> 我所说的“文化”是什么？文化是一个共同体意义上的理念，是对真实、善良、美丽、能力这些概念有共同的认识。所谓“文化”，就是对真实、善良、美好、能力这些概念的社会性理解和习惯性认可。实际上，不同的理解和认可势必构成不同的生活方式。②

外交实践共同体是国际关系实践学派常常使用的一个实践共同体的例子，指不同国家的外交人员形成了一个具有共同外交文化的群体，他们的行为都会遵循一定

① Barry Buzan, “From International System to International Society: Structural Realism and Regime Theory Meet the English School,” *International Organization*, vol. 47, no. 3 (1993): 327-352.

② Richard A. Shweder, “Moral Maps, ‘First World’ Conceits, and the New Evangelist,” in *Culture Matters: How Values Shape Human Progress*, eds. Lawrence E. Harrison and Samuel P. Huntington (New York: Basic Books, 2000), p. 163.

的外交惯习。①外交是一个具体的功能领域，外交自身并不能建构一个共同体，真正建构外交共同体的是“外交文化”。阿德勒曾经说过：“我还认为，我们在研判文明的时候，不应该以其‘是什么’，而是以其‘做什么’来加以考量。这就是说，我们应当将文明视为具有活力、结构松散、多元多样的实践共同体，文明实践可及的地方就是文明的边界。”② 将实践共同体与文明实践联系起来，显然是一个重要的思想。但是，阿德勒似乎没有意识到，或者说他没有意愿明确指出，最具代表性意义的实践共同体是文化共同体，因为文化共同体是历史性的建构，是由文化作为凝聚共同体的纽带。阿德勒在讨论欧洲-地中海伙伴关系这一个案的时候曾说过：“我所说的文化，既不是亨廷顿在‘文明的冲突’中对文化的界定，也不是地中海的橄榄、美酒、阳光和美妙的海滩这类对文化特征富有浪漫色彩的定义。在我的脑子里出现的是一种比较新型的预防性外交实践，这样的外交实践能否成功，取决于是否可以对地中海地区的‘我们’意识或集体社会身份进行有效的政治和社会运作。”③

非常清楚，这样一个实践共同体首先是与具体问题相关的，是以问题领域划分的，比如阿德勒所说的预防性外交实践。因此，阿德勒定义的实践共同体是功能性而不是根本性的社会群体。实践共同体当然可以是具体问题领域里具有功能性作用的群体，但是，具有根本意义的实践共同体是文化共同体，或者说最具实践共同体根本形态和原始特征的共同体是文化体。之所以这样判定，是因为实践共同体是以共同背景知识定义的，而共同背景知识根植最深的是文化体，惯习式行为表现最典型的也是文化体。文化滋养的背景知识，比任何一个问题领域在技术性和功能性基础上形成的背景知识都更为厚重，更为稳定，也更是在一种自然的实践过程中形成的知识。

我们可依照文化的相关度将实践共同体大致分为三类。第一类是宏观层面的实践共同体，主要指文明基础上形成的文化共同体。④ 人们往往会想到西方文化和非西方文化。在西方文化和非西方文化内部，也有许多不同的文化体。比如在非西方文化范畴里面，就有中华文化、印度文化等。这些以文明为基础的共同体就是宏观层面的文化体。彼得·卡赞斯坦（Peter Katzenstein）编纂的三卷本著述对世界政

---

① Vincent Pouliot, *International Pecking Orders: The Politics and Practice of Multilateral Diplomacy* (Cambridge: Cambridge University Press, 2016). 波略特的这本著作再次使用了国际外交共同体的例子，研究实践共同体。其中，他专门讨论了外交共同体中的等级制度是怎样在实践中形成的。

② Emanuel Adler, "Europe as a Civilizational Community of Practice," in *Civilizations in World Politics: Plural and Pluralistic Perspectives*, ed. Peter J. Katzenstein (London and New York: Routledge, 2010), p. 68, (emphasis in original).

③ 秦亚青：《世界政治的关系理论》，上海人民出版社，2012，第 48 页。

④ 如埃利亚斯（Norbert Elias）所说，文明是一个相当长的过程，是在漫长的历史时期中通过实践逐步发展起来的。正因为如此，基于文明的文化体是最具典型意义和稳定意义的实践共同体。这并不是说，文明是独立地、自在地发展起来的，文明在发展过程中必然是与其他文明交流沟通的，但在文明发展过程中形成的文化体则会呈现一些基于实践的独特背景知识。参见诺贝特·埃利亚斯：《文明的进程：文明的社会发生和心理发生的研究》，王佩莉、袁志英译，上海译文出版社，2013。

治文明进行了详尽的研究，其中包含了对美国文明、欧洲文明、中华文明、日本文明和印度文明的研究。①萨缪尔·亨廷顿对文明冲突的研究包含了七种文明以及这些文明之间可能发生的冲突。②中国学者冯天瑜等人则列举了世界的五大文明范畴，包括中华文明、基督教文明、东正教文明、穆斯林文明、印度文明。在中华文明圈里有中国、越南、朝鲜、日本等国家。③

第二类是中观层面的实践共同体，指基于文明的实践共同体内部的次级共同体。这类实践共同体亦可称为次文化共同体。比如以性别、阶级、宗教、种族为基础形成的不同社会群体。这些实践共同体存在于同一个基于文明的共同体之内，但具有自身独特的经历和生活方式。妇女在战争中的经历和对战争的感受与男性是不同的，无产者在资本主义制度下的生活环境和生活经历与有产者也是不同的。由于性别和阶级的差异，他们的实践活动也就表现出不同，他们的思维和行为方式就会有别于其他人，他们的世界观也就出现了差异。

第三类是微观层面的实践共同体，指功能领域的实践共同体。这类共同体更多的是基于实践者的职责功能和绩效表现，由工作关系形成的初始的群体。阿德勒和波略特在定义实践的时候，专门将绩效（符合身份职责的行动）这类术语作为重要表述，明显指向了功能性实践活动。这类实践共同体通过实践者的共同工作，形成了与各自问题领域相关的文化。外交官、人权活动者、环境主义者等都属于这个类型。这些人来自不同国家和民族，是他们的工作职责将他们联系在一起，也是他们的工作职责使他们逐渐形成了一定的共同背景知识，比如外交官在于通过和平手段而不是通过暴力完成工作使命等。国际关系领域的实践学派的主要研究对象是这一类实践共同体。

实践共同体多种多样，以上三种是一个大概的分类。无论实践共同体呈现什么样的形态，它们都有着一个共同的特点：实践共同体以共同实践知识为定义性特征。正如上文曾讨论过的那样，实践共同体在实践中经过长期的积累和发展，逐渐生发出一套实践知识。这是共同体成员都深刻内化并习以为常的知识，也是驱动他们行动的主要因素。一旦形成了这样一套实践知识，共同体成员就会表现出宏观层面相似的思维和行为方式，比如西方人喝咖啡、中国人喝茶，西方人吃饭用刀叉、中国人吃饭用筷子，等等。共同的实践建构了共同的实践知识，共同的实践知识又强化了共同的实践活动，这就是实践的逻辑，也是实践知识的意义。

使用实践共同体的概念对国际关系进行观察和分析是一个不同于主流理论的、新的研究取向。实际上，过往的研究已经涉及上述三个层面的实践共同体。阿德勒

---

① Peter Katzenstein (ed.), *Civilizations in World Politics: Plural and Pluralistic Perspectives* (London and New York: Routledge, 2010); *Sinicization and the Rise of China: Civilizational Processes beyond East and West* (London and New York: Routledge, 2012); *Anglo-America and Its Discontents: Civilizational Identities beyond West and East* (London and New York: Routledge, 2012).

② Samuel Huntington, *The Clash of Civilizations and the Remaking of World Order* (New York: Simon and Schuster, 1996).

③ 冯天瑜、何晓明、周积明：《中华文化史》（下卷），上海人民出版社，2005，第495页。

和波略特等人的研究主要集中在微观层面的功能性实践共同体，女性主义国际关系理论重点关注次文化层面的女性实践共同体，而文化和文明研究则将研究重心置于宏观层面的实践共同体，亦即文化体。但无论在哪个层面上，实践知识和实践共同体都包含了一种行动逻辑，这是下一章讨论的内容。

第三章

实践性逻辑

国际关系理论研究的一个核心内容是国际行为体的行动逻辑，行动逻辑指的是行动的原因和机制。过去几十年里，西方主流国际关系理论讨论的都是实在性要素。以美国新现实主义、新自由制度主义和建构主义三大流派为主导的国际关系理论都试图发现一个单一的、最重要的因变量，用以解释国家行动的原因，比如权力结构、国际制度和国际规范。主流理论之间的论争往往集中在哪一个单一因素更具解释力，实证研究也多是验证这些变量中哪一个更符合国际关系的客观事实。但是，如果从这些具体变量上升到知识层面，就会提出不同的研究问题：实在性要素背后的知识结构是什么？知识和行动之间是否有着重要的关联？什么样的知识对行动者的行动具有重要的影响？

实践理论提出了与美国三大主流理论不同的行动逻辑，这使得国际关系研究从实在性要素转向知识性要素，从一种特定知识的一统天下走向对多元知识的重视。这种趋势就隐含在对西方国际关系理论中几种主要行动逻辑的质疑和发展之中。理性主义理论（新现实主义和新自由制度主义）遵循的是结果性逻辑（logic of consequences），建构主义遵循的是适当性逻辑（logic of appropriateness）。[①]实践理论的出现，立足实践本体优先地位的立场，强调实践知识对于行动的首要影响，提出了实践性逻辑（logic of practicality），第一次将行动的原因归于实践知识，归于人们基于长期实践形成的惯习。

---

① 关于结果性逻辑和适当性逻辑，参见 James March and Johan Olson, "The Institutional Dynamics of International Political Order," *International Organization*, vol. 52, no. 4 (1998): 943–969; Robert Nalbandov, "Battle of Two Logics: Appropriateness and Consequentiality in Russian Interventions in Georgia," *Caucasian Review of International Affairs*, vol. 3, no. 1 (2009): 20–36.

一、理性主义理论与结果性逻辑：利益决定行动

理性主义国际关系理论主要包括现实主义和自由主义，尤其以新现实主义和新自由主义影响最大，两种理论遵循的都是结果性逻辑。结果性逻辑以工具理性为行为的主要动机，其基本内涵是，行动者采取行动的基本动因是利益权衡；其前提假定是，行为体是理性人，在面临决策情景时，能够考虑诸多可能的选项，并通过成本效益分析，将手段和目的密切联系在一起，从而理性地选取那些可以最大限度实现目的的手段，即成本效益比最好的选项，并据此采取行动。简言之，利益决定行动。

这两种理论在什么因素决定行为体利益权衡问题上提出了不同的核心变量。华尔兹借鉴现代物理学和微观经济学的理论构建方式，在 20 世纪 70 年代系统地提出了简约的新现实主义理论。新现实主义强调“结构选择”，认为国际体系的物质性权力结构或曰实力分布是决定利益权衡的主要动因，亦即结构决定行动。背后的原理是，作为理性行为体的国家会根据国际体系中的权力分布而做出行动决定。简单地说，国际体系中“极”的数量决定国家的行为。这一理论被广泛应用于分析国际政治的现实。比如，华尔兹本人就认为两极更加趋于稳定，多极则更加趋于动荡，因为两极的确定性成分高，便于国家进行精准的理性权衡。①而其他一些新现实主义学者，同样以国际体系权力分布为主导自变量，但对哪种权力分布更容易使国家走向冲突和战争持不同意见。比如，均势理论认为多极趋于稳定，两极趋于战争，因为两极中的对抗态势最为尖锐，而多极则留有更大的运作空间和更多的平衡选项。霸权稳定论自然认为单极国际体系是最稳定的体系，是最不容易发生战争的世界。②

这种将体系内实力分布的状态与国家行动联系起来的做法，是理性因果论的典型代表，实力这种显见要素决定了行动者的利益权衡，因此也就决定了行动者采取什么行动。比如，新现实主义框架内的权力转移理论的基本观点就是，当国际体系中顶端权力结构发生变化，亦即当挑战国实力接近霸权国实力的时候，处于权力顶端的国家最容易采取战争行动。在这种情况下，守成的霸权国担心的是最强有力的崛起国发起的挑战，而崛起的挑战国也会认为自己应该在国际体系中具有更加重要的位置，甚至是霸主或准霸主地位。实力越是接近，权衡越是容易出现误差。双方根据各自的力量以及力量对比，认为或是误认为可以战胜对方，所以，发生战争的概率相当高。而当霸权国与挑战国实力有着明显差距的时候，国家采取战争行动的可能性就会很小。因为霸权国和挑战国都是理性行为体，都知道存在明显的权力差距，霸权国没有必要使用战争这种代价最高的工具，而挑战国明知若战必败，也自

---

① 肯尼思·华尔兹：《国际政治理论》，信强译，上海人民出版社，2017。

② Robert Gilpin, *War and Change in World Politics*（Cambridge：Cambridge University Press，1981）.

然不会使用战争来达到自己的目的。①

新自由制度主义强调“制度选择”，认为国际制度决定利益权衡，亦即制度决定行动。新自由制度主义的一个基本假定是，国家是理性行为体，国家需要获得利益，理性告诉国家获得利益需要进行国际合作。国际体系的无政府性是新现实主义的前提假定。新自由制度主义的领军学者基欧汉一方面接受现实主义这一前提假定，另一方面则提出了以制度为核心的行动逻辑，指出无政府性是国际体系的最基本特征，无政府体系是没有政府的体系，因此也就没有一个可以实施强制性合作的权威。无政府性虽然不能被完全改变，但却可以通过某种方式予以弱化，而这种方式就是国际制度。国际制度可以在一定程度上克服无政府性，增强国家获取利益的机会，因而促成国家采取合作行动。②

新现实主义认为，国际合作的实现在很大程度上是强制性合作，是权力大的一方迫使权力小的一方接受条件，使其不得不进行合作。也正因为如此，现实主义学者经常引用的一个合作例子是一个被枪顶住脑门的人，在这种情境之下，与持枪者合作是唯一的可能。而完全自愿的国际合作从根本上说是不可能的，这是因为国际体系的无政府性决定了国家间的合作无法保障：由于国际体系中没有一个超越国家的权威裁判和执行机构，国家为了获取自己的最大利益，很容易采取欺骗行为，诱使对方采取合作行动，而自己采取不合作行动。各方均以此种理性进行权衡，结果只能是陷入囚徒困境的博弈之中，不合作是双方的最优行动策略，因此双方均无法获得最大的共同利益。

新自由制度主义明确提出了国际制度的这一变量，认为国际制度是解决这种困境的最好办法，因为国际制度为利益权衡提供了确定性很高的依据。交往双方依据国际制度行动，就会加大信息透明，减少交易成本，使合作成为可能。国家的理性权衡也很明显，如果依照国际制度办事，就会在交往中通过合作获得绝对收益；如果不依照国际制度办事，就会受到惩罚。即便不是即时的惩罚甚至会获得某种即时的收益，在其他领域和未来的交往中也会像信誉不佳的公司和个人一样，给自己蒙上不可逃避的“未来阴影”，难以实现重大和长远利益。因为在任何一个团体之中，绝对自私和违反规则的人终究会被孤立。作为一个理性人，国家会以整体、长远思考进行权衡，为获得自我最大利益而遵守国际制度并且需要国际制度来保障自己的利益和加大获取利益的确定性。③

虽然新现实主义和新自由制度主义的主导自变量不同，但两者的思维逻辑是相似的。行为体根据自我利益采取行动：被枪顶住脑门的人合作是因为合作可以保住最根本的利益——生存；制度框架下的国家合作是因为合作可以给自己带来更多的

---

① A. F. K. Organski and Jacek Kugler, *The War Ledger* (Chicago: University of Chicago Press, 1980).

② 罗伯特·基欧汉：《霸权之后：世界政治经济中的合作与纷争》，苏长和、信强、何曜译，上海人民出版社，2001。

③ Robert O. Keohane, *International Institutions and State Power* (Boulder: Westview, 1989).

利益。无论行为体采取什么行动，都是利益使然；无论行为体的自我利益怎样得以判定，都是理性使然。基欧汉将自己的新自由制度主义和华尔兹的新现实主义都划归理性主义理论之列，一个重要的原因就是，在这一点上，两者的行动逻辑是一致的。詹姆斯·马奇（James March）和约翰·奥尔森（Johan Olsen）将两者的行动逻辑界定为结果性逻辑，也是点明了利益决定行动这一要点。

到目前为止，理性主义的结果性逻辑是国际关系理论中颇具影响力的行为逻辑，行动者采取什么行动主要来自利益权衡，决定利益权衡的或是体系结构或是国际制度。这是西方主流国际关系理论阐释的基本逻辑，也深刻影响到国际关系的政策领域。

二、建构主义理论与适当性逻辑：规范塑造行动

建构主义国际关系理论在 20 世纪最后十年兴起，并迅速发展成为西方主流国际关系理论之一。在考虑国家行为的时候，建构主义没有遵从结果性逻辑，而是强调了身份建构这一超出理性范畴的问题。从某种意义上讲，建构主义的研究是将理性主义理论的起点追溯性地前推一步：新现实主义和新自由制度主义以国家利益为起点，将国家利益视为先验给定，由此得出利益决定行动的结果性逻辑。建构主义首先提出的问题是，什么决定了利益？两个敌对国家相对于彼此而确定的自我利益，与两个盟友国家自然是不同的，因此，利益不是先在的和先验的。利益是由行为体的身份决定的。温特所举的典型例子是美国对英国和朝鲜两个国家拥核的不同立场，说明国家的自我利益是由其角色身份决定的。

据此，建构主义提出了"文化选择"的基本论断。温特将国际体系的无政府状态视为一种文化结构。他一反理性主义将无政府状态视为客观存在，并且是单一形态的客观存在，提出了"无政府状态是国家建构的"这一著名论断。既然无政府状态是国家建构的，那么，不同的建构方式就可以产生不同的无政府状态，认为只有一种无政府状态，即霍布斯文化的观点是错误的。温特具体讨论了国际体系的三种文化：霍布斯文化、洛克文化和康德文化。在霍布斯文化中，国家的身份是敌人，行动者可以采取一切手段，包括极端暴力的手段达到目的，因为霍布斯丛林的规范就是物竞天择、适者生存。在洛克文化中，国家主权的原则保障了国家的生存，竞争合作成为基本规范。国家之间的关系是竞争对手关系，竞争包含了冲突与合作，但消灭对方已经不是目的，"生存也允许别人生存"是洛克文化的基本规范，所以，国家的适当行为是通过竞争与合作寻求发展。而在康德文化中，国家的身份是朋友，非暴力成为基本规范，一切暴力手段都不应当存在也不会存在，因为暴力不是朋友身份应该采取的行动。在这个理论框架中，国家利益依然是国家行动的动因，但利益不是固有的，而是在互动中建构起来的，而建构国家利益的基本要素是国家相对于彼此的身份。进而，国家身份又是国际体系文化结构建构的，不同无政府文化建构从敌人到朋友的不同身份。简言之，建构主义的行动链是：国际体系文化塑

造国家身份，身份决定利益，利益决定行动。

国际体系文化是一个宽泛的概念，有的时候很难应用于经验性研究。同时，主流建构主义又坚持科学实在论，强调理念主义和科学实在论是可以兼容的。因此，建构主义兴起之后，一个核心研究重点是在国际体系层面发现一个可以塑造身份的主导变量，从而使建构主义成为一种科学理论，虽然强调建构关系，但实际上有着明确的因果变量和清晰的因果机制。于是，“国际规范”成为建构主义的主导研究议程。规范属理念范畴，规范结构表现了文化特征。同时，国际规范研究议程又将重点置于国际体系层面的规范上，比如联合国教科文组织、红十字会等国际组织确立的国际规范。玛莎·芬尼莫尔（Martha Finnemore）的研究是国际规范早期研究的重要成果，她认为，对于在去殖民化运动中新兴的国家而言，是国际组织教会了它们什么是它们应有的现代国家身份，什么是与之相符合的国家利益，什么是与之相适应的国家行为。①

对于建构主义而言，行动逻辑是适当性逻辑。所谓适当性逻辑，就是行动者采取行动的基本动因是对行动是否合乎社会规范的思考，亦即规范决定行动。虽然西方主流建构主义提出了一些重要的理论概念，包括身份、认同、文化、规范等，但到目前为止，最成熟的研究议程是国际规范研究。建构主义认为，在一个规范的社会环境中，现有规范塑造了行为体身份，使得行为体认同现有的规范结构和规则体系，并依照这些规范采取与自我身份相符合的行动。长此以往，行动者会内化这些规范，从盲目服从，到学习内化，再到自觉服从。②当然，即便是内化，也是一个理性学习的过程，是一个从不知其然到知其然，再到不问其然的过程。③

建构主义的规范传播研究具体地反映了这种思路。④西方主流理论对规范传播的研究多是基于“好规范”假定，或者说是“好规范偏见”，即假定国际体系中业已建立的主导规范是“好”的，是可以促进国际生活向更加文明、更加先进、更加

---

① Martha Finnemore, *National Interests in International Society* (Ithaca: Cornell University Press, 1996).

② Jeffery Checkel, “International Institutions and Socialization in Europe: Introduction and Framework,” *International Organization*, vol. 59, no. 4 (2005): 801–26; Alexander Gitsciu, “Security Institutions as Agents of Socialization,” no. 4 (2005): 973–1012; Amitav Acharya, “How Ideas Spread: Whose Norms Matter,” *International Organization*, vol. 58, no. 2 (2004): 239–75.

③ Checkel, “International Institutions and Socialization in Europe.” 应指出的是，虽然建构主义在本质上并没有摆脱价值理性思维，但建构主义强调规范内化，内化后的规范往往成为行动者不假思索的行动导向。因此，较之理性主义，建构主义已经弱化了理性权衡的假定。

④ 关于规范理论研究成果，参见玛格丽特·凯克、凯瑟琳·辛金克：《超越国界的活动家：国际政治中的倡议网络》，韩召颖、孙英丽译，北京大学出版社，2005；Edward Keene, “A Case Study of the Construction of International Hierarchy: British Treaty-Making Against the Slave Trade in the Early Nineteenth Century,” *International Organization*, vol. 61, no. 2 (2007): 311–339; Mark L. Haas, “The United States and the End of the Cold War: Reaction to Shifts in Soviet Power, Policies, or Domestic Politics?” *International Organization*, vol. 61, no. 1 (2007): 145–179; Ryder Mckeown, “Norm Regress: Revisionism and the Slow Death of the Torture Norm,” *International Relations*, vol. 23, no. 1 (2009): 5–25.

进步的方向发展的。另外，这类研究还有一个隐含假定，即国际体系中落后的国家需要学习和内化这些“好规范”，以便使自己也进入现代化国家和文明社会的先进行列。[①] 换言之，这类“好规范”提供了适当性行为的基本标准。一旦国际组织教会了后起国家或是后起国家学会了这类规范，它们的行为就具有合规范性；一旦这些国家内化了规范，它们在采取行动的时候也就有了基本的依据：符合规范的就做，不符合规范的不做。行动是否符合规范成为是否采取行为的主要动因。

建构主义经过20多年的发展，产生了很大的影响力。国际规范研究以及适当性逻辑已经成为国际关系的重点研究议题。虽然也有学者批判“好规范偏见”[②]，但规范研究不仅成为国际关系的主流议程，而且在国际关系的政策领域也产生了重要的影响，比如国际组织对规范传播力度的加大，跨国行为体对规范生产、传播和普及的高度重视，等等。

三、实践理论与实践性逻辑：实践引导行动

实践性逻辑表明，人的行动主要是由实践驱动的。根据实践具有本体优先地位的立场和实践知识是主要行为动因的思想，实践理论在讨论行动这一重要问题的时候，明确提出了实践性逻辑这一基本论断。结果性逻辑认为工具理性是行动的动因，适当性逻辑则认为规范理性是行动的动因，而实践性逻辑正是以批判这两类逻辑为切入点，指出行动者的实践是社会生活中最重要的内容。[③]波略特认为，结果性逻辑和适当性逻辑都“有着一种表象偏见（representational bias），总是将行为归于理性思辨后得到的表象知识，集中分析的是行动者思考什么（what agents think about），而不是行动者依据什么思考（what agents think from）”[④]。

实践性逻辑一个最根本的假定是，人的行动根植于实践，因此，人的行动多是未经反思和出于自发的行动。也就是说，社会行动的动因是实践知识，而不是表象知识。实践性逻辑更强调实践知识对社会行动的驱使作用，坚持认为实践知识而不是表象知识才是促成行动的根本要素。波略特明确指出：

---

① Martha Finnemore, *National Interests in International Society*, *Ithaca* (New York: Cornell University Press, 1996).

② Ryder Mckeown, “Norm Regress: Revisionism and the Slow Death of the Torture Norm,” *International Relations*, vol. 23, no. 1 (2009).

③ 布尔迪厄的实践理论对国际关系实践学派产生了很大的影响。布尔迪厄的一些基本概念，诸如“habitus (background)”“doxa (tacit consensus)”等，在实践和实践知识的重要性方面为国际关系实践学派的学者提供了智识灵感。参见 Pierre Bourdieu, *Outline of a Theory of Practice* (Cambridge: Cambridge University Press, 1977); *The Logic of Practice* (Stanford: Stanford University Press, 1990). 关于社会科学理论的“实践转向”，参见 Theodore R. Schatzki, Karin Knorr Cetina and Eike von Savigny (eds.), *The Practice Turn in Contemporary Theory* (London and New York: Routledge, 2001).

④ Vincent Pouliot, “The Logic of Practicality: A Theory of Practice of Security Community,” *International Organization*, vol. 62 (Spr. 2008): 257.

> 人的大部分实践，无论是在世界政治领域还是在其他社会领域，并不是深思熟虑的结果，也不是什么工具理性、规则引导、沟通交流等因素驱动的。恰恰相反，人的实践活动是不可明言的实践知识驱动的结果。正是这样的实践知识，使得人的行动成为“不证自明”和常识范畴之内的事情。①

因此，国际关系实践理论的最重要观点是，实践知识是社会行动的主要驱动因素。正如实践理论学者所指出的那样，大多数行动是无法以理性选择、规则引导、沟通交往行动等理论加以解释的。安全共同体之所以被人们建构起来，是因为共同体成员是自然而然地根据外交惯习思考问题的，在他们的行动菜单里，根本不存在暴力或者使用武力解决争端的选项。外交是一种通过和平手段化解争端、广交朋友的实践活动。并且，外交作为一种典型的实践活动，不能依赖“数学式的计算。外交不是精确的科学，外交依然依赖于人的技巧和智判”②。这样的技巧与智判只能来自每日每时的外交事件。在安全共同体里面，和平存在于共同体成员的实践之中并贯穿其实践的始终，“安全官员的实践理性使得外交成为解决国家间争端的不证自明的唯一方式”③。

实践理论一再强调的是实践基于实践知识而不是表象知识。大多数人的大多数行动是无以明言、未经反思的实践知识使然，所以，这样的行动就成为不证自明或是常识范畴之内的事情。因此，国际实践理论学者所做的定义是，实践性逻辑是以实践知识为行动基础的逻辑。皮埃尔·布尔迪厄的“惯习”概念对国际关系的实践理论产生了重要的影响。“惯习”指“一套持久的、可调整的习性系统，它类似一个包含感知、判断、行动等要素的参照系，既融合了过去的经历，也发挥着实时的作用。通过这一系统，人们能够使得性质迥然不同的纷杂事物成为可以把握的事情”④。正如布尔迪厄早年的生活经历所显示的那样，在不同社会文化背景中生长的人会无意识地表现出某种行为，是一个人的实践知识引导着他的实践行动。简言之，行动者采取什么行动，是实践知识使然。

毋庸置疑，实践知识是极其重要的。我们稍微回想一下自己的行为，就会发觉，人的行动在大多数情况下都是由实践知识引导的。就此而言，习惯是行为的重要基础。泰德·霍普夫（Ted Hopf）在其《国际关系中的习惯性逻辑》一文中专门讨论了习惯对行动的影响作用。他提出过“习惯性逻辑”，认为人的行动是由“非反思性的常识”或曰“习惯”产生的。霍普夫将习惯定义为一个“自动生成的认知过程”，这与塞尔将实践知识做出的“非刻意、无意识、出于本能、无须气力”（un-

---

① Vincent Pouliot, “The Logic of Practicality: A Theory of Practice of Security Community,” *International Organization*, vol. 62 (Spr. 2008): 258.

② Ibid., 257.

③ Ibid., 259.

④ Ibid., 272. 布尔迪厄的原文是：“a system of durable, transposable dispositions, which integrates past experience and functions at every moment as a matrix of perception, appreciation, and action, making possible the accomplishment of infinitely differentiated tasks.”

intentional，unconscious，involuntary，and effortless）的定义是相似的。[①]虽然习惯性逻辑与理性逻辑具有明显的差异，但霍普夫同样坚信习惯性逻辑与实践性逻辑也有着重要的不同。他强调，习惯性逻辑消解了主流国际关系理论的三个根本性前提假定，即理性（rationality）、能动性（agency）和不确定性（uncertainty）。行动者依据习惯行动，自然不需要理性，也不会具有能动性意识，并且确定性程度极高，只要知其习惯，便可知其行动。而理性、能动性和不确定性恰恰是主流国际关系理论十分倚重的前提假定，即便是实践理论，也会高度重视行动者的能动性。[②]

在习惯性逻辑的话语中几乎没有理性的地位，因为行动来自习惯，而不是来自深思熟虑和理性权衡。当然，霍普夫也承认，习惯性逻辑和实践性逻辑有着重要的相似之处，比如，否认理性权衡，重视“做事”而不是言说，强调“依据什么思考”而不是“思考什么”。但是，如果说实践性逻辑的基本观点是过去经历在当下的激活，致使行动者不用刻意思考，不必参照明确的表象知识，就会自然而然地知道在未来要做什么，那么，习惯性逻辑和实践性逻辑从根本上说是相同大于差异。两者都是依赖于实践知识，都是无意识地转向“惯习”去得到行动灵感。换言之，两种逻辑的理论基本假定是相同的。如果说“所有形式的实践都是根植于惯习的”[③]，那么，“惯习”一方面依赖于实践知识，但同时也会加强实践知识。因此，对于习惯性逻辑和实践性逻辑而言，实践知识是它们共同的逻辑支点，两者之间的差异在于程度而不在于实质。

综上所述，我们可以看出实践性逻辑包含的几个要素。首先是实践选择，亦即实践引导行动。建立在实践理性基础上的实践性逻辑认为，实践活动本身是行动实施的主要驱动力量。实践理论学者对实践做出了这样的定义：“实践是适当行动的实施。更加具体地说，实践是具有社会意义的有规律行动，这类行动具有不同程度的适当性，同时包含并展现实践知识和话语，并可能物化这样的知识和话语。这类行动在物质世界中发生，也会对物质世界产生影响。”[④]在国际领域的实践活动也就被定义为“与世界政治相关的、有组织的社会性行动”[⑤]。行动者的行动不是单纯的利益权衡使然，也不是单纯的规范思考使然，而是他们每时每日的实践活动使然。这种实践，就是与行动者资质相符合的日常行动，比如，外交官的任务和职责就是维护关系、消解争端。换言之，物质因素和理念因素都会发生作用，但两种因素的作用是在实践活动中结合产生并发挥出来的，物质因素和理念因素通过实践促成了行动。实践是物质和理念之间的桥梁，没有实践，物质不能产生意义，理念也

---

① Ted Hopf，“The Logic of Habit in International Relations，” *Journal of European International Relations*，vol. 16，no. 4（2010）：541.

② Ibid.，544-547.

③ Ibid.，547.

④⑤ 伊曼纽尔·阿德勒、文森特·波略特：《国际实践》，秦亚青、孙吉胜、魏玲等译，上海人民出版社，2015，第6页。

无法成为行动。①

其次是实践知识。实践性逻辑认为，实践知识是行动的主要驱动因素。国际关系的实践理论最重要的贡献是将知识要素突显出来，使物质和理念因素与实践活动、实践活动与知识类型密切联系在一起。行动者的知识是通过长期实践积累起来的经验知识，亦即实践知识，正是这一要素推动行动者采取某一种行动而非另外一种行动。比如安全共同体，这种非暴力的国际社会群体形态，不像制度主义所说的那样，是国际制度将这些国家联系在一个合作的约束性制度框架之中；也不像建构主义所说的那样，是"好规范"的产生、传播、内化使共同体成员完全放弃使用武力。实践性逻辑认为，安全共同体的形成是共同体成员经过长期的实践，逐渐形成了一种共有知识和相互默契，使他们不会将使用武力作为一种行动选项加以考虑，也不会认为其他成员会使用武力解决国家之间的争端。换言之，他们在处理彼此关系的实践活动中，自然而然地、习惯性地诉诸外交手段。②他们之所以这样做，是因为在日常实践互动中形成了这种的思维方式和行为方式，或者说这就是他们的日常实践活动。行动者也会进行理性的思考，但理性思考不会也不可能超出他们日常实践的范畴。较之于工具理性或价值理性，这样的理性更多的是实践理性。

进而是实践意识。实践性逻辑强调，在实践中直接驱动行动的是实践意识。实践意识是行动者对自己如何进行某种博弈的直觉把握。当行动者遭遇一个社会境域或社会事件的时候，过去的经验就会被激活，呈现于现在，并自动地告诉行动者应该怎样去做，行动者也就会自然而然地依照这样的引导而采取行动。也就是说，行动者往往不是经过缜密的理性思考和理性设计之后才采取行动，而是更多地依靠过去的经验，瞬间将这些经验集中到当下的决策情景，做出判断并采取行动。实践意识既不是单纯的结构性因素，也不是单纯的个体性概念，实践意识的形成是外部性内化和内部性外化的辩证过程。也就是说，社会境域这一外部因素被摄入行动者个体的习性之中，同时，行动者个体习性这一内部因素被投射到社会境域中。在这种交集中产生了认识、判断、决定和行动。

实践性逻辑与结果性逻辑或适当性逻辑有着根本的不同。结果性逻辑的基本假定是行动者会采取收益最大的行动，适当性逻辑的基本假定是行动者会根据与自己身份相符合的主导社会规范采取行动，而实践性逻辑则是行动者会依照实践的经验

---

① Vincent Pouliot, "The Materials of Practice: Nuclear Warheads, Rhetorical Commonplaces and Committee Meetings in Russian-Atlantic Relations," *Cooperation and Conflict*, vol. 45, no. 3 (2010): 294–311.

② 伊曼纽尔·阿德勒：《欧洲文明：实践共同体视角》，载于彼得·卡赞斯坦主编《世界政治中的文明：多元多维的视角》，秦亚青、魏玲、刘伟华等译，上海人民出版社，2012，第 74－101 页；Emanuel Adler, "The Spread of Security Communities: Communities of Practice, Self-Restraints, and the NATO's Post—Cold War Transformation," *European Journal of International Relations*, vol. 14, no. 2 (2008): 195–230; Emanuel Adler and Patricia Greve, "When Security Community Meets Balance of Power: Overlapping Regional Mechanisms of Security Governance," *Review of International Studies*, vol. 35, no. 1 (2009): 59–84; Vincent Pouliot, "The Logic of Practicality: A Theory of Practice of Security Community," *International Organization*, vol. 62 (Spr., 2008): 257–288.

知识采取行动。所以，结果性逻辑表述的是对目的手段反思后的行动；适当性逻辑表述的是对身份规范反思后的行动；而实践性逻辑则是未经反思的、由实践“自然而然”促成的行动，是从实践经验中自然流淌出来的。①即便行动者仿佛是经过认真思考和理性权衡之后才采取行动，这种思考和权衡也无法超越行动者实践活动的范畴。比如对待同样的事件，东方人和西方人所做的“理性”决定可能截然不同。简言之，现在所遇情景，激活内在惯习，促成未来行动，整个过程是弱意识的自然反映，这就是实践性逻辑。

结果性逻辑和适当性逻辑反映了理性主义和建构主义主流国际关系理论背后的本体论。结果性逻辑所认知的行动动因属于工具性范畴，是以物质性利益为基本考量的。也就是说，个体行动者的利益是既有的、已知的，比如国家在一个无政府国际体系中的基本利益是生存利益，在一个具有国际制度的无政府体系中的基本利益是通过制度获取收益。②建构主义在理念主义本体论基础上，认为利益固然是国家行动的动因，但是，利益却非既有、非已知，而是由个体行动者的身份决定的，身份决定利益、利益促成行动。所以，在建构主义的诠释中，个体行动者的行动已经不再是由物质利益决定的，因为物质利益本身是附着于行动者身份的。进而，根据温特的阐述，身份是由理念结构决定的，霍布斯文化生成敌人身份、洛克文化生成竞争身份、康德文化则生成朋友身份。因此，从根本上说，国家行动的根本原因是理念的，而不是物质的。

综上所述，就行动逻辑而言，主流理论再次显示了物质-理念的二元对立本体论。如果说结果性逻辑强调物质性因素、适当性逻辑强调理念性因素的话，那么实践性逻辑则在对这两种行动逻辑批判的基础上，突出实践的本体优先性，强调物质和理念因素在实践中的结合，指出实践活动本身是行为的主要驱动力量。而在国际领域的实践活动被定义为“与世界政治相关的、有组织的社会性行动”。行动者的行动不是出于单纯的利益权衡，也不是来自单纯的规范思考，而是他们每时每日的实践活动使然。因为物质性因素和理念性因素自身都不会产生社会性意义，只有两者通过实践的桥梁，并在实践中结合起来，才可能产生这样的意义。没有实践，物质不能产生意义，理念也无法成为行动。③一个文化共同体的形成是经历了长时期的实践，产生了共同的实践知识，使共同体成员有了相似的行为方式，因此，我们很容易识别伊斯兰文化与基督教文化的显著差异。一个安全共同体的形成是其成员经过长期的实践，逐渐形成一种共有的背景知识或实践知识，使共同体成员不会将

---

① 习惯性逻辑则更加强调行动的自发性和无意识性。

② James March and Johan Olson, “The Institutional Dynamics of International Political Order,” *International Organization*, vol. 52, no. 4 (1998).

③ Vincent Pouliot, “The Materials of Practice: Nuclear Warheads, Rhetorical Commonplaces and Committee Meetings in Russian-Atlantic Relations,” *Cooperation and Conflict*, vol. 45, no. 3 (2010): 294-311.

使用武力作为一种行动选项加以考虑，而是自动地诉诸外交手段。①之所以如此，是因为他们在日常实践互动中形成了这种思维方式和行为方式，或者说这就是共同体的日常实践活动，也正是这种日常实践活动及其逐渐形成并内化的实践知识，构成了行动者行动的菜单。

---

① Emanuel Adler, "Europe as a Civilizational Community of Practice," in *Civilizations in World Politics: Plural and Pluralistic Perspectives*, ed. Peter Katzenstein (London and New York: Routledge, 2010), pp. 67-90; Emanuel Adler, "The Spread of Security Communities: Communities of Practice, Self-Restraints, and the NATO's Post—Cold War Transformation," *European Journal of International Relations*, vol. 14, no. 2 (2008): 195-230; Emanuel Adler and Patricia Greve, "When Security Community Meets Balance of Power: Overlapping Regional Mechanisms of Security Governance," *Review of International Studies*, vol. 35, no. 1 (2009): 59-84.

结　语

对于国际关系理论发展和知识生产，实践理论有着三重意义。其一，建设性挑战心物二分的本体论。主流国际关系理论长期以来在形而上层面陷于物质与理念的困惑之中，热衷于物质本体还是理念本体的论争。以美国的新现实主义、新自由制度主义和建构主义这三大主流国际关系理论为例，它们之间的论争始终没有超越物质本体与理念本体的传统。实践理论试图超越心物二分的约束，坚持实践本体的基本立场，认为实践知识或塑造人的行为和思维。进而，实践理论试图将心物两者在实践平台上统合起来，既承认物质性因素的存在，也承认理念性因素的作用，但同时也强调这两种因素不可能独立发生作用。两者总是相互影响和相互关联才能发生作用。两者之间的相互影响和相互关联只有在实践的平台上才能够实现。这样一来，实践学派的本体论批判了心物二分的笛卡儿法则，但这种批判是建设性的，因为它不像物质主义和理念主义的两派那样非黑即白，而是表示出一种中庸辩证的思想：思考的心灵和行动的躯体在实践中合二为一。

其二，实践知识是行动的主要动因。主流国际关系理论在讨论行动原因的时候，一直具有表象知识偏见，认为只有表象知识才能驱动行动者的行动。理性主义的工具理性、建构主义理论的规范理性，都是理性人在权衡和决策时的重要依据：前者权衡物质性利益后采取可以最大获益的行动，后者权衡理念性规范后采取符合社会规范的行动，两者的行动动因都是表象知识的反映。实践理论指出，具有本体优先地位的是实践，具有重要行动意义的知识是实践知识。实践产生实践知识，实践知识驱动实践行动。长期的实践活动逐渐发展出一套共同的实践知识，使用这套共同的实践知识的群体又自然而然地构成了一个实践共同体，这个共同体的成员的基本思维方式和行为方式是由他们共同的实践知识驱动的。因此，对于行动而言，实践性逻辑是比结果性逻辑和适当性逻辑更为根本的行动逻辑，实践理性是比工具理性和价值理性更为基础的理性。

其三，重视地方性知识对知识生产的重要意义。实践知识自下而上的知识生产观表明，知识首先生发于地方的知识。实践知识是在实践共同体的实践活动中产生的，任何实践共同体都是地方性的，而不是天然就具有普适性的，因此，任何知识生产都生发于地方和局部，知识的原点根植于地方性之中。在这个意义上，西方世界生产的社会知识和非西方世界生产的社会知识都具有同等的合法性。进而，因为地方性实践是一切知识的根基，实践共同体首先具有地方性特征，所以，实践必然具有多样性，实践共同体也必然具有多元性。据此，实践知识也就是多元多样的。多元多样的实践活动和实践共同体共生共在也就为包容性知识生产提供了基本的依据和互动的空间。

实践学派的这一基本思想与国际关系领域的“表象知识偏见”形成了鲜明的对照。这种偏见将现有的主导理论视为普适性理论，而任何基于地方情景的知识话语和知识创建都被排斥在主导话语之外，因为地域文化是地方的、局部的，因此是非理性和非科学的。这种自上而下的知识意识和理论建构为占据主导地位的知识体系和理论话语霸权提供了强有力的保护，把原本属于地方性的某种知识视为普适性知识，并认定只有在这种思维框架之中才能形成理论，才能进行知识生产。以国际关系理论为例，认为只有在现有的“普适性”理论框架内才能生产出新的理论、发现新的行动逻辑。实践理论在深层意义上质疑表象知识偏见包含的知识话语霸权。从这一视角来看，国际关系领域的表象知识偏见反映了现代知识界对理性和科学主义的崇拜，并且作为一种权力形式出现，压抑知识生产的活力和理论创新的动力。

当然，实践理论也存在明显的不足，最主要的一个问题是在知识类型和知识生产上重蹈二元对立的覆辙。实践理论区分了表象知识和实践知识，反映了社会理论的实践转向趋势。实践转向的一个根本性观点是确立了实践的本体优先地位和实践知识的基础性意义。①据此，国际关系的实践理论将研究的重心从行动者个体转向了社会性实践和实践共同体，并且明确界定了表象知识和实践知识两种知识类型。这一点无疑是实践理论的重要贡献和理论创新。

但是，在这个知识的分类和两种知识类型的关系上面，实践理论学者为了对比两者之间的不同，建构了一个表象知识与实践知识二元对立的结构，将表象知识与实践知识视为两类不同且平行的知识类型。比如，在实践性逻辑的论述中，行动者行动被视为或是受到表象知识的驱动，或是受到实践知识的驱动，因此再现了非此即彼的传统思维逻辑。这样一来，实践理论在试图超越西方二元对立的本体立场的同时，在知识分类上却重新掉进了这种二元对立的陷阱。

表象知识和实践知识到底是一种什么关系呢？实践理论强调实践的本体优先地位，因此，实践知识较之于表象知识也就具有本体优先地位，这一点应该是正确

① Theodore R. Schatzki, Karin Knorr Cetina and Eike Von Savigny (eds.), *The Practice Turn in Contemporary Theory* (London and New York: Routledge, 2001).

的。但是，如果将实践知识和表象知识对立起来，将两类知识分别划归两种类属，不仅相互独立，而且相互对立，那就会出现偏颇甚至误导。这样做重新回归笛卡儿的心物二分假定，使得思考的心灵与行动的躯体分离开来，也使实践和表象再次陷入了非此即彼的认知窠臼。

实践学派的一些学者将这两种知识视为两种并列的范畴，目的可能是纠正表象知识偏见。但也正是这样一种分类，将表象与实践分裂开来。归根结底，表象也是实践。[①]实践知识并不是与表象知识平行存在的另一类知识，两类知识是不可分割的知识整体。最核心的一点是，知识生产也是实践，也是依赖共同体的实践知识生发而成的。我们可以考虑一下表象知识的生产过程。表象知识是学术共同体的产物，学术共同体在很多方面类似于外交共同体：共同体成员聚集在一起，展开辩论和讨论，制定规则和规范。学者也像外交官一样，只不过他们从事的是知识生产的实践而已。如果我们说外交或者红十字会是实践共同体，那就没有理由认为学术共同体不是实践共同体。也就是说，生产表象知识的人也是依照自己的实践知识进行表象的。实践性逻辑是行动的逻辑，也是思维和表述的逻辑，因为思维也是行为，语言也是行动。[②]表象知识所表象的恰恰是实践。

据此，表象知识与实践知识的关系就不是二元对立，而是相互关联。一方面，实践知识是土壤，表象知识在土壤中生根发芽成长；另一方面，表象知识是对实践知识的显现和表征。两者之间的关系纽带是作为知识生产者的人。知识生产者是在自身实践共同体的背景中生长的，在整个生长过程中都深深地打上了实践知识的烙印。知识生产者通过生产知识的实践活动，创建了表象知识。很难想象，这样生产出来的表象知识不带有知识生产者作为人的实践知识的印记；也很难想象，他所生产出来的表象知识与他深嵌其中的实践知识完全陌生、相互背离。因此，任何表象知识都是实践知识的表象和抽象，都不可能抹去实践知识的影响。也正是在这个意义上，实践知识和表象知识是不可分离的两种知识，它们之间的关系不是非此即彼的，而是彼此相即、相辅相成的。在这一点上，中国哲学中的中庸辩证思想提供了很好的解释。

实践理论的兴起是对主流国际关系理论的学理挑战。虽然现在实践理论仍然在发展之中，也还没有成为与美国三大主流理论比肩的国际关系理论，但其影响力和发展潜力都是有目共睹的，依照实践理论展开的学理性和经验性研究也在不断增多。因为说到底，正如马克思所言，全部社会生活在本质上是实践的。

---

① Qin Yaqing and Astrid Nordin, "Relationality and Rationality in Confucian and Western Traditions of Thought," *Cambridge Review of International Affairs*, 2019, https://doi.org/10.1080/09557571.2019.1641470.

② J. L. Austin, *How to Do Things with Words* (Beijing and Cambridge: Foreign Language and Research Press and Oxford University Press, 2002). 奥努弗也持同样的观点，他说："Indeed, saying is doing: talking is undoubtedly the most important way that we go about making the world what it is." Nicholas Onuf, "Constructivism: A User's Mannual," in *International Relations in a Constructed World*, *eds*. Vendulka Kubálková, Nicholas Onuf and Paul Kowert (Armonk, NY and London: M. E. Sharpe, 1998), p. 59.

第二篇

量子社会理论

导　言

以牛顿思想为代表的经典科学观与以量子力学为代表的量子科学观构成了当下两种不同的世界观和知识观。两者的一个根本分歧是：经典科学观坚信确定性是世界的本质属性，量子科学观认为不确定性是世界的本原状态。多年来，经典科学观已经成为自然科学和社会科学的背景知识，塑造了知识生产的主导模式。而以新现实主义、新自由制度主义和建构主义为代表的主流国际关系理论遵循经典科学观，以发现国际关系世界的决定性因果律为目的，并形成了几近一统天下的话语主导地位。量子科学观新近进入国际关系领域以来，已经产生了重要的影响，开始重构人类的知识观。如果不确定性是世界的内禀属性，三大理论的前提假定及其背后的科学文化就会受到颠覆性质疑，国际关系学业已形成的基本概念，比如国家、国际社会、权力等，就需要重新概念化，构建非决定性理论也会成为新的知识生产取向。虽然量子科学观对国际关系理论的塑造刚刚开始，但可能预示着国际关系研究领域一场范式革命的发生。

总体而言，量子科学观包含以下几个重要的思想。

其一，本体不确定性与量子叠加态。本体不确定性，指构成世界的基本粒子本身是不确定的，典型表现是波粒二象性（wave-particle duality）。根据经典物理学的确定性原则，世界是由最小的物质体构成的，最小的物质体（比如原子）是具有恒定属性和定义性特征的，粒子就是粒子，波就是波，不可能在一个物体身上出现两种或两种以上的属性。而波粒二象性的颠覆性意义是，指明了任何粒子都是处于波和粒子的叠加状态，任何粒子都不是只具有一种形态，而是处于一种既是粒子又是波的叠加态。如果构成世界的最小单元具有不确定属性，那么，作为被这些单元构成的系统，也就是不确定的，并且是源自本体的不确定性。

在社会科学领域，一个共同做法是将人的某一种属性设定为根本属性，并以此作为研究的起点，因此可以统称为“经典人”。经典人是物质的、独立的，具有确定的身份属性，具有理性但没有自由意志，所以说，经典人类似一台复杂的机器。根据量子力学的思维，人更可能是量子人（quantum man）。量子人是行走的波函数，所以具有波函数的基本特征，其中最核心的一点就是不确定性特征。[①]量子人同样处于叠加态，任何互动中的个体都不是实质主义自我，没有一个行为体具有完全意义上自我界定的单一身份和不变的属性，其本征态是身份和属性的叠加。在互动过程中，叠加身份的不同侧面会根据互动的情景而发生变化，会根据干扰情景而呈现某种特定状态。

其二，认知不确定性与观测干扰。认知不确定性指人们对客观世界的观测是不确定的。经典科学观秉承笛卡儿心物二分的思想，认为观测者是可以独立于被观测事物的，可以通过观测者的理性而发现“那在”规律。在这样一种科学观的指导下，观测只是中立的行为，是价值无涉的科学实践，被观测物体的本征态与观测者没有关系，与观测仪器也没有关系。但量子力学表明，任何被观测前的粒子都是处于完全随机的叠加态，只有当被观测的时候，才在退相干过程中坍缩为某种定态。观测者和被观测者也很难说是主客体关系，可能更多地表现为相互之间的影响。任何观测者都具有自身经验和自我意识，这种经验和意识怎样干预观测也依然是未解之谜。

在国际关系领域，主流理论认为只有经典科学认识论统领下的社会科学研究才是正确的路径，核心一条就是相信并接受认知中立的基本原则。从华尔兹新现实主义开始，三大理论成为国际关系领域的主导学术话语，科学实在论成为国际关系学术研究的主导认识论，只要不接受这种原则，就被视为非科学，经典科学观也就成为社会科学的代名词。但如果采用量子力学的观点，这样的前提假定本身就是谬误的。

其三，因果不确定性与关系世界。发现因果关系是现代科学的主要研究目的，是其方法论的一个标志性内容，前提假定是世界的规律表现为决定性因果关系。因果关系受到定域性原理约束，必然是先有因后有果，因果关系也必然限定在一个特定的区域之内，不能超越空间而产生。比如，地球上的某个原因不可能瞬间导致月球上的某个结果。[②]但是，量子纠缠和非定域性原则颠覆了经典科学观的因果律。量子纠缠意味着两个或是多个量子系统之间的非经典关联，也就是说，纠缠中的量子会同时发生变化，无法确定哪一个是变化的原因、哪一个是变化的结果。更为重要的是，量子在纠缠过程中表现出明显的非定域性，相互关联的粒子总是处于彼此

---

① 亚历山大·温特：《量子心灵与社会科学》，祁昊天、方长平译，上海人民出版社，2021，第173页。

② 爱因斯坦对定域性的解释是：“不论我们把什么样的东西看成是存在（实在），它总是以某种方式限定在时间和空间之中。也就是说，空间A部分中的实在（在理论上）总是独立‘存在’着，而与同空间B中被看成实在的东西无关。当一个物理体系扩展在空间A和B两个部分时，那么，在B中所存在的总该是同A中所存在的无关地独立存在着。……凡是在空间不同部分所存在的都有它自己的、独立的、真正的存在；……”《爱因斯坦文集（增补本）（第一卷）》，许良英等编译，商务印书馆，2009，第603-604页。

纠缠之中，在其中一个受到干扰的情况下，另一个会在瞬间发生变化，无论距离多么遥远，都是如此。

量子纠缠及其引发的非定域性原理和不确定性因果关系对于国际关系三大理论的决定性因果观形成了重大冲击，意味着世界上不仅有三大理论力图发现的单向时序因果关系，也有超越经典物理学因果律的各种关联和关系。三大理论都是努力寻找确定性因果关系，设定体系层面因素是解释性因素或原因，单元层面的国家行为是被解释因素或结果：新现实主义发现国际体系权力结构是影响国家和平与战争行为的最重要因素，新自由制度主义认为国际体系中的制度结构是影响国家合作与冲突行为的主要因素，建构主义则将国际体系规范结构确定为这样的解释性因素。三大理论都认为自己发现的主导自变量真正揭示了国际关系的客观规律，而三大理论的论争焦点也是体系权力分布、制度架构、规范结构哪一个才是国家行为最具显著性的影响因素，并且各自都有大量实证性论文予以“证实”或“证伪”。但非定域性原则否定了这种决定性因果观，因为因果要素在时空上并没有确定向度，两个物体之间并非一定是 A 影响 B，在时间上也并非一定是先在的 A 影响后在的 B。

在量子视域中，世界不是一个依照机械的因果机制运行的机器，而是一个万物高度关联的时空域及其不确定性本原和流动不居的关系纠缠。也正是这种本原不确定性，使得这个世界成为一个非决定论视野下的世界，使得其中的创造性生成和无限展开成为可能。在这样一种视野中，经典物理学或许只是量子物理学的一种特殊形态。当量子科学观的这些基本思想开始影响国际关系研究的时候，就可能对研究人员习以为常的世界观和思维方式形成革命性挑战，比如对原子国家、认知中立和决定性因果律等主流国际关系理论前提假定的质疑和冲击。也正因为这些质疑关系到主流国际关系理论的基本假定，所以量子科学观的挑战绝不是三大理论之间的那种范式论争，而是基础层面的根本性颠覆。

第四章

经典科学观与主流国际关系理论

我们的世界是一个确定的世界，还是一个不确定的世界？猝不及防的事件不断出现，从第一次世界大战爆发到经济大萧条，从冷战结束到新冠病毒的全球肆虐，似乎都是突如其来、意料之外。这是因为人类认知和科学知识的局限性，抑或不确定性就是世界的本原状态和内禀属性？科学知识是否具有无限解释力和潜力，还是只能在一定范围内发现一些具有时空界限的相互关系？

从最简单的意义上讲，确定性与不确定性成为经典科学观与量子科学观的一条基本分界线。以牛顿物理学思想为代表的经典科学观是现代化时期科学的最高成就，是人类科学发展的里程碑。牛顿的世界是一个确定性世界，牛顿的降临就是要揭示这个世界之所以成为一个确定性世界的那些自然法则。英国诗人亚历山大·蒲柏（Alexander Pope）为牛顿所写的墓志铭是："自然和自然法则隐藏在黑夜之中；于是，上帝说：'让牛顿降生吧！'继而，世间万物一片光明。"①这一墓志铭本身就意味着自然规律支配下的确定性世界是普遍认知。到 20 世纪初，经过 300 多年的不断发展演进，经典物理学理论已近完善成熟，成为物理学乃至科学的主导理论体系。经典物理学的大厦已经岿然屹立，使得确定性世界以及反映其确定性的客观规律一一展现出来。正因为如此，英国物理学家开尔文勋爵［威廉·汤姆孙（William Thomson）］才会在 1900 年发表题为《在热和光动力理论上空的 19 世纪乌云》的演讲，声称"动力学理论断言，热和光都是运动的方式，现在，这些理论的优雅和明晰却被两朵乌云遮蔽而黯淡了"。这"两朵乌云"，一朵是"黑体辐射之谜"，另一朵是"以太之谜"。

出人意料的是，这"两朵乌云"却催生了量子力学和狭义相对论，引发了科学

---

① 蒲柏为牛顿写的墓志铭是："Nature and nature's laws lay hid in the night. God said, Let Newton be and all was light." 中文为作者自译。

观的重大变化。[①]尤其是量子力学，直指世界的不确定性属性，从根本上颠覆了经典物理学的前提假定。因此，新科学观的典型代表是量子力学。[②]它明确否定了经典科学观的重要论断，撼动了在经典科学观基础上建立起来的现代科学大厦，也开始影响社会科学领域的知识观重建。这意味着知识来自无限维的希尔伯特空间（Hilbert space），原本在经典科学观视域下的知识生产方式可能会发生根本性改变，而这一切都与本章一开始表述的问题密切相关：世界到底是确定的还是不确定的？这也是爱因斯坦和玻尔辩论的实质：上帝到底是不是掷骰子？量子理论至今仍有很多未解之谜，并且从一开始就违背了人们熟知并深刻内化的经典科学基本常识。这既是新科学观不断受到质疑的原因，也很可能是新科学观导向科学范式革命的意义所在。

进入21世纪，新科学观终于进入国际关系学的领域，并且开始影响国际关系学的知识再生产。虽然在国际关系学这一相对落后的社会科学领域仅仅是一个开始，但这种影响是深层的影响，关涉世界是什么、科学是什么、世界与科学的关系、科学知识的来源等重大问题。主流国际关系理论长期以来受到经典科学观的影响，在本体论、认识论和方法论上都有意无意地接受经典科学观的前提假定，遵循经典科学观的思维方式和研究理路，所以，在哲学层面上，主流国际关系理论与牛顿思想是一致的。而这种形而上层面的一致，势必影响对国际关系世界的理解与认知，也会影响理论的建构路径和知识的生产方式。21世纪兴起的几种国际关系理论，比如实践理论、文化路径、新环境理论、量子社会理论，都向经典知识观发起了挑战，都对知识生产有着更加开放的心境，也都有着新科学观和新宇宙观的背景。[③]如果说以

---

① H. 赖欣巴哈：《量子力学的哲学基础》，侯德彭译，商务印书馆，2018，第iii页。

② 狭义相对论的一系列全新概念，如尺缩、时延、质量能量转化等，都是对物理学的重大贡献，尤其是对绝对时空思想的重大改变。但是，相对论虽然推翻了牛顿的绝对时空观，但却坚持决定论和因果律。因此，它并没有动摇经典物理学的根基，更多的是对牛顿理论体系的拓展和提出新的限定性条件。关于狭义相对论和量子力学，塞尔有一段评论："我尤其想到了量子力学。我认为，我们多少令人欣慰地吸收了相对论。因为相对论被解释为是对我们传统牛顿力学观的一种拓展。我们只是不得不修正我们的时空观及其与像光速之类的基本物理常数的关系。但量子力学确实对我们的世界观提出了基本的挑战，我们还完全没有对其加以消化。……21世纪科学哲学最振奋人心的任务是对量子力学的结果给出说明，从而使我们能够把量子力学同化到整个融贯的世界观中。这也是科学家和哲学家的共同任务。"根据塞尔的观点，量子力学对传统科学观的冲击更大，挑战也更具根本性。参见约翰·塞尔：《哲学的未来》，龚天用译，《哲学分析》2012年第6期。

③ 关于实践理论，参见伊曼纽尔·阿德勒、文森特·波略特：《国际实践》，秦亚青、孙吉胜、魏玲等译，上海人民出版社，2015；关于文化理论，参见 Yaqing Qin, "The Global Turn in IR and Non-Western IR Theory," in *Globalizing IR Theory: Critical Engagement*, ed. Yaqing Qin (London and New York: Routledge, 2020), pp. 1–26; Barry Buzan and Amitav Acharya, *Re-imagining International Relations: World Order in the Thought and Practice of India, China and the Islamic World* (Cambridge: Cambridge University Press, 2021)；关于新环境理论，参见 Miljia Kurki, *International Relations in a Relational World* (London and New York: Routledge, 2020)；关于量子社会理论，参见亚历山大·温特：《量子心灵与社会科学》，祁昊天、方长平译，上海人民出版社，2021。这些新的理论基底和取向与传统理论有着很大差异，在不同程度上都支持更加开放的知识生产和知识体系。以环境理论为例，传统环境理论认为，人与属物的自然环境是相互独立的，知识反映的是客观规律，获取知识就是置身于知识之外的人，通过自身理性去获取客观存在的知识；但新环境理论认为，人是自然的一部分，人获取知识的实践就是人的存在和生成的构成部分，是人作为世界中和构成世界的一部分在生成过程中的经历。用之于一般国际关系学，国际关系学者本身就是世界的构成品，又置身其中创造世界，他们从来不会超然于世界之上。

量子力学为核心的新科学观代表了科学的革命性进步的话，那么，新旧科学观之间的论争就不是以往国际关系学界内部的所谓范式间论争那样纠结于可见（或是隐含）变量，而是以经典科学观为基石的主流国际关系理论大厦乃至社会科学大厦，都有可能受到颠覆性震撼，从新科学观视角对主流国际关系理论的批判因而也就成为根本性批判。

一、牛顿思想与经典科学观

经典物理学的一个核心前提假定是世界的确定性，亦即我们生活的世界乃至整个宇宙都是一个确定的，具有内在的秩序和本原的规律，万物都遵循这些规律运行，都在这种绝对时空的秩序中互动，都依照决定性因果律发生变化，就像一座运转良好的时钟，按照预设的机制，以可预期的方式向前行走。秩序、规律、因果律成为经典科学观的关键词，也构成了经典物理学知识观的基本内涵。①

据此，经典物理学对世界和关于世界知识的认识有几个鲜明的特点。第一，世界是由物质构成的，物质的最小单位是世界构成的基本单元。这些基本单元，或称原子式单元，具有自身独特的属性和恒定的特征。比如，金子就是金子，金元素就是金元素，点石成金是完全不可能的事情。这些基本单元是客观存在，无论是否受到人的观察，都会以自身的独立形式存在于宇宙之中。这些存在物的属性是恒定的。一种物体是会与其他物体发生互动的，但是，无论什么样的互动，都是以自身的属性为基础展开的，比如铁元素因为自身的属性，与外界温度互动的时候，便一定是热胀冷缩。物体自身的属性和特征是一切互动的恒定基础。

第二，原子式单元依据物体运行规律在绝对时间和空间里运动，所以，运动形式是确定的，运动是有规律的，只要知道物体运动的初始条件，就能推算出该物体的运动形态，从而准确地计算出它的未来运动情景。运动规律具有完全意义上的因果关系，这种因果关系及其机制是客观存在的，不是完全随机的。爱因斯坦断言：我无论如何都不相信上帝是在掷骰子。②大千世界的一切都是具有决定性因果律的。如上文指出的，拉普拉斯决定论（Laplacian determinism）明确表示，宇宙就是一台时钟，存在客观规律，只要知道某一时刻的宇宙状态，就可以准确无误地预测宇宙将要发生的事情。世界是有规律的，事物的运动和运行也是有规律的。因此，爱因斯坦除了坚信世界的确定性规律，也将因果性视为与之相关的至关重要的科学内容。他说："我不想轻易放弃严格的因果性。我不能容忍这样的想法：受到一束光照射的粒子，会由它自己的自由意志来选择它要跳开的时刻和方向。如果是那样，

---

① 关于经典物理学的一本简明易懂的著作是诺贝尔物理学奖获得者、日本物理学家朝永振一郎的著作：《物理是什么》，周自恒译，人民邮电出版社，2017。

② 阿尔伯特·爱因斯坦：《我深信上帝不是在掷骰子》，载《爱因斯坦文集（增补本）（第一卷）》，许良英等编译，商务印书馆，2009，第 326 页。

我宁可做个补鞋匠或者甚至赌馆里的一名佣人，都比做个物理学家强。”[①] 这就是经典科学观的决定性断言，也是确定性世界的基本依据。

第三，因果律是事物的根本规律，发现事物变化的原因和因果机制是科学发现和知识生产的真谛。世间万物规律中最核心的就是因果律。凡事有因必有果，有果必有因。苹果落到地上，是因为万有引力；液体变成气体，是因为温度的升高。原因总是先于结果，所以，任何因果机制一定是原因发生之后才会出现结果，两者之间必然存在时间差。[②]因果关系是客观存在的，是大千世界、浩瀚宇宙自由的规律，不是人能够决定的，不是以人的意志为转移的。但是，人作为理性的思考动物，可以通过观察和实验，发现这样的因果律和因果机制，从而揭示宇宙的规律。经典科学的一切活动几乎都是在努力发现客观世界的因果关系。

第四，客观世界的观察者是可以独立于客观世界的。对物理世界有极高悟性的爱因斯坦在与泰戈尔的对话中，一方面承认“美”是具有主观性的，但另一方面则强调“真”是没有主观性的。而对人文世界具有极高悟性的泰戈尔则说：“这个世界就是人的世界。关于世界的科学观念就是科学家的观念。因此，独立于我们之外的世界是不存在的。”[③]对于爱因斯坦而言，同时看见月亮的两个人，一个觉得月亮很美，一个觉得月亮不美，这是可能的。但是，月亮不管你看它还是不看它，无论你看见它还是看不见它，都是存在的。你看不看并不决定月亮的存在与否，也不决定月亮的性质和属性。这就是著名的“爱因斯坦的月亮”，与王阳明的朋友所理解的山中之花有着异曲同工的意义。文艺复兴的传统告诉我们，人是“宇宙之精华，万物之灵长”，具有不同于其他动物的特殊能力，这就是独立的思考能力和理性。因为有了这样的天赋能力，人虽然不能够创造世界及其规律，但可以价值无涉地观察世界、发现客观规律。[④]

因此，规律性、普适性、决定性因果律成为牛顿科学观的关键词，共同指向世界的确定性。这样一来，经典物理世界就像一台精密的钟表仪器，一台不断运动的机器，反映了一种内在的秩序，由普遍性的运动法则所规定。然而，由于人认知的局限性，不可能一下子就完全认识清楚这个确定的世界，但人的特殊禀赋使其可以理性地、客观地观察外在的世界，揭示客观世界的因果关系，不断发现更多的客观世界的规律。

---

① 马克斯·雅默：《量子力学的哲学》，秦克诚译，商务印书馆，2014，第 167－183 页。直接引文见第 172 页。

② 这一时间差以光速为极限，即原因的变化和结果的变化之间的时间差不能超过光速（300000km/s）。

③ 《关于实在的本性问题同泰戈尔的谈话》，载《爱因斯坦文集（增订本）（第一卷）》，许良英等编译，商务印书馆，2009，第 392 页。在反驳爱因斯坦关于真理是否以意志为转移的时候，泰戈尔还说：“我们称为真理的东西，存在于主观和客观两方面的和谐之中，其中每一个方面都属于万能的人。”同上书，第 394 页。

④ 量子力学的先驱普朗克（Max Planck），在自传中写道，他认为“外在世界是独立于人的，是绝对的。对于我来说，探索适用于这种绝对外在世界的法则是毕生最崇高的科学追求”。参见 Max Planck，*Scientific Autobiography and Other Papers*，translated from German by Frank Gaynor，London：Williams and Norgate，1950，p. 13.

自然法则是客观存在的，但隐藏在黑夜之中，于是，牛顿作为人的杰出代表，为世界开拓出一片光明。以牛顿三大定律为例。牛顿第一定律即惯性定律认为，一切物体在没有受到外力作用的情况下，总是保持匀速直线运动或处于静止状态（$\sum F_i=0 \rightarrow dv/dt=0$）。换言之，如果知道物体的初始状态和前提条件，就可以准确预测这个物体其后的运动情景。牛顿第二定律则表述了物体与加速度的关系，即物体加速度的大小跟作用力成正比，跟物体的质量成反比，加速度方向与作用力方向相同（$\sum F=ma$）。牛顿第三定律则告诉我们，相互作用的两个物体之间的作用力和反作用力总是大小相等，方向相反（$F=-F'$）。

牛顿的力学三大定律是全世界中学物理课本中必不可少的内容，这三大定律阐释的是客观规律，包含了基本的因果关系，并且是以决定性因果律的形式表现出来的。比如力的作用导致物体运动；知道物体质量和加速度方向，则可以准确无误地判断物体的运动状态。加上后来发现的万有引力，便形成了一整套揭示自然界规律的体系。如爱因斯坦所说：

> 正是这种“运动定律加引力定律”的结合构成了一个奇妙的思想结构，通过这个结构，就有可能根据在一特定瞬间所得到的体系的状态，计算出它在过去和未来的状态，……①

牛顿理论，与经典电磁场理论、经典统计力学一起，共同构成了经典物理学的大厦，这些理论使得科学的天空清晰明朗，且在技术领域得到了广泛的应用。经典物理学的一系列重大发现，以优雅简约的公式表现出来，不仅奠定了经典物理学的基石，成为技术进步的重要理论依据，也与我们的常识高度符合，并经过一代又一代的潜移默化，成为我们共识的基础，也成为科学的代名词。牛顿的世界是确定的、存在普遍规律的，因果关系是必然关系，以因果机制为核心的规律是可以由牛顿这样伟大的思想所揭示的。

二、经典科学文化与国际关系理论的华尔兹化

经典科学观对于学术研究的影响是重大的，在世界的学术界占据了绝对的压倒性地位，从某种意义上讲，已经成为学术共同体的文化或曰背景知识。我们在讨论实践理论的时候阐释过背景知识的概念，根据塞尔的定义，背景知识是使有意图行为成为可能的无意图或前意图潜能。而文化则是一个共同体的共同背景知识，使这个共同体成员在宏观层面表现出相似的思维和行为方式。②经典科学观经历了长期的发展，已经成为国际学术界的背景知识，成为一种科学文化，使大部分科学研究人员无意识地、自觉地遵守其理念和规范，并在这样的文化氛围中开展自己的学术

---

① 爱因斯坦：《牛顿力学及其对理论物理学发展的影响》，载《爱因斯坦文集（增补本）（第一卷）》，许良英等编译，商务印书馆，2009，第334页。

② 秦亚青：《世界政治的关系理论》，上海人民出版社，2021。

研究和知识实践。

亚历山大·温特在讨论经典科学观的时候，描述了一种现象，即“物理的因果闭合（或完备性）”［causal closure（or completeness）of physics，CCP］。温特认为，自然科学和社会科学都已经接受这一原则，所研究的任何事物都不应与物理学的因果闭合原则相违背。①对于社会科学（包括国际关系）理论学者而言，他们几乎都接受了 CCP 原则。持实证主义观点的人已经将其深刻内化到自己的本体论、认识论和方法论之中，自然而然地认为这是科学的本原定义，社会科学本来就是与自然科学一样的知识领域。即便是对于反对自然主义的诠释学派而言，情况也是如此。温特指出，从来没有听说过任何诠释主义者、后现代主义者等社会科学研究人员认为社会科学可以违反物理学规律。虽然社会科学的诠释学者明确反对自然主义，但“他们同样隐含地认为社会生活由物理学规律所约束与构成”。②其实，温特讨论的 CCP 问题已经成为包括国际关系在内的社会科学共同体的背景知识。无论我们将其称为“前见”“背景”还是“前结构”，都表现为一种知识共同体的文化，以潜移默化而又坚定不移的方式影响着共同体成员的知识生产思维和行为方式。

很显然，主流国际关系理论秉持经典科学观，并且已经内化了这样的观点，使之成为国际关系研究领域的主导文化。这一现象突出地表现在我称之为“华尔兹化”的情景之中。③国际关系学科正式建立之前，许多关于政治、社会、种族、民族的思想就已经存在，非西方国家的国际关系思想也已经出现。④国际关系理论形成伊始及其早期的发展，主要是以政治思想、历史、法学等为内容，理论阐释基本上也是围绕这些内容所进行的问题框定、历史追踪、思辨推理、实例分析等。英国学者爱德华·H. 卡尔（Edward H. Carr）的研究奠定了现实主义的思想基础，但其中大多数论述都是个人经验、体悟和智慧的表现。⑤汉斯·摩根索（Hans Morgenthau）被普遍认为是国际关系现实主义理论的集大成者，其著作《国家间政治》提出了国际关系的六项原则，影响了几代国际关系学人。但即便是摩根索的研究，也是以政治思想、历史经验和思辨分析为主的。因此，华尔兹认为摩根索的著述最多算是国际关系思想，而不是国际关系理论。⑥在所谓的第二次国际关系理论辩论

① 亚历山大·温特：《量子心灵与社会科学》，祁昊天、方长平译，上海人民出版社，2021，第 8 页。

② 同上书，第 11 页。

③ 秦亚青：《世界政治的关系理论》，上海人民出版社，2021，第 105-106 页。

④ 阿米塔·阿查亚、巴里·布赞：《全球国际关系学的构建：百年国际关系学的起源和演进》，刘德斌等译，上海人民出版社，2021，第 32-67 页。

⑤ E. H. 卡尔：《二十年危机（1919—1939）：国际关系研究导论》，秦亚青译，商务印书馆，2021。

⑥ 摩根索《国家间政治》的目的是建立一个科学的理论系统，并力图提出一个基于普遍性原则（主要是他的现实主义六原则）之上的理论体系。但是，摩根索并没有采取自然科学的基本方法，而是混用历史、思辨、推理等各种方式，以解释他所理解的国际关系。也正因为如此，华尔兹认为摩根索的所谓理论只不过是思想而已，并不符合科学理论的基本要求。参见汉斯·摩根索：《国家间政治：权力斗争与和平》，徐昕、郝望、李保平译，北京大学出版社，2006；Kenneth Waltz，“Realist Thought and Neo-realist Theory，” in *Controversies in International Relations Theory*：*Realism and Neoliberal Challenges*，ed. Charles Kegley（New York：St. Martin's，1995），pp. 67-82。

中，亦即聚焦方法论的论战中，英国学派的观点依然反映了"非科学"的观点，并且强烈批判美国学派的"科学主义"意识。①虽然当时的国际关系学者在总体思想上受到经典科学观的重要影响，但这种影响更多的是一种潜在势能，并没有直接反映到理论建构和学术研究上。

华尔兹化堵塞了国际关系理论建构的多元进路，将经典科学观及 CCP 作为国际关系理论研究的唯一途径。可以说，经典科学观对国际关系理论建构和知识生产的影响最突出地表现于美国主流国际关系理论的发展过程之中，最明显地反映在国际关系研究的行为主义革命上面。②最典型的方式是华尔兹的理论建构路径。③所谓华尔兹化，就是将经典科学观的本体论、认识论和方法论全部用于国际关系理论的建构，以经典自然科学的原则界定国际关系学，以经典科学观的基本假定画出国际关系理论与非理论的界限。就像华尔兹所说的那样，国际政治属于科学研究范畴，国际政治理论的依据是科学原则，是其普遍性和简约性、发现因果规律的目的性、经验验证的充分性。④主流经济学研究被认为是最接近自然科学的社会科学，华尔兹结构现实主义主要借鉴的就是微观经济学，而其根源在牛顿物理学。⑤新现实主义的扛鼎之作《国际政治理论》是华尔兹化的标杆性著作，也是经典科学观成为国际关系知识生产背景知识或曰文化的最鲜明标识。

新现实主义首先认为国际政治是在一个绝对时空内展开的，无政府性是这个绝对时空的背景条件，以大国权力分布定义的国际体系结构作为一种外力作用于体系中的个体单元，构成一种客观存在的制约性条件，规定行为体之间的互动方式。在这个基本假定之上，建立一个结构-行为体因果链，确定一种普适性的、明晰的、简约的因果关系机制。犹如微观经济学的市场-行为体一样，发现结构层面的主导自变量，以此解释国际体系中行为个体的有规律行为。这样，在新现实主义的理论闭环之中，形成了以无政府国际体系、国际体系结构和理性行为体三者之间的因果关系规律：无政府国际体系是客观环境，国际体系结构是主导自变量，国家行为是因变量。所以，华尔兹的结构现实主义可以用一个简单的公式表示出来，即 $B_s = f(S_{is})$，其中，B_s 指国家行为，S_{is} 指国际体系结构，国家行为是依照国际体系结

① Hedley Bull, "International Theory: The Case for a Classic Approach," in *Contending Approaches to International Politics*, eds. Klaus Knorr and James Rosenau (Princeton: Princeton University Press, 1969), pp. 20–38.

② Morton Kaplan, "The New Debate: Traditionalism vs. Science in International Relations," in *Contending Approaches to International Politics*, eds. Klaus Knorr and James Rosenau (Princeton: Princeton University Press, 1969), pp. 39–61。

③ 关于华尔兹深度内化的经典科学观以及基于这种科学观而进行的国际关系理论建构，参见肯尼思·华尔兹：《国际政治理论》，信强译，上海人民出版社，2017，第 1-18 页。

④ 华尔兹对"规律"的解释充分反映了他的科学观。他认为"规律阐明变量之间的联系，……如果出现 a，那么就会产生 b，在这里 a 代表一个自变量，b 代表一个因变量。这就是对规律形式上的描述"。"规律指出恒定不变的或是可能存在的因果联系，而理论则解释这种联系为何存在。"参见肯尼思·华尔兹：《国际政治理论》，信强译，上海人民出版社，2017，第 1、6 页。

⑤ 同上书，第 94-98 页。

构变化而变化的。[①]这可能是迄今为止国际关系理论中最接近自然科学的表述，以一个简约的公式就可以描绘国际关系的基本规律和因果机制。只要明确国际体系权力结构，比如单极、两极、多极，就可以准确判断主要国家的行为取向，并因之预测国际体系的稳定性。

在后来被称为主流国际关系之间的范式论争之中，人们更多地讨论新的理论发现了什么新的自变量，亦即发现了什么规律，似乎华尔兹结构现实主义理论的最重要意义是发现了国际体系结构这个主导自变量，而其他理论则创新性地发现了其他主导自变量。[②] 其实，这并不是华尔兹的主要影响所在。华尔兹理论最重要的影响不是发现了国际体系结构这个主导自变量，而是他所践行的科学化理论建构路径和知识生产方式，亦即华尔兹化的过程和这个过程中包含的厚重的经典科学观意识。[③]恰恰是这种经典科学观才是美国主流国际关系理论学者和知识生产者的共同科学观基础。经典科学观作为塞尔意义上使有意图行为成为可能的“背景知识”[④]，形成了以美国国际关系学为代表的主流国际关系文化，催生了迄今为止美国主流国际关系学人形而上思维的定式，并以科学的名义在世界国际关系学界传播，这才是主流国际关系理论占据主导地位并形成一统话语的深层原因。[⑤]

三、华尔兹化的巩固与主流国际关系理论的趋同

自华尔兹《国际政治理论》问世之后，经典科学观作为国际关系学界的科学文化日趋深化和内化，以至于其后的主流国际关系理论大致都是遵循华尔兹逻辑展开的。新自由制度主义和建构主义的兴起，被学界认为是新的国际关系理论向新现实主义发起的挑战，在论战中得到了学界认可和理论地位的确立，成为新的主流国际关系理论，并最终形成了主流国际关系理论以美国三大理论为标志的三足鼎立态势。这些新的理论也确实提出了新的主导自变量，好像是对华尔兹结构现实主义的重大挑战，并因此被称为库恩意义上范式革命。从知识生产的表层来看，这似乎是显而易见的事情，但是，在更为深刻的层面上，这些新的主流理论更加巩固了华尔兹化的正统性，更加以经典科学观的标准划定了科学的界限，因而也就更加强化了主流学派的主导地位。

华尔兹化意味着国际关系理论的经典科学化，表现出经典科学派主导国际关系理论研究并规定国际关系知识生产局面的形成。无论是其后基欧汉的新自由制度主

---

① 肯尼思·华尔兹：《国际政治理论》，信强译，上海人民出版社，2017，第105－106页。

② David A. Baldwin (ed.), *Neorealism and Neoliberalism: The Contemporary Debate* (New York: Columbia University Press, 1993).

③ 秦亚青：《世界政治的关系理论》，上海人民出版社，第105－106页。

④ John Searle, *The Construction of Social Reality* (New York: The Free Press, 1995), p.129.

⑤ 关于主流国际关系理论的话语主导地位，参见Wiebke Wemheure-Vogelaar, Nicholas J. Bell, Marianna Navarrete Morales and Michael J. Tierney, "The IR of the Beholder: Examining Global IR Using the 2014 TRIP Survey," *International Studies Review*, vol 18, no.1 (2016): 21－23.

义，还是温特的建构主义，都在理论建构方面沿袭了华尔兹路径，在知识生产方面重复了华尔兹逻辑。基欧汉深信国际关系的世界是有其自身规律的，因果关系是其中最重要的规律，研究者可以通过独立的观察发现这样的规律。基欧汉进而认为，新自由制度主义理论在许多方面都是与新现实主义理论相似的，比如国际体系的无政府性、国家作为实体的独立存在和作为个体的基本属性等。他在批评批判理论、女性主义等反思主义和非主流国际关系理论时更是明确指出，新现实主义和新自由制度主义都接受理性主义的假定，都具有明确的因果机制陈述，都提出明晰的科学研究议程，都以实证主义和经验研究为基本方法，都是要建立解释因果关系的系统理论的。这是科学研究的基本内涵，反思主义没有这样的内容，因此不能被称为科学研究。①

建构主义似乎违背了物质主义的原则，提出了以理念结构为核心的理论体系。但是，建构主义同样遵循了华尔兹的理论建构逻辑，表现了科学实在论的基本理路。在《国际政治的社会理论》一书中，社会建构几乎完全走上了一条因果关系之路。温特自己也专门论证了因果性建构关系和建构性因果关系，试图将因果关系和建构关系统合起来，辩称因果中有建构、建构中有因果。②同样遵循华尔兹逻辑，建构主义的主导自变量也是体系层面的因素，因变量也是体系单元行为，理论解释也是体系层面因素怎样塑造体系单元身份并因之影响其行为的。当主流建构主义将主导研究议程聚焦到国际规范上面的时候，经典科学观的表现就更为突出，行为体与结构双向互构的内涵已经十分稀薄。③国际规范建构行为体身份，行为体身份决定行为体利益——这已经成为建构主义国际规范研究议程的核心命题。所以，多蒂（Roxanne Lynn Dorty）评论道："读温特的论述，就会感到建构主义理论只不过是因果理论的一种形式而已。"④而基欧汉则认为，温特后来接受了许多新现实主义和新自由制度主义的假定，比如国家是独立的、先于体系的存在，权力和利益等物质性因素是重要的因素，遵循科学研究的要求提出可以证伪的假设，等等，"这些假定使他（温特）在实质上更加接近他所称之为的主流的国际关系理论"。⑤

虽然新自由制度主义和建构主义都提出了新的主导自变量，但是，这些新理论

---

① Robert Keohane, "International Institutions: Two Approaches," in *International Institutions and State Power: Essays in International Relations Theory*, ed. Robert Keohane (Boulder: Westview Press), pp. 160–173.

② Alexander Wendt, "Collective Identity Formation and the International State," *American Political Science Review*, vol. 88, no. 2 (1988): 384–396.

③ 建构主义研究自进入21世纪以来，将国际规范设为国际体系层面的主导自变量。2005年，主流国际关系旗舰杂志 *International Organization* 在一期内专发五篇国际规范的论文，其后也不断刊发国际规范类论文，因之建立了以国际规范为主要内容的建构主义研究议程，这也使主流建构主义与新现实主义和新自由制度主义更加相似。参见 *International Organization*, vol. 59, Fall 2005.

④ Roxanne Lynn Dorty, "Desire All Way Down," *Review of International Studies*, vol. 26, no. 1 (2000): 137–139.

⑤ Robert Keohane, "Ideas Half-way Down," *Review of International Studies*, vol. 26, no. 1 (2000): 126.

的知识生产逻辑和路径与新现实主义是一脉相承的，可以说，基欧汉和温特在知识生产和理论构建方面都模仿了华尔兹，在这些体系层面理论的字里行间不时可以看到华尔兹的影子。这才是经典科学观的无形之手，也是华尔兹的真正影响所在。可以看到，新自由制度主义可以用一个简单的公式来表示：$B_s = f(I_{is})$，其中，B_s 指国家行为，I_{is} 指国际制度结构；建构主义则为 $B_s = f(N_{is})$，其中，B_s 指国家行为，N_{is} 指国际规范结构。三种理论都是体系理论，都是在结构层面寻找主导自变量，都有着遵循经典的自然科学逻辑的明显取向。虽然建构主义强调社会性互构，但对行为体身份的自组织特征、对科学实在论的坚持，使得建构主义的研究议程终于定格在国际规范这个国际体系层面的主导自变量上面，成为与新现实主义和新自由制度主义相似的科学理论。因此，在建构主义成为完整自洽的体系理论之时，也实现了在知识生产路径上与主流理论的高度趋同。

过去几十年国际关系学科的发展说明，主流理论无论初期论争多么激烈，最终都走向趋同。①造成这种结果的一个根本原因是这些理论所秉持的科学观都是经典科学观，坚持的都是牛顿物理学的基本原理。在经典科学观的指导下，主流国际关系理论同样假定国际关系的世界是原子式单元构成的世界，可以独立于观察者而存在；单元运动依照的是普遍性法则，并且可以通过研究者的经验性验证得以证实或证伪。美国的三大国际关系理论尤其包含了这样的假定。无论是结构现实主义、新自由制度主义，还是结构建构主义，都坚信国际关系世界的确定性和支撑确定性的规律，故而总是试图发现一个魔幻般的主导自变量，由此发现国际关系世界的因果机制和深层规律。国际体系结构、国际制度结构、国际规范结构就是这些理论依据经典物理学的法则分别发现的主导自变量。从根本上说，主流理论都是以确定性世界为前提的，行为个体的选择总是在世界确定性条件规定下的选择。不确定性不但不被主流理论视为世界内生性要素，反而被作为反常现象，成为需要消除的异态。但是，在我们面对这个世界的时候，不确定性是如此的顽固，实际上不仅主流国际关系理论无法将其消除，就是这些理论背后的经典科学观也无法对其进行解释。上面提到的几个例子，无论是第一次世界大战爆发、冷战结束，还是新冠疫情，都表现了高度的不确定性，也都与国际关系的现实和研究密切相关。但是，对于这些国际关系的重大事件，主流国际关系理论似乎一个都没有预测到，这不能不引发人们对理论背后的科学观及其知识生产的逻辑进行深度反思。

---

① Ole Wæver, "The Rise and Fall of the Inter-Paradigm Debate," in *International Theory: Positivism and Beyond*, eds. Steve Smith, Ken Booth and Marysia Zalewski (Cambridge: Cambridge University Press, 1996), pp. 149-185；秦亚青：《世界政治的关系理论》，上海人民出版社，第97-139页。

第五章

量子科学观与不确定的世界

量子力学是在20世纪初创立的，至今已经有100多年的时间了。在这一个世纪里，量子力学在与经典力学的论争之中取得了长足的进步。在应用领域，量子技术更是使人类的生活发生了重要的变化，超导、激光等一系列当今世界已经不可或缺的东西都与量子力学有着各种各样的关系，量子通信和量子计算已经表现出传统方式无法比拟的优势。量子力学依然不完善，依然存在很大争议，但是，量子力学的许多理论和猜想都已经得到实验的证明。

如果说21世纪社会科学会出现重大的革命性进步的话，量子力学会在世界观、人的认知和思维、知识生产的方式等方面对经典科学思想产生颠覆性冲击，最有可能是科学革命的思想源泉和理论动力。同时，我们也需要看到，由于经典科学观已经形成某种超越科学界的普遍文化，量子科学观与人们的常识也就有了许多不相吻合的地方。正因为如此，量子思想一直没有在社会科学领域普遍地发展起来，甚至到了21世纪初，国际关系学界才开始认真思考量子科学观对知识生产的重要意义。

我们无意全面讨论量子力学的物理学内涵和技术性应用，我们希望讨论的是量子力学与哲学和社会科学相关的问题，是量子科学观给哲学和社会科学带来的重大影响。也仅仅是从这个角度，我们主要讨论量子科学观的一些基本理念和假说，重点是量子科学观包含的不确定性、非定域性和观测创造性等基本原理。

一、不确定性与量子人

量子力学（quantum physics）与经典物理学一个根本的分歧是世界的确定性问题：经典物理学认为世界是确定的，之所以出现不确定性现象，是因为人的认知局限、科学知识的不完善或信息的不充分；而量子力学恰恰相反，量子力学认为世界原本是不确定的。虽然人的认知局限、科学知识的不完善或信息的不充分都是现实的问题，但是，不确定性才是世界或宇宙的本原存在和内禀属性，也是不确定性事件突显的根本原因。不确定性构成了量子力学科学观的基础，表现了新科学观的哲学蕴含，当然也是经典物理学最难以接受的观点，更是人们的常识难以理解的东西，但正因为如此，也很可能是改变人们世界观及其一系列相关观念的根本所在。[①]量子力学虽然主要是微观世界的理论体系，但涉及范围很广，这里只能选择性地从社会科学角度讨论几个核心假定和相关问题。

量子科学观的不确定性原则（the principle of uncertainty），亦称测不准关系，描述了微观世界的运动情景。根据这个原则，世界或宇宙本身是不确定的，或者说不确定性是世界的内禀属性，而不是人们的认知局限所导致的。经典物理学认为自然界是连续性的，任何物体的运动都是依照客观规律、随着时间而连续变化的，只要获得其初始条件，就能够根据反映自然规律的公理，准确计算出其后的运动状态。这是一个自然规律客观存在的世界，因之是一个确定的世界，确定性是世界的内禀属性，是经典科学所有假定和假说赖以成立的基础。量子世界则不同，在这里，不确定性才是世界的内禀属性和生成性要素，而确定性才是人在有限认知中的迷思。海森堡不确定性原理（Heinsberg's uncertainty principle）所表述的是，永远不能同时精准测量一个粒子的位置和动量（即$\triangle q\triangle p\geqslant h/4\pi$）。举一个简单的例子，一个飞行中的蚊子，我们是看不清楚它有几条腿的；如果我们要看清楚蚊子有几条腿，就需要让蚊子停下来。换言之，对一个物体某一属性（位置）测量得越是精准，对其另一共在属性（动量/速度）的测量就越是不精确，完全的确定性是不存在的。

量子概率理论强调完全随机性。经典物理学认为，物理实在的每一个元素都必须在物理理论中有其对应。但波函数却不遵循这样的规则，它并不确定地对应实在元素。即便是波函数绝对值的平方，也并不描述任何对应的个体粒子，而只是表述粒子在空间诸多点上出现的概率而已。在未曾被测量的状态下，一个自由粒子以同样的概率处于空间任意一点的位置，这才是客观的也是不确定的量子世界。爱因斯坦认为这是荒谬的。他说，他的床在卧室里，不会因为不去看它，床就会随机地处于卧室或是客厅或是厨房，并且处于任何一个地方的概率都是相等的。而从我们的常识出发，也会认为这绝对是一种谬误：即便是我们离开家一个月或一年，只要没有人去动，我们的床都会在一个固定的地方。

但是，微观粒子的世界并不遵循这样的确定性原则。描述微观世界物体运动的最重要方程是薛定谔方程（Schrödinger equation），这是量子力学的基本方程。薛

① 成素梅：《观念改变：量子纠缠引发的哲学革命》，科学出版社，2020。

定谔方程原本是要解释波的传播问题，是来自思想实验的猜想①，且不能用数学推导出来。但是，薛定谔方程却揭示了量子力学的一个最根本的问题，即量子概率问题，并由此形成了与经典概率不同的理论。根据薛定谔方程，波函数 Ψ 并没有与之对应的物理实在，只有它的绝对值的平方（$|\Psi|^2$）才会对应粒子空间位置的概率。我们无意也没有能力讨论薛定谔方程的推论过程，这里只需要说明这一量子力学基本方程的思想蕴含。薛定谔方程的简单表述就是微观世界具有“不确定性”。这其实也正是玻恩所做的解释。玻恩认为，波函数 Ψ 并不对应任何实在的物理量，它仅仅表现了波函数在某个地方出现的概率，描述了粒子在空间的概率分布而已。换言之，既然 Ψ 的绝对值的平方只表示粒子位于某个位置的概率，那么它所呈现的只是一种粒子的可能状态，而非确定状态。这反驳了经典物理学中物理量与实在相对应的观点，否定了经典物理学的决定性因果律，也因之表现了世界不确定性的内禀属性。

量子概率的完全随机性证否了牛顿运动定律，颠覆了经典物理学的决定论思想，否定了概率主要是人的认知局限和信息的不充分性所造成的这一传统科学观的认知。对于量子科学观而言，不确定性才是世界的本原存在，才是真正意义上的客观。因此，在上帝会不会掷骰子这一问题上，霍金明言爱因斯坦错了，量子力学对了，上帝确实是在掷骰子，并且在愿意的时候，还会将骰子掷到人们看不见的地方。② 然而，这种掷骰子与我们在经典概率论中的掷骰子也不一样，因为经典概率论中掷骰子的概率不是完全随机的，只要我们充分知道掷骰子的诸项初始条件，就可以计算出最后的结果，而完全随机是无法通过这样的计算得知结果的。量子概率理论最简单的表述就是，世界是随机的，不是决定论的。因此，从某种意义上讲，不确定性构成了量子科学观的第一要义。

实际上，量子力学的波粒二象性已经从根本上指向不确定性。波粒二象性指所有粒子既有粒子性，又有波动性，粒子本身并不是只有一种属性。构成世界物体本身的非单一属性，更加明确了世界的不确定性。经典物理学在光是粒子还是波的问题上有着长期的争论，但是由于思维定式，总是跳不出非此即彼的紧身衣，也总是在波或粒子的问题上纠缠不休。虽然惠更斯很早就认为光是波，但牛顿认为光是粒子。由于牛顿绝对权威的地位，在很长一段时间里，科学界接受了光就是粒子的断言。但是，总有一些科学家在很不安分地进行着反权威思考，也有很多实验证明光

---

① 物理学界一个很有意思的现象是，大部分革命性理论都起始于思想实验，也就是说，重大理论首先是物理学家想象出来的，也就是所谓的科学“猜想”。而真正的实验室实验很多都是在物理学界的思想家做出猜想之后，针对这样的猜想设计和进行的真实实验，用以证实或证伪思想实验的猜想。而猜想与反驳，比如爱因斯坦和玻尔就量子力学原理的辩论，恰恰是推动科学知识增长的重要动力。参见卡尔·波普尔：《猜想与反驳：科学知识的增长》，傅季重、纪树立、周昌忠等译，上海译文出版社，2005。

② 爱因斯坦对此一直持反对意见。在给玻恩夫妇的信中，他说：“我觉得完全不能容忍这样的想法，即认为电子受到辐射的照射，不仅它的跳跃时刻，而且它的方向，都由它自己的自由意志去选择。在那种情况下，我宁愿做一个补鞋匠，或是甚至做一个赌场里的雇员，而不愿意做一个物理学家。”《爱因斯坦文集（增补本）（第一卷）》，许良英等编译，商务印书馆，2009，第 286 页。

具有明显的波动性。光是波还是粒子变成了物理学的悬疑，直到杨氏双缝干涉实验（Young'double-slit interference experiment）和无数改进后的双缝实验一再证明粒子和波的共在叠加。这些实验证明，任何粒子都不只具有一种形态，而是处于一种既是粒子又是波的叠加态（$\Psi = c_1\psi_1 + c_2\psi_2$），犹如“假作真时真亦假，无为有处有还无”的表象，与中国传统辩证法中的“阴阳互补”“彼此相即”观点似乎异曲同工。①

德布罗意（Louis Victor de Broglie）在波粒二象性的基础上提出物质波的假说，任何物理实在或物质体都是波和粒子的综合，都兼具波粒两种属性。②德布罗意将波粒二象性这一现象扩展到包括粒子、中子等所有微观粒子，断定任何物质都具有波粒二象性或多重性质（$\Psi = c_1\psi_1 + c_2\psi_2 + \cdots + c_n\psi_n$），并提出了动量与波长的德布罗意关系式（$p = h/\lambda$），这就意味着叠加交错的复杂状态才是世界的本原状态。德布罗意思想对于经典物理学的科学观是一个颠覆性冲击，因为根据经典物理学，世界是由最小的物质体构成的，最小的物质体（比如原子）是具有恒定属性和定义性特征的，粒子就是粒子，波就是波，不可能在一个物体身上出现两种属性，这也是“非此即彼”思维的一个典型例证。但实验确实证明了光既是粒子也是波，这两种属性同时存在于一个物体，在完全自由的时候，亦即不受干扰的时候，总是以这样一种叠加态的形式存在。实验证否了“非此即彼”的单向度思维定式。

二、非定域性

非定域性（non-locality）是量子力学另外一个重要原理，指两个或两个以上的量子系统可以具有非定域性关系。比如，两个相关的量子系统，一个在地球上，一个在月球上，虽然相距遥远，但可以产生瞬间或即时的关联效应。

在经典物理学世界中，定域性原理（principle of locality）是一个基本的法则，指所有因果关系都要限定在一个特定的区域之内，不能超越空间而产生因果关系。因为光速是最快的速度，任何两个物体之间因果关联的时间差不能超越光速，也就是，最快的因果关联只能接近或等于光速，瞬间的因果效应是不可能的。③爱因斯坦对此做过明确的解释：“不论我们把什么样的东西看成是存在（实在），它总是以某种方式限定在时间和空间之中。也就是说，空间 A 部分中的实在（在理论上）总是独立‘存在’着，而与空间 B 中被看成实在的东西无关。当一个物理体系扩展在空间 A 和空间 B 两个部分时，那么，在 B 中所存在的总该是同 A 中所存在的无关地独立地存在着。……凡是在空间不同部分所存在的都有它自己的、独立的、真正

① 关于“彼此相即”以及中国辩证法的重要理念，参见庞朴：《道家辩证法论纲》（上）（下），《学术月刊》，1986 年第 12 期，1987 年第 1 期；《“中庸”平议》，《中国社会科学》，1980 年第 1 期。

② 马克斯·雅默：《量子力学的哲学》，秦克诚译，商务印书馆，2014，第 67-73 页。

③ 《爱因斯坦文集（增补本）（第一卷）》，许良英等编译，商务印书馆，2009，第 603-604 页。物理学的“瞬间”在一般意义上可以理解为“同时”。

的存在；……”比如，地球上的某个原因不可能瞬间导致月球上或是木星上的某个结果。在经典科学观框架之中，定域性原则是一个被普遍接受的原则，划定了因果律发生的可能场域。

但是，自从量子纠缠（quantum entanglement）现象被发现之后，定域性原理受到根本性冲击，因为量子纠缠意味着两个量子系统或是多个量子系统之间的非定域关联，或者说相互关联的粒子总是存在纠缠关系，处于彼此纠缠之中，在其中一个受到干扰的情况下，另一个会在瞬间发生变化，无论距离多么遥远，都是如此。这也意味着，两个空间中的所谓实在，并非无关地、独立地存在着，而是相距遥远地彼此关联着，纠缠着，它们是一个系统性整体，它们之间的关系不会因为空间的距离而隔断。同时，两个量子系统在相互分离之后，依然会纠缠在一起，没有各自的、独立于对方的自我属性，只有它们共同的整体属性。这就是超距离的量子关联或量子纠缠。

对于经典物理学而言，这是不可思议的事情。空间上分离的个体是彼此独立的，在没有其他因素将其连接在一起的时候，具有各自的实体性。但是，非定域性原理所表述的恰恰是“你中有我，我中有你”的关系纠缠，量子纠缠的实验恰恰说明被爱因斯坦高度质疑并称为“鬼魅超距作用”（spooky action at a distance）的事情是真实的存在，因为反复的实验结果都与贝尔不等式（Bell’s inequality，$|P_{xz}-P_{zy}|\leqslant 1+P_{xy}$）不相吻合，距离遥远的两个纠缠粒子是可以共同发生瞬间变化的。爱因斯坦认为，如果两者之间发生相关，则必然存在一个其间的“隐变量”（hidden variable），但这个隐变量也是无法证明的，亦即在事实上是不存在的。①虽然量子纠缠在原理上还有很多未解之谜，但这一理论已经在技术层面得到应用，比如现在的量子通信技术，就是使用量子纠缠原理，根据单量子不可复制的原理，开发出来的一种无法破译的通信技术。

不仅如此，量子力学中的延迟选择实验（delayed-choice experiment）表明，光子在发现自己被观察的时刻，便会随之改变过去的行动。贝尔实验中所呈现的是空间意义上的非定域性，指空间上相隔遥远的两个系统可以产生瞬间关联。但非定域性也可以是时间上的，不仅空间上的超距作用是存在的，时间上的前后关联也同样是真实的事情。②这意味着，“当观测完成时，光子真实的过去或‘历史’才被决定”。“历史被创造的过程确实会改变光子的潜在过去，或本可能发生而未发生”的事情。③时间上的后发行动可以影响先前的选择行为，亦即，结果可以影响原因。这样一来，经典科学观的时间前行式线性流动假说就被否定了，当下的行动会影响之前的选择，这似乎完全是反常识的，但却是被实验证明的事情。空间上和时间上的非定域性构成了量子力学完整的非定域性原理。

---

① 这一点也被量子信息技术和计算技术的发展所证明，比如我国“墨子号”和“九章二号”都处于量子技术发展的领先地位，前者是量子科学在信息传递方面的应用，后者是在计算领域的应用。

② 亚历山大·温特：《量子心灵与社会科学》，祁昊天、方长平译，上海人民出版社，2021，第59-60页。

③ 同上书，第62页。

非定域性揭示了两个重要的原则。一是整体性原则。任何两个量子系统在纠缠状态下都表现为一种整体性。比如，量子纠缠说明，量子系统是一个整体，其中存在的相互纠缠的粒子是内生性相互关联，是非定域的纯粹关联，因此，不需要任何“隐变量”就可以互相作用或是共同作用。二是互补性原则。在波粒二象性的基础上，玻尔提出了波粒二象的互补原则，即尽管任何粒子的叠加式存在都不可能同时被测量清楚，但叠加态又是互补性的共同存在，没有 ψ_1，也就没有 ψ_2。两者之间是你中有我、我中有你的互在、互涵、互补关系。为此，玻尔专门使用了中华传统文化中的太极图作为其徽章的图像，大概是为了表示他从中华文化中受到的启迪。[①]整体性原则和互补性原则共同指向一个整体和个体辩证性存在的关系体。正如何美芸（Ho Mae-Wan）所说：

> 什么东西构成整体或个体？这是一个相干且自主活动的领域。有机体的相干性需要全时空领域相干活动的量子叠加态，每一个都彼此相互关联，并都与整体关联，但同时又独立于主体。换句话说，量子相干态，作为（不可）分解化的，能够将整体的统一与局部的自由均最大化。[②]

三、观测创造性

量子力学的另外一个重要发现是，观测行为本身可以影响物质体的行为。根据波粒二象性原理，物质体的本征态是叠加态，比如一个自由电子总是处于叠加状态。但是，原本处于叠加态的波函数，在被观察的刹那间，会发生量子坍缩（quantum collapse），即从原来的本征态坍缩为一种定态。比如说，一个电子原本是粒子和波的二象性存在，但在人们观察它的时候，它便发生退相干运动，呈现为一种固定的状态，或是波，或是粒子。这意味着，我们观测到的事物是与我们的观测活动密切相关的。

量子力学中有一个非常有名的思想实验，这就是“薛定谔之猫”。“薛定谔之猫”是著名物理学家薛定谔（Erwin Schrödinger）提出的一个思想实验。他设想，将一只猫关在装有毒药（比如氰化物）和放射性物质（比如镭）的密闭容器里。如果放射性物质发生衰变，会触发机关打碎装有氰化物的瓶子，猫就会死；如果放射性物质不发生衰变，猫就会活着。根据常识，猫只能是死了或是活着，不可能处于半死半活的状态。但是，根据量子理论，由于放射性的镭是处于衰变和没有衰变两种状态的叠加，氰化物也就处于被释放和不被释放的状态，猫因此就会处于死猫和

---

① 玻尔在爵士徽章上的箴言是“Contraria Sunt Complementa”（对立即互补）这一点不仅说明玻尔受到中国辩证思想的影响和启发，而且对于中国学者发掘互涵性存在和互补性关系具有重要意义。关于玻尔互补性原理，参见雷昂·罗森菲尔德：《量子革命》，戈革译，商务印书馆，1991，第 124－144 页。关于中国辩证法思想，除了上引庞朴文章，亦参见 L. H. M. Ling, *The Dao of World Politics: Toward a Post-Westphalian, Worldist International Relations* (London and New York: Routledge, 2013).

② 亚历山大·温特：《量子心灵与社会科学》，祁昊天、方长平译，上海人民出版社，2021，第 156 页。

活猫的叠加状态。这只死活参半的猫就是所谓的“薛定谔之猫”。什么时候这只猫能够被确定是死还是活呢？只能是打开容器的那一刻，也就是这只猫被观测的那一刻。“薛定谔之猫”说明的是，一个粒子处于什么状态，在这个粒子被观测前是有多种可能性的，也就是多个波函数的叠加态。但是在观测之后，这个粒子就变成了原先叠加的多个波函数中的某一个。也就是说，是观测决定了这个粒子的定态。这也说明，我们观察到的真实现象实际上并不是真实的客观存在。

这完全违背了经典科学观。经典科学观秉承笛卡儿心物二分的思想，认为观察者是可以独立于被观察事物的，是可以通过观察者的理性而发现“那在”规律的。因此，像牛顿那样发现客观规律就成为科学的目的和科学家的终极追求。在这样一种科学观的指导下，观察只是中立的行为，是价值无涉的科学实践，被观察物体的本征态与观察者没有关系，与观测仪器也没有关系。牛顿所发现的力学三大定律和万有引力定律是客观世界的客观存在，不是因为牛顿的观察而产生的结果，也不会依着牛顿或是其他观察者的意志而转移。简言之，在经典物理学中，不论客体是否被观测，自然规律都是相同的；不论客体是否被观测，客体的状态是相同的。①我们还是用爱因斯坦形象的比喻来说明这一观点：

> 听我说，我不相信，当我不在我的卧室里时，我的床分散在整个房间，当我打开门走进来时，我的“床”就一下跳到某个角落。②

但是，量子力学的各种实验不断发现，奇异的粒子一旦被观测，就会瞬间失去其本征态，呈现出某种坍缩态或定态。这说明，“观察”这一实践活动会干扰被观察物体的行为和选择。一再改进后的双缝实验都明确地证实了观测干扰的真实性。任何被观察前的粒子都是处于完全随机的叠加态，只有当被观察的时候，才在退相干过程中坍缩为某种定态。因此，观察者和/或测量仪器不是独立于被观察的事物，而是与其产生交互作用，观测结果是相互影响之后的结果，而不是被观察物体的本原状态。观测者和被观测者也很难说是主客体关系，可能更多地表现为交互作用或是相互影响。任何观察者都具有自身经验和自我意识，这种经验和意识是不可复制的，因此观察行为是不可逆的。③我们在上文中讨论过量子统计理论，完全随机是其要义。这意味着，一个自由粒子的世界是一个完全随机的不确定世界，只有在这个粒子被测量的时刻，它才从本征态坍缩为某种定态，并以这种定态的形式呈现给观测者。观测者看到的无疑是真实的，但却不是客观存在的，因为客观存在的粒子是完全随机意义上的自由态。

这一点可以被称为观测创造性，亦即观测创造了物体的确定特性。④ 由于亚原子粒子的行为对实验环境极其敏感，用一种方法测量和用另外一种方法测量可以得

---

① H. 赖欣巴哈：《量子力学的哲学基础》，侯德彭译，商务印书馆，2018，第 31 页。

② 成素梅：《观念改变：量子纠缠引发的哲学革命》，科学出版社，2020，第 158 页。

③ 不可逆表明不同观察者会产生不同的干扰和影响，由此，可重复性原则受到质疑。

④ 亚历山大·温特：《量子心灵与社会科学》，祁昊天、方长平译，上海人民出版社，2021，第 51 页。

到不同的结果。[①]也就是说，观测这一活动本身绝不仅仅像经典物理学所认识的那样是被动的旁观，观测是主动的干预，观测本身就是创造观测结果的要素之一。比如“薛定谔之猫”在未被观测的时候，是处于死活参半的叠加态，而在被观测的瞬间，就会坍缩成为一种或死或活的定态。薛定谔的思想实验使得许多为反驳这只猫而设计的物理实验相继出台，但从薛定谔思想实验的设定来看，不仅仅要质疑波粒二象性和观测创造性，而且已经有意无意地将微观量子原理扩展到宏观世界之中。虽然为什么会发生坍缩现象仍不得而知，比如意识是否是坍缩的一种原因，甚至意识是否会存在于人类之外的其他物体（这不仅仅是指动物、植物等有生命体，也包括被人们认为的无生命体）而产生意识交互干扰等等[②]，但观察和测量导致坍缩已经是实验证明的事情。这就意味着，纯粒子是客观的，但不是真实的；测量结果是真实的，但不是客观的；物理量不可能与物理实在一一对应。

但是，到底是什么原因使得观测具有创造性呢？这依然是一个未解之谜。比如，多世界理论（many-world interpretation）就认为“坍缩”是一个不必要的概念，因为坍缩现象不会发生，只不过世界不是一个而是多个，所谓坍缩，只是波函数在不同世界的不同表象而已，每一个世界都有一个确定的形态。[③]但是，很多猜想都是承认坍缩并试图发现坍缩原因的，其中又有很多涉及意识问题。换言之，意识的干预使得物体的叠加态坍缩，在退相干过程中固化为某一定态。但是，到底是什么意识在产生作用呢？是谁的意识作用于物体而使之发生了坍缩呢？我们至少可以预想到三种情景。一是被观测体具有意识，因此也就会知道处于被观测状态，并因之即时坍缩，成为某一种定态。这样一来，大千世界中我们原本以为无生命、无意识的存在物都可能具有意识。二是观测体的意识。如果观测体是人，那么，人的意识就会作用于被观测的物体，并产生作用，使得被观测体发生坍缩，成为某种定态。三是交互性意识。亦即观测体和被观测体都具有意识，观测的过程实际上是一个意识相互作用的过程。这种意识的相互作用使得被观测体由叠加态坍缩为定态。比如，一些环境主义学者认为物质世界中许多物体都具有意识，以人为中心的环境思想低估了物质世界的物体，以人的意识无视甚至压制环境中物体的意识，以人与环境中物体之间不平等的身份去思考，因之要对环境进行管理、进行治理，结果只能导致更大的有意识报复。[④]

应该看到，虽然量子力学的这些发现是以实验为支撑的，但却超出了人的常识性认知，背后的许多原理现在也没有完全清晰，科学家之间的辩论也十分激烈。即便是伟大的科学家也会因为一种物理学理论竟然建立在不确定性之上感到困惑，难免对其质疑诘难。比如，“薛定谔之猫”悖论的思想实验是要质疑波粒二象性的，

---

① 亚历山大·温特：《量子心灵与社会科学》，祁昊天、方长平译，上海人民出版社，2021，第188页。

② 同上书，第126-139页。

③ 马克斯·雅默：《量子力学的哲学》，秦克诚译，商务印书馆，2014，第706-725页。

④ Milja Kurki, *International Relations in a Relational Universe* (Oxford: Oxford University Press, 2020).

爱因斯坦等人的 EPR 悖论①原本也是质疑量子力学的完备性、质疑量子力学的非定域性等基本原理的。但是，针对这些悖论展开的理论分析和反复实验却证明了量子力学的真实性，量子力学也在针对这些质疑的过程中，不断通过设计新的实验、提出新的假说而取得重大进展。这也说明了猜想与反驳作为科学知识增长动力的重要意义。总体而言，我们可以看到，在量子科学观的视域中，已经没有一个可以知晓世界每个原子的确切位置和动量的“拉普拉斯妖”（Pémon de Laplace），没有一个仅仅使用牛顿定律就可以解释万物的超凡理性。世界不是一个依照机械的因果机制运行的机器，而是万物在空间和时间维度上高度相关的世界以及这个世界的不确定性本原属性，进而则是在这个世界中创造性地生成和无限展开的可能。在这样一种视野之中，经典物理学或许只是量子物理学的一种特殊形态。

波粒二象性、非定域性、观测创造性与世界或宇宙不确定性这一基本假定是一脉相承的。虽然这些原理自身都包含了丰富的内涵，也都有着扩展衍生各种思想的潜能，但不确定性是这些原理的共同假定和理论指向。也正是这一基本假定，使得经典物理学和经典科学观的朗朗天空变得模糊起来，使得我们观察的事物由岩石变成了云彩，甚至使我们在挥之不去的不确定性面前产生忧虑和恐惧。也正是因为如此，人们往往会产生一种误解，即不确定性就是没有规律或是没有客观存在，因此也就没有研究的可能，甚至认为这样的假说是反科学的。实际上，量子科学观包含的这些新的假说和原理，并不是反科学的，只是与经典科学观有着很大的不同，也往往是人们的常识无法理解的。经典科学不能等同于完全意义上的科学，因为科学是不断进步的。

---

① 指爱因斯坦、波多尔斯基（Boris Podolsky）、罗森（Nathan Rosen）合写的《能认为量子力学对物理实在的描述是完备的吗?》，取三位作者姓的首字母，称为 EPR 悖论。虽然爱因斯坦等人在这篇重要论文中并没有否定量子力学的重要发现，因为这些发现已经被反复实验所证明，但是 EPR 悖论所揭示的问题是：量子力学不是完备理论，建立在不完备基础上的理论是具有重要缺陷的，而所谓完备，即“物理实在的每一个元素都必须在这物理理论中有它的对应”。参见《爱因斯坦文集（增补本）（第一卷）》，许良英等编译，商务印书馆，2009，第 460-468 页，直接引语见第 461 页。

第六章

新科学观与国际关系的知识重构

新科学观进入国际关系理论领域是新近的事情。量子力学认为不确定性是世界的本原性质，也就是说，如果人类生存的宏观世界也是一个量子系统的话，不确定性才是这个世界的本征态。20 世纪二三十年代的世界大萧条，80 年代末 90 年代初的苏联解体和冷战结束，21 世纪的“非典”疫情、新冠疫情……这些人类经历的重大事件，似乎无一不是如此。主流国际关系理论的预测性也很令人失望。华尔兹在 20 世纪 70 年代预言苏联能够再持续 100 年，基欧汉在 80 年代初开始研究霸权之后的国际合作与纷争，这些与实际发生的事情都相去甚远。①

将不确定性作为世界政治的内禀属性和国际关系的研究起点，是国际关系学开始将量子思想及其哲学/社会科学意义应用到国际关系理论建构的一种开拓性尝试。虽然量子理论已经有了百年历史，但量子科学观真正影响国际关系理论建构和知识生产领域是进入 21 世纪才开始的，主流理论依然占绝对主导地位，主流理论背后的经典科学观依然是国际关系领域知识生产的背景知识和思维原点。不过，我们也应当看到，虽然当前在主流理论框架下的研究设计更加精致、技术分析更加精微、模型公式更加优雅，但新的思想却是高度贫乏。所以，一旦新科学观进入国际关系知识生产的领域，就可能引发知识观的重构和知识的再生产。这自然也意味着，主流国际关系理论的研究起点和研究目的会受到质疑，现有国际关系知识大厦的根基也会随之动摇。

① Peter Katzenstein（ed.），*Uncertainty and Its Discontents*：*Worldviews in World Politics*（Cambridge：Cambridge University Press，2022）.

一、从量子场域到社会世界

新科学观对于国际关系学知识再生产的影响，首先是从社会科学研究的基础性层面表现出来的，这就是将量子科学观应用于社会科学的尝试，也就是努力构建量子社会理论。这意味着将量子力学的基本理论，尤其是微观世界的量子特征应用于宏观的社会世界和社会科学研究之中。

在这方面，最前沿的理论思考是将社会世界假定为量子系统，将人假定为波函数。这就将量子世界与社会世界关联在一起，将量子特征与人联系在一起了。温特2015年出版了《量子心灵与社会科学》一书，根据作者自己的说法，“这本书是完全关于哲学的”[①]，但通过量子科学观联通微观和宏观、将量子原理应用于社会则是作者最大胆的尝试。海森堡（Werner K. Heisenberg）提出了所有粒子都具有波粒二象性的理论，但普遍的认识是量子力学只用于微观世界，到了宏观世界，在退相干过程中，量子特征就消失了。虽然“爱因斯坦之床”“薛定谔之猫”等思想实验似乎无意中将量子特征应用到宏观世界之中，但从微观到宏观、从自然科学到社会科学，其间的鸿沟是显而易见的。如果量子科学观是比牛顿科学观更为进步的科学思想，那么，它就应该具有包含和超出牛顿力学的解释能力。

因此，人们设想，从微观的量子世界上升到宏观的社会世界是可能的，但无疑是一个高难度的研究课题。正因为如此，这也成为量子社会科学研究人员试图突破的关键。虽然之前也有一些将量子力学应用到国际关系某些方面的零星研究成果，但《量子心灵与社会科学》显然有着更宏大的体系和更宏伟的目标。简言之，温特所要做的是将微观物理世界的量子属性与特征用于宏观社会世界，将微观粒子的行为方式用于人类的行为方式，将以量子力学为代表的新科学观用于社会科学的研究。依照量子科学观，温特提出了诸多假定，比如，人是行走的波函数（walking wave function），“人类确实是量子系统”，“人类和社会生活展现了量子相干性”[②]，“社会生活与亚原子粒子根本上没有什么不同”[③]，“所有意向性现象都是量子的”[④]。这意味着宏观世界的行为体具有量子特征，具有波粒二象性，能够产生量子纠缠，会依照量子力学的基本原理行动。在将微观世界的量子行为应用到宏观社会世界的过程中，不确定性、波粒二象性、超距作用、意识存在的主体及其作用等一系列量子概念被赋予社会场景中的宏观意义。同时，主客二分、理性秩序、物理学因果闭合等经典物理学圭臬受到质疑。实际上，明确指出人是量子系统、人的大脑是量子计算机，意味着重构一种与经典理论完全不同的人的本体意义，探索意识和意向的本质，审视心物同构、理象交塑的社会世界，展现了一个既充满不确定又蕴含无限

① 亚历山大·温特：《量子心灵与社会科学》，祁昊天、方长平译，上海人民出版社，2021，第3页。
② 同上书，第4页。
③ 同上书，第149页。
④ 同上书，第169页。

可能的万象宇宙。

《量子心灵与社会科学》这部著作没有讨论具体的国际关系问题，也没有提出系统的理论。温特更多的是介绍量子科学的基本概念，并将其挪移至社会科学领域，重点在于量子力学和整个社会科学的关联。因此，将量子科学观的基本思想整合到社会科学研究范围的尝试是显而易见的。其中有三个内容尤其值得关注，因为这些内容直指作为社会科学本体论和认识论基础的经典科学观，有针对性地提出了社会科学的发展取向。

首先是“量子人”的概念。社会科学领域关于人作为行为体或是行动者的讨论非常之多，经济人、社会人、政治人、文化人，都是社会科学文献中出现过的概念。虽然这些概念都属于理想类型，亦即在实际社会生活中没有绝对的经济人或是纯粹的社会人，但是，将人的某种属性设定为根本属性，并以此作为研究的起点，则是这些概念背后的一种共同认知，因此可以统称为“经典人”。经典人是物质的、独立的，具有确定的身份属性，具有理性但没有自由意志，所以说，经典人类似一台复杂的机器。①

量子人则不同。量子人是行走的波函数，所以具有波函数的基本特征。首先就是自身属性的不确定性特征。正如一个波函数的本征态是叠加态，具有不确定性，这种本原的不确定性同样表现在人的身上。将人定义为量子人或是行走的波函数，其身份和属性是不确定的，因此也就不能预设。作为任何一个行为个体，其身份都是多重叠加的。由于身份决定利益，身份的不确定性自然意味着利益的不确定性，没有任何行为个体的自我利益是先验确定的。同理，身份和利益的不确定性表示行为的多种可能性，只有在受到干扰的时刻，人的行为才会以一种定态的形式展现出来。这样的量子人是全时空关联的生命，是叠加态的存在，呈现出复合叠加、非定域相关、自由意志等量子特征，构成了不确定性整体世界中基本的不确定组成部分。

其次是量子决策理论（quantum decision theory）。经典决策理论是以理性个体为切入点的，是以工具理性为基本依据的。理性行为个体在决策的过程中，会充分考虑自身的根本利益，据此判定行动目标，考虑自身所具有的能力，设想可能的行动方案，然后理性地选择可以取得最佳结果的一种方案。与经典决策理论相悖，量子决策取消了理性人和工具理性的预设。理性人具有工具理性，考虑的是效用最大化，而量子系统处于叠加态，无法预知定态，其定态的身份和利益在受到干扰之前是不存在的。因此，工具理性也就不会存在，更无从决定效用最大化。工具理性是以手段-目的作为基本标准的，但在量子系统中，量子处于完全随机的叠加态，这种手段-目的的逻辑也就失去了逻辑意义。

我们可以考虑权力转移理论中的霸权国和挑战国。权力转移理论的背景知识和思维依据是经典科学观，属于结构现实主义理论范畴。在权力转移理论中，国家是

① 亚历山大·温特：《量子心灵与社会科学》，祁昊天、方长平译，上海人民出版社，2021，第171页。

经典国家，霸权国和挑战国之间的矛盾是结构性矛盾，结构性矛盾是由国际体系结构决定的，因为霸权国的身份决定其利益是维护霸权，挑战国的身份也决定其利益就是颠覆霸权。①因此，挑战国的挑战和霸权国的反挑战均属于合理的行动取向，高度符合经典科学观的原理和拉普拉斯决定论的法则。②但是，如果国家不是经典国家而是量子国家，那么，崛起国家就是一个挑战国或非挑战国的叠加状态，行为也会处于挑战或是不挑战霸权国的叠加状态，并且在霸权国和挑战国的互动之中，双方的偏好也会在不断建构过程中发生变化。③所以何为利益、何为目的是一个开放性问题，而不是一个机械决定论的断言或者自我实现的预言。④量子理论本身就是一种整体性理论，量子系统是整体系统，各个部分都处于纠缠之中，因此，量子决策包含了决策者的整个大脑，包括情绪、意识、潜意识等因素，比如影响决策的可能是理性和情感的交织，而不是所谓理性人的完全理性决定。⑤

再就是量子意识（quantum consciousness）。这是《量子心灵与社会科学》的研究重点，也是温特为他的量子社会科学研究选择的主要突破点。温特的核心研究问题是，量子理论如何能够解释意识及意向性现象，继而统一自然与社会本体论？这直接涉及一个问题：量子坍缩是由意识导致的吗？即便在物理学界，这也依然是一个谜题，因此，对意识的思考和量子意识理论依然是温特这部著作中十分扑朔迷离的论述。意识确实是一个极其重要的现象⑥，同时也是一个极难把握的变量，对于经典物理学而言，其物质性本体论和理性认识论实际上已经将意识置于根本的思考范畴之外。简单地浏览一下主流国际关系理论的研究议程，我们就会发现这些议程大都避开了意识问题。社会科学中最难避开意识的学科是心理学，尽管如此，即便是国际关系心理学的研究也很少直接讨论或是专门讨论意识及其作用⑦，而十分关注意识的弗洛伊德心理学恰恰是无法证伪的理论体系。

量子意识涉及很多方面，其中之一是意识与量子坍缩的关系。量子力学在思考坍缩问题时的一个重要观点是意识导致了坍缩的发生。温特试图从量子哲学角度将意识带入社会科学研究，试图说明意识对行为的重要作用，从这本著作的书名上

---

① A. F. K. Organski and Jacek Kugler, *The War Ledger* (Chicago: The University of Chicago Press, 1980).

② 即便我们引入“偏好”概念，那么，偏好也是在选择过程中建构起来的，是不可能先验预设的。这就是所谓的“量子化偏好转移”。参见亚历山大·温特：《量子心灵与社会科学》，祁昊天、方长平译，上海人民出版社，2021，第182页。

③ 可参见温特借用类型不确定性原则表述这种量子人状态。类型不确定性意味着“一个人的‘状态’表示为与某个情况相关的所有类型的叠加”。参见亚历山大·温特：《量子心灵与社会科学》，祁昊天、方长平译，上海人民出版社，2021，第183页。

④ 国际关系研究中反映决定性因果律的典型著作包括：John Mearsheimer, *The Tragedy of Great Power Politics* (New York and London: W. W. Norton, 2001); Graham Allison, *Destined for War: Can America and China Escape Thucydides's Trap?* (Boston and New York: Houghton Mifflin Harcourt, 2017).

⑤ 亚历山大·温特：《量子心灵与社会科学》，祁昊天、方长平译，上海人民出版社，2021，第175-196页。

⑥ 约翰·塞尔：《心灵导论》，徐英瑾译，上海人民出版社，2008。

⑦ 罗伯特·杰维斯：《国际政治中的知觉与错误知觉》，秦亚青译，世界知识出版社，2003。

面，“量子心灵”就反映了其对意识问题的高度重视。对于温特而言，意识是心灵的经验层面，属于感觉和经验的范畴。[①]物质主义很难解释意识问题，但意识又是人类不可或缺的一个要素，所以，对于社会科学而言，意识是一个绕不开的概念，也是一个需要深入研究的问题。在经典物理学中，物理性只包含了物质性，因此也就否定了对意识的讨论；而在量子力学中，物理性包含了心理性，这就为意识和意向性的讨论打开了大门。

温特对于意识的思考包含了几个主要的内容。首先，什么是有意识的主体或者说“主体性的意识部分”[②]。温特认为主体性意识是由认知、经验和意愿三个部分构成的，只要具备这三种特征的主体，就是有意识的主体。生命体的意识已经得到普遍认可，比如人及其以外的其他动物或是植物都是有意识的，或者说单细胞有机体都是有意识的。延伸到粒子层面，单一粒子也具有认知、经验和意愿的特征。因此，意识很可能存在于物质结构的深层，意识的基本判断标准就是量子相干性，即只要粒子之间具有相干性，它们就是有意识的。[③]其次，意识是意向的前提。[④]社会科学研究重视行为体意向问题，因为意向与行动高度相关。但是对于意识与意向的关系，却往往语焉不详。而哲学家约翰·塞尔则明确指出，关于意向的完备理论必须讨论意识。因为，“只有当一个生物具有意识的意向性状态时，才算真正拥有了意向性状态，而所有的非意识意向性状态至少是潜在有意识的”[⑤]。也就是说，意向性基于意识，没有意识，便没有意向。引申开来，没有意识，也就不存在有意义的行动。再次，意识导致了波函数坍缩。换言之，意识使得叠加态成为定态，使某种特定行动成为可能。温特引用了物理学家弗里曼·戴森（Freeman Dyson）的话：“心灵已存在于每一个电子之中，而人类意识的过程与电子选择量子状态的过程之间仅存在程度上的差异，而没有本质差别。”[⑥]在社会世界中，行动者的身份、利益和行动都是以叠加态为本征态的，因此都具有多种可能的选择。最后，包含多种可能的叠加态由于意识的作用坍缩为某种定态，并以某种特定行动的方式表达出来，呈现在我们熟悉的经典世界之中。

二、不确定原理与权力概念的重构

就国际关系学科研究的具体层面而言，通过量子力学的重要原理对国际关系概念的再概念化是理论创新的重要尝试。对原有学科和理论重要概念的再概念化往往是理论创新的首要步骤，也是思想实验的根本环节。进入 21 世纪以来，国际关系

① 亚历山大·温特：《量子心灵与社会科学》，祁昊天、方长平译，上海人民出版社，2021，第 15 页。
② 同上书，第 19 页。
③ 同上书，第 129-139 页。
④ 同上书，第 19 页。
⑤ 同上书，第 20 页。
⑥ 同上书，第 31 页。

学者应用量子科学观的基本原理，对一些国际关系理论核心概念进行了再概念化，对这些再概念化进行的专门性经验研究也相继出现，成为新世纪国际关系领域具有开拓意义的新的知识生长点。

国际关系的一个概念核心是权力，权力在一个确定性的世界中被界定为使然能力。主流国际关系理论所注重的是控制性权力，亦即控制他人行为和事件结果的能力，意味着迫使别人做原本不愿做的事情[①]，重点讨论权力怎样使行为体克服阻力，完成自己设定的目标。权力越大，确定性就越大，对方根据自己意愿行事的可能性就越大，事物依照自己期望发展的可能性也就越大。这与经典物理学的决定性因果律是一致的。

虽然国际关系理论对权力的讨论非常多，但作为控制能力的根本意义一直没有变化。[②]以软权力概念为例。虽然软权力与硬权力的形式不同，但依然是以权力施者和权力受者之间的主客体关系为轴心，以前者意愿改变后者行动为目的，这在实质上与硬权力是一样的。[③]因此，无论权力呈现何种形式，都是以国际关系世界的确定性为前提，以通过增强权力而增强确定性为目的，权力就是控制能力，尤其是强制性控制能力。主流国际关系理论意义上的权力都包含增强控制力从而增强确定性这一基本含义。比如，一个人的权力越大，就越可以控制他人和环境；人类的权力越大，无论是表现在智识方面还是表现在技术方面，都能够更加容易地控制自然；国家的权力越大，就越可以控制其他国家，控制国际体系，控制外力给自己带来的风险。

但是，如果世界原本就是一个不确定的世界，那么，主流国际关系理论认定的权力会有什么局限性？权力概念会包含什么不同的内涵和意义？彼得·卡赞斯坦和露西娅·赛伯特（Lucia Seybert）提出了“应变性权力”（protean power）的概念，认为世界的不确定性本质意味着应变性权力也是一种重要的权力形式。应变性权力主要指行为体对不确定事件的应变能力，是行为体通过“应变能力对不确定性事件做出的即时和创新性反应”，即行为体在应对不确定性事件爆发时表现出来的创造性应对能力。[④]既然不确定性是世界的本原状态，是我们生活中无所不在的组成部分，一种不可或缺的权力形式就是应变性权力，亦即在不确定事件突然爆发的时刻，行为体怎样通过即时反应，成功应对不确定性带来的风险和危机，取得最佳的结果。

---

① Robert A. Dahl, “The Concept of Power.”

② David A. Baldwin, “Money and Power,” *The Journal of Politics*, vol. 33, no. 3 (1971): 578-614; “Power and Social Exchange,” *The American Political Science Review*, vol. 72, no. 4 (1978): 1229-1242; 肯尼思·E. 博尔丁：《权力的三张面孔》，张岩译，经济科学出版社，2012；阿米塔·阿查亚：《重新思考世界政治中的权力、制度与观念》，白云真、宋亦明译，上海人民出版社，2019；Stefano Guzzini, *Power, Realism and Constructivism* (London and New York: Routledge, 2013).

③ Joseph Nye, *Soft Power: The Means to Success in World Politics* (New York: Public Affairs, 2004).

④ Peter Katzenstein and Lucia Seybert (eds.), *Protean Power: Exploring the Uncertain and Unexpected in World Politics* (Cambridge: Cambridge University Press, 2018), p. 4.

应变性权力表现在包括政治、经济、社会生活在内的方方面面，这是因为无法预测的不确定性事件出现在人类生活的时时处处。经济大萧条、世界大战的爆发、冷战的结束都是不确定性的典型表现。以肆虐全球的新冠病毒为例，虽然人们已经认识到，人类历史从某种意义上讲就是一部与病毒斗争的历史，但每一次病毒的暴发似乎都完全出乎人们的意料，都是全新的发生，也都是高度不确定的事件。如果我们只是强调控制性权力和强制性权力，那么，控制和强制的对象无法预先确定，因此也就不知道要控制什么、强制什么。在这种情景下，控制性权力便失去了预期的作用，比如物质实力强的国家不一定是应对病毒最好的国家。

应变性权力无疑是不确定条件下的一种重要权力形式，但总体而言是一种被动性权力，是将不确定事件视为已经发生的结果，重点在于不确定事件发生后的应对能力。既然不确定性是世界的内禀属性，不确定现象就是一种常态，那么，不确定性就不仅仅表现为某种已经发生的结果，而是一个不断生发的过程。既然是过程，仅仅依赖应变性权力是不够的。我们还需要一种更为积极主动的权力形式，这就是“达变性权力”①。达变性权力指在事物发生发展变化过程中，在危险未发或是未全发之时，通过变通方式随时做出适切反应的能力。虽然我们不能确定地知道事物变化的情景和后果，但可以在事物变化的过程之中，不断根据即时的已知情景判断下一时刻的未知情景，以便在总体不确定性条件下，积极寻求即时即刻相对确定的行动。

达变性权力的形象解释是“摸着石头过河”，所表现的是中华文化中的一种实践智慧。河床状况是不确定的，水深水浅是不确定的，过河的路线和方式是不确定的，摸着每一块脚下的石头，去思考下一个可以稳定落脚的方位。一旦踏在不稳定的石头之上，能够即时撤回脚步，迅速修正，然后再去摸索另一块稳定的石头，就能实现下一步的前进。与应变性权力相比，达变性权力是一种过程性权力，是一种更加积极主动、在危险或灾难即发未发之时的权变能力。这种能力可以使人在不确定的环境中，在不断权变通达之中走向成功。中国的改革开放在没有任何经验的情景之下，在环境和前路高度不确定的条件之下，以摸着石头过河的方式，取得了重大成功，这无疑是达变性权力的典型案例。

如果说世界原本就是不确定的，决定性因果律不能充分地、准确地描述事物的发展演变，那么，对权力的认知和界定则需要将不确定性作为一个重要的前提条件，而应变性权力和达变性权力等概念的基本依据正是世界这种本原不确定性。应对突发事件的能力、在不确定环境中随机变通的能力等，都是权力的重要形式，而这也恰恰是量子科学观视域下权力的核心要义。强制性权力无疑依然是世界政治的重要因素，战争就是极端的实例。但战争的爆发在很多时候都是无法预测的，战争的过程也瞬息万变，兵无常势、水无常形。②另外，金融危机、自然灾害等人祸天

① 相对适切的英文应是“resilient power”。

② 参见《孙子兵法》（虚实篇、九变篇），陈曦译注，中华书局，2011，第90-113，137-152页。

灾也往往如此。一旦不确定性情景成为常态，即时表现出来的应变和达变能力往往是成败的关键。因此，从量子科学观的视野中我们可以了解在经典科学观范畴内无以认知的权力形态，从而也可以更加深刻地了解越来越不确定的世界政治。

三、量子纠缠与关系性合作

合作是国际关系研究的另外一个核心概念，无政府状态下的国际合作也一直是国际关系研究的重要议题。基于经典科学观的合作研究比较严格地遵从了经典力学的前提假定，认为国家是独立的个体，具有自我属性和特征，依照工具理性或是规范理性进行决策和采取行动。工具理性主导下的合作以物质性利益为基本考虑，行为体在能够实现自我利益的情境下选择合作；价值理性主导下的合作以社会规范或是价值立场为基本考虑，行为体在具有共同社会规范和价值立场的情境下选择合作。

主流国际关系理论对于合作问题是没有终极解的，亦即无政府国际体系中是没有办法从根本上解决合作问题的。出现这个问题的一个根本原因是个体理性领地的无限扩展：每个个体的实质主义身份和属性、身份界限的划定和固化、工具或是价值理性的核心假定等。现实主义强调国际体系无政府状态混乱的一面，因此认为国际合作在根本上是不可能的，但出于权力的考虑，国家在被强制且无力反抗的条件下只能是合作的，就像一个被枪顶住脑袋的人一样。新自由主义在无政府假定上与现实主义并无二致，但认为制度性安排可以促成合作，所以既强调国际制度作为外力的协调作用，也认为在无政府体系中即便是国际制度也只能促成原本可以合作的事项，而不能根本解决合作问题。①建构主义意识到身份的内外之分是合作的障碍，因此将身份认同设定为合作的基础条件，但同时也预设了行为体身份的先在性，亦即预设独立存在的行为体身份，这也意味着身份界限的划定，认为只有具备同质性身份，才能实现真正的合作。但是，建构主义的同质性是以一种身份同化另外一种身份，在当今世界的多元性和身份的多样性的条件下，这是不可能的事情，因此也没有从根本上解决合作问题。之所以主流国际关系理论在合作问题上没有终极解，是因为独立个体理性这一前提假定，个体的独立存在决定个体利益的独立存在，个体利益的独立存在决定相互利益的不兼容性，如果这个问题不能得到本体层面的解决，冲突是无法在本体意义上真正消除的。

真正解决合作问题，需要首先解决独立个体的“我-他”二元结构，解决“我-他”二元结构的关键是消除我他之间的界限。主流国际关系理论的我他界限一直是

---

① 基欧汉的新自由制度主义代表著作《霸权之后》重点研究发达国家之间的合作，目的是回答为什么国家原本可以合作的地方却没有实现合作的问题。虽然后来基欧汉的新自由制度主义被泛化，但无论怎样，该理论要解决的只是有限范围内的合作问题，因此并没有考虑合作问题的终极解决。参见基欧汉：《霸权之后》，苏长和等译，上海人民出版社，2001。

清晰的，国家与国家之间的关系总是处于一种二元结构之中。在这样的前提条件之下，合作只会是权宜之计。而恰恰是在这一点上，量子纠缠对合作问题具有极大的启发意义。设想我们的社会是一个量子系统，那么，从量子整体主义的原理考虑，社会成员之间就处于量子纠缠态，也就是说，社会成员虽然具有不同的身份，但又是相互关联的，亦即他们原本就是纠缠中的一体粒子。这是一个根本性假定，把原来被预设为独立的、分离的社会成员视为相互关联的整体。这就完全跳出了经典理论的理性个体假定，将两个互动成员的身份由“我-他”转变成为“我们”，关系结构也由二元分立转化为我他相即。

我他界限的消除是从根本上解决合作问题的关键。传统囚徒困境博弈的纳什均衡解是两个博弈者之间的不合作，但在量子系统中，两个博弈者构成一个量子整体，成为一个单一的量子系统。作为量子系统，人与人、人与社会都是不可分离的，都处于纠缠状态，这样一来，人与人之间的博弈也就从所谓的“外互动”（interaction）变为“内互动”（intra-action）。① 与经典世界不同的是，在量子世界里，人与人之间、人与社会之间的纠缠态是正常的，因此，人类的合作倾向是正常现象，人类不合作才是反常现象。相比较而言，一方面，“经典力从根本上是不合作的，因为它们是盲目的、机械性的，所发生的事情……都是通过不情愿、没有目的的外力施加而发生。另一方面，量子力是潜在的，而且常常是真正合作的，因为所发生的事情都是通过在参与过程中的力之间相互传播信息而发生”②。用于实际场景，纠缠度就成为一个重要的因素，亦即纠缠度越高，合作的可能性也就越大。③

这与中国传统文化中的关系性合作颇为相似，尤其是与中华哲学中的中庸辩证法有相通之处。中庸辩证法将阴阳关系视为元关系，将二者关系的性质视为互涵性关系（immanent relationship），亦即“你中有我，我中有你”的关系。阴阳两极是一体两面，是一个整体的共同组成部分，它们之间的共在是内嵌式共在，而不是相互独立和分离的存在。在这个本体意义上，阴阳两极的存在是共在（co-existence）、利益是共利益（co-interest），互动是内互动。由一分为二的两个主体之间的外互动，到合二而一的一个主体的内互动，是一个典型的再概念化，表现了重塑概念的意义，也为从根本上解决合作问题提供了希望。④

关系性合作要解决的根本问题是“无外”问题，强调行为体的存在是一种关系

---

① 亚历山大·温特：《量子心灵与社会科学》，祁昊天、方长平译，上海人民出版社，2021，第189-192页。实际上，这与中华文化传统思想中的“无外原则”有相似之处。合作问题在独立个体身份的前提条件下是无法根本解决的，任何“有外”的身份确认和边界划定，比如“自我-他者”关系，都表示利益的最终不可协调性或不可完全协调性。“天下无外”要消除这种身份界限，建构一种无他者的天下。量子纠缠则表明，任何纠缠中的粒子本身就是一体，因此无法区分自存在与他存在、自利益与他利益。这就更加彻底地否定了身份边界问题，也为合作问题的终极解提供了一种进路。参见赵汀阳：《天下体系：世界制度哲学导论》，江苏教育出版社，2005。

② 亚历山大·温特：《量子心灵与社会科学》，祁昊天、方长平译，上海人民出版社，第192页。

③ 秦亚青：《世界政治的关系理论》，上海人民出版社，2021，第201-253页。

④ 关于关系性合作的详细讨论，参见秦亚青：《世界政治的关系理论》，上海人民出版社，第365-400页。

性共在，行为体的身份是一种关系性互涵，行为体的利益是一种关系性互补。这包含了两个基本假定。一是非实质主义自我。任何互动中的个体不是实质主义自我（essentialist self），而是具有多重叠加身份和属性的个体。这些不同属性在与其他行为体互动的时刻和过程之中，在实践展开亦即受到干扰的情境下，表现为某种可识别的形态，亦即某种定态。没有一个行为体具有一成不变的单一身份和属性，在互动过程中，叠加身份的不同侧面会根据互动的情景而发生变化。二是整体性系统观。互动中的行为体同属一个整体系统，因此没有明确的内外界限。互动中的行为体可以被视为阴阳两极，有相同之处，也有不同之处，但两者是一体两面，同属一个整体的系统。量子世界中的量子纠缠现象形象地表述了这种情景：两个相关量子同属一个系统，所以，其中任何一个都没有绝对的独立自我属性，而是在个体与个体之间、个体与系统之间产生了不可分割的相互关联。

如果说互动双方类似纠缠中的粒子系统，同属一个整体，那么他们之间的关系就不是一种“我-他”分立的二元关系，他们之间的互动就不是一种内外界限明显的外互动。既然两个行为体是一个整体系统中的一体两面，处于一种内嵌式关系状态，那么，他们之间的互动便是内互动，形成你中有我、我中有你的内互动模式。如果说外互动描述的是具有明确“我-他”界限的互动模式，那么内互动则描述了一种没有明确界限的“我们”互动模式。假如我们将行为体视为既有合作又有冲突的叠加态，那么，在内互动模式下，实际显现出来的行为定态或是实践情景就更有可能是合作而不是冲突了。

与之相关的是利益互涵。如果互动双方是一体两面，双方的身份同属“我们”，那么，就会出现两种利益互涵的关系。一种是互动双方的利益是互涵的；另一种是个体利益与共同体利益也是互涵的。利益互涵意味着自我利益与他者利益是在互动过程中得以相互界定的，也是在互动过程中共同实现的。虽然利益互涵不否定个体利益的合法性存在，但却强调个体利益既无法完全独立地界定和判定，也无法完全独立地追逐与实现。“己欲立而立人，己欲达而达人”的思想所表述的就是这样一种利益互涵的关系。根据关系性原理，关系越是密切，合作的可能性就越大。量子纠缠表现的是一种互涵性存在和“我们”式互动，所以，至少在理论上可以对合作问题提供一种终极解。

量子科学观作为一种世界观，已经在哲学层面产生了重大的影响。就社会科学而言，虽然现在社会科学的主导世界观依然是经典科学思想，主流理论依然是在经典科学观范畴之内建立起来的思想和思维框架中的知识建构，但量子科学观越来越显示出强大的影响力。在21世纪的100年里，这种影响可能会越来越大，对经典科学观主导地位的挑战也会越来越强，在社会科学领域可能会产生思想革命的效果。

量子科学观在国际关系领域影响刚刚开始显现，经典科学观的主导地位依然稳固。但是，从上述这些国际关系核心概念的重构上面，我们已经可以看到量子科学观对于哲学和社会科学研究的重要意义，尤其是在改变科学文化和重构知识生产方式方面。这是世界国际关系领域刚刚开始探索的地方，也是主流国际关系理论受到根本性质疑的地方。应该说，现在以量子科学思想研究国际关系的所有人都在同一起跑线上，没有任何人可以声称自己的理论是主导理论，也没有任何知识产品可以自诩为唯一的知识产品，所以，这是一个开放的天地。

结　语

以量子力学为代表的新科学观，绝不仅仅是科学界自身的事情。新科学观作为一种世界观，已经在哲学层面产生了重大的影响，对于量子哲学和量子力学的哲学基础，相关的研究已经表现出重塑知识生产的趋势。对于社会科学而言，虽然现在社会科学的主导世界观依然是经典科学思想，主流理论依然是在经典科学观范畴之内建立起来的思想和思维框架中的知识建构，毕竟，经典科学观经历了近 400 年的发展和凝练，已经成为世界学术界的背景知识和科学文化，已经成为大多数研究人员不加思索而自动接受的原则。但新科学观的发展趋势不容小觑，在与经典科学观激烈辩论的一个世纪之中，新科学观显示出越来越强大的生命力。在哲学和社会科学领域，新科学观的影响力已经开始显现，发展势头也颇为强劲。预计在 21 世纪的 100 年里，这种影响可能会越来越大，对经典科学观主导地位的挑战也会越来越强。无论是在自然科学界还是在社会科学界，人们已经意识到，那种只认为经典科学才是科学的想法显然是不正确的，以所谓经典科学观原则排斥其他理论和知识的做法显然阻碍了科学的发展。

新科学观的内涵十分丰富，这里只是选择性地介绍其中一些与社会科学尤其是与国际关系学相关的思想和内容。简言之，新科学观的核心内容是强调世界和宇宙的不确定性。量子世界是一个不确定的世界，但是，不确定性并不意味着没有任何规律，也不等于没有客观存在。比如，物质体的二象性正是一种客观的存在。根据量子理论，不确定性恰恰是微观世界的规律，它所要研究的恰恰是这种不确定性规律所带来的未知领域和未知知识。同时，不确定性也使得世界有了无限的可能，使得知识再生产有了更加开放的空间，使得我们的生命力和创造力有了更加广阔的施能天地。这也许是量子科学观产生的深层启示。

量子理论在社会科学领域的表现有几个鲜明的特点。一是否定实质主义个体。

任何个体在自由状态下都呈现为叠加态，任何叠加态的存在概率都是均等的。二是强调整体性。纠缠中的量子系统是一个整体，关系中的个体也是一个系统。在这样的系统中，个体的身份和行动是相互关联的，个体之间的互动属于内互动模式。而怎样把外互动改造成为内互动，可能是人类共同体面临的重大问题，进而可能是怎样思考人类共同体与地球共同体、宇宙共同体关系的重大问题。三是强调关系革命。粒子的定态是在与观测者、观测仪器、观测环境的互动中产生的。据此，社会行为个体是在与他者和社会的关系中存在的，关系界定了行为体身份，进而界定了他的利益和行动。

直至今日，量子力学本身还有很多没有解决的原理性问题，所以，量子力学的重量级学者理查德·费曼（Richard P. Feynman）认为，没有人真正理解量子力学，现今使用量子思想进行技术创新的实例已经十分普遍，但背后的原理也并不是那么清晰。经典物理学经过近400年的时间，不断在各种问题和质疑中发展成熟，到了20世纪初，似乎已经解决了不仅是自身而且也是物理世界的所有问题。但知识生产是不会终结的。在浩瀚无边的宇宙之中，人的认知微不足道，知识的生产和再生产也就是无限的。无论量子力学所代表的新科学观有着什么自身未决的问题，在发展中遇到什么挑战，它的出现和兴起无疑对我们增强对科学的认识、对世界的认知、对知识的界定，开拓出一方新的天地有益。国际关系学过去的一切重大理论几乎都是借鉴其他领域的理论而衍生的，如果我们不去主动理解和思考新的科学知识，就真会像塞尔所说的那样，成为国际关系知识界的“一件丑闻”①。世界国际关系学界的前沿已经开始认真研究新科学观，如果中国国际关系学界还是对此不闻不问，埋头在经典科学观主导下的主流国际关系理论中进行技术性验证和具体方法的改进，那么，我们终将发现自己又落后了一大步。毕竟，思想的创新才是一切学术研究和知识生产的关键与根本。

---

① 塞尔认为：“科学哲学家……到目前为止都没有为我们提供一种融贯的说明，来解释量子力学如何与我们整个宇宙观相符合，尤其是因果性与决定论问题，我把这看作一件丑闻。”约翰·塞尔：《哲学的未来》，龚天用译，《哲学分析》2012年第180页。

第三篇

全球国际关系学：兼容学派

导 言

全球国际关系学的兼容学派是指以阿米塔·阿查亚（Amitav Acharya）和巴里·布赞为领军学者的国际关系理论学派。称其为兼容学派，主要是指这一学派采取的多元主义理论观和方法论，强调兼容西方和非西方、主流和非主流国际关系理论。兼容学派认为，国际关系理论无论在理论定义方面，还是在方法应用方面，都应该是多元的，只要是关于国际关系实质性问题的系统思想，都可以包含在国际关系理论之内，比如科学实证主义、诠释性反思主义、后殖民和后现代主义等。正因为如此，兼容学派尤其强调国际关系的全球意义，鼓励非西方国际关系理论的发展和创新，在推动国际关系理论的全球转向中发挥了重要作用。

兼容学派的发展，迄今为止有三个明显的时间节点。第一个时间节点是2005年阿查亚和布赞组织的“为什么没有非西方国际关系理论”研究项目，主要目的是回答在非西方世界为什么没有国际关系理论这一问题。当时，阿查亚和布赞注意到虽然全球化已席卷了几乎所有国家，国际关系已经是关涉世界各国的事情，但国际关系理论却依然局限在西方地域文化范畴之内，非西方世界并没有学理意义上的国际关系理论。参加2005年项目的学者主要来自亚洲国家，项目本身就是对一元主义国际关系理论建构观的挑战。

阿查亚和布赞由于对国际关系理论研究的现状感到不解和不满才组织了这个研究项目。他们看到，一方面，西方国际关系理论不能充分解释全球化世界出现的现实问题；另一方面，又没有国际学术界普遍认可的非西方国际关系理论。参加项目的各国学者分别指出了导致这种现象的诸多原因，但所有项目参与者都提到了一个原因，那就是国际关系学仍然是由西方思想主导的学科。虽然现在全球化席卷世界，但国际关系学仍然不是一个全球事业，国际关系理论也不是全球意义上的知识。同时，两位项目主持人也发现，项目中的个案研究表明，世界上有着丰富的智识与历史资源，可以作为发展非西方国际关系理论的基础，而非西方国际关系理论是要将亚洲国家的需求、历史和文化考虑在内的。这一项目的最终研究成果发表在2007年出版的《亚太国际关系》杂志专辑上面，后来又以《非西方国际关系理论：亚洲及其之外的观点》结集成书出版。①

第二个时间节点是2014年阿查亚当选国际研究协会主席后发表的就职演讲，核心内容是正式提出了建立全球国际关系学（Global International Relations，GIR）。在这一演讲之中，阿查亚在推进非西方国际关系理论的基础上，比较系统地提出了全球国际关系学的设想，认为当前国际关系学科的西方主导不能反映世界发展的现实，不能充分解释国际关系的现象，也不利于国际关系学科的知识建构。因此，需要确立多元普适性（pluralistic universality）原则，鼓励非西方国际关系学界发掘自身历史、文化等资源，进行国际关系领域的知识生产和理论再建构。

第三个时间节点是阿查亚和布赞出版了《全球国际关系学的构建：百年国际关系学的起源和演进》。②这部著作里最重要的内容是追溯国际关系学科的发展历史，分析国际关系学知识生产中心-边缘结构的形成，以国际关系学的全球视野和历史维度，提出国际关系学需要真正反映国际关系的全球意义这一基本论断。两位作者将国际关系学的发展分为五个重要阶段，包括19世纪的殖民时期、一战时期、二战时期、冷战时期，以及21世纪的全球化。在这个发展过程之中，国际关系知识生产的中心与边缘地带逐渐形成，国际关系理论的发展尤其成为西方的专利。二战之后的去殖民化运动动摇了中心-边缘结构的基础，国际关系学开始向全球扩散，但并没有改变西方国际关系理论的话语主导地位。冷战之后，尤其是在世界全球化发展和深入的过程中，国际关系学和国际关系理论更加需要具有全球意义和全球内容。

2021年，阿查亚和布赞出版的《重塑国际关系：印度文明、中华文明和伊斯兰文明中的世界秩序》，可以说是《全球国际关系学的构建：百年国际关系学的起源和演进》的续篇。③这部著作开始从非西方文明的视角，考虑对国际关系学和国际关系理论的不同理解和不同诠释。正如这部著作的核心内容所示，如果国际关系学不是从西方发展起来的，而是从印度、中国或是伊斯兰世界发展起来的，那会是一个什么样子？如果说《全球国际关系学的构建：百年国际关系学的起源和演进》一书主要是考虑国际关系学在西方的发展以及知识生产分工结构在世界范围内的形成，那么，在第二部著作中，两位作者则是对“深度多元主义”（deep pluralism）的具体实践，对后霸权和全球化时代国际关系理论发展潜力的深入研究。书中最核

---

① *International Relations of the Asia-Pacific*, vol. 7, no. 3 (2007); Amitav Acharya and Barry Buzan (eds.), *Non-Western International Relations Theory: Perspectives on and beyond Asia* (London and New York: Routledge, 2010).

② 阿米塔·阿查亚、巴里·布赞：《全球国际关系学的构建：百年国际关系学的起源和演进》，刘德斌等译，上海人民出版社，2021。

③ Barry Buzan and Amitav Acharya, *Reimaging International Relations: World Order in Indian, Chinese and Islamic Civilizations* (Cambridge: Cambridge University Press, 2021).

心的观点是文明传统和思想理念是国际关系理论建构的重要资源；书中用最大篇幅对国际关系理论建构的潜在思想资源进行了比较研究，重点是印度文明、中华文明和伊斯兰文明，试图发现这些文明是怎样认识和理解诸如权力、领土、贸易等国际关系基本概念的。虽然这部著作的结论在一定程度上偏离了作者最初的研究设计，但从非西方文明视角研究国际关系理论建构，仍不失为对全球国际关系学的一种重要推动。

兼容学派的目的是通过推动西方和非西方国际关系学的相对平衡发展，使国际关系学成为一门真正意义上的全球性学科。正因为如此，兼容学派才努力推动非西方国际关系理论的发展，注重非西方国家的历史、文化、传统，认为这些重要内容可以成为全球性国际关系理论的重要智识资源和思想基础。在这个意义上，兼容学派对于推动国际关系理论的全球转向产生了积极的影响。

第七章

理论的定义与蕴含

全球国际关系学的兼容学派在设计研究项目的时候，首先是从国际关系理论的定义开始的。怎样定义理论，实际上就是要设定一种理论的标准，定义什么是理论、什么不是理论，这对于理论研究而言，无疑有着极其重要的意义。阿查亚和布赞在界定理论的时候，采用了理论的广义定义，并且为了挖掘和推动非西方国际关系理论的发展，在一般广义定义的基础上做出了新的拓展。

理论是系统化的思想。无论是自然科学还是社会科学，理论建构意味着将思想系统化，使之成为一种思想体系，并因之生产出抽象的知识。①康德曾经以建筑学做比拟，解释“系统化”的概念。康德的解释是比较准确和清晰的，理论是系统化的思想或曰系统化的知识。他把理论比作建筑术，因为建筑术不是具体的垒砖砌墙，不是简单地将材料堆积在一起，而是将建筑材料依照事先预设的系统思想进行排列组合。叠加的思想不是理论，系统化的思想才是理论。②这是包括自然科学和社会科学在内的一切学术中理论的基本定义。

系统化的思想为理论提供了一个一般性定义，得到了世界学术界的普遍接受。

---

① 《牛津英语词典》对“理论”一词的解释重点在于成系统的思想。英文原文如下：1）“A scheme or system of ideas and statements held as an explanation or account of a group of facts or phenomena; a hypothesis that has been confirmed or established by observation or experiment, and is pronounced or accepted as accounting for the known facts; a statement that is held to be the general laws, principles, or causes of something known or observed;” 2）“Systematic conception or statement of the principles of something; abstract knowledge or the formulation of it: often used as implying more or less unsupported hypotheses.”《辞海》将理论定义为：“一组自洽的假设、概念和实用的质询”“抽象的知识”。《现代汉语词典》的定义是：“人们由实践概括出来的关于自然界和社会的知识的有系统的结论。”参见《辞海》，上海辞书出版社，1979，第 1213 页；《现代汉语词典》（汉英双语版），外语教学与研究出版社，2002，第 1181 页。

② Immanuel Kant, *Critique of Pure Reason*, translated and edited by Paul Guyer and Allen W. Wood (Cambridge: Cambridge University Press, 1997), p. 691.

这个观点在国际关系学者中也得到认可，阿查亚和布赞就明确指出了国际关系理论的一个重要特征，即“对国际关系主题做出抽象性和通则性的系统化努力”①。对于这样一个一般性的理论界定，无论在哪一个学科，似乎都没有很大争议。但是，一经涉及社会科学理论，则是一番争论四起的状况。最核心的争论之一关涉社会科学理论和自然科学理论是否是实然一致的这个问题，其背后的考量是社会科学是否可以等同于自然科学，进而则是社会世界是否等同于自然世界的问题，因此也是一个社会科学和自然科学是否必然一致的问题。这在根本上是一个世界观问题。由于不同的人对于世界的观察、视角和认知有着很大的差异，研究者对这个问题一直莫衷一是。总体而言，国际关系学界大致出现了两种对于理论的定义，一种是狭义理论定义，另一种是广义理论定义。

一、狭义理论定义

狭义理论定义认为，只有符合科学实证主义标准的系统思想才是理论。这是美国国际关系理论界的主导定义，背后是一元主义的科学观，即将自然科学和社会科学等量齐观。之所以说这是一个狭义的定义，是因为它只承认包含自变量、因变量和二者之间因果关系的系统思想才能算作理论。世界存在客观的规律，万物变化都有着前因后果，因果律是客观规律中最核心的内容，科学理论就是要发现这样的因果关系及其作用机制。因此，国际关系理论需要包含明确的研究变量，依其可以衍生出明确的变量间因果关系假设，并且使研究人员能够通过经验事实证实或是证否这样的假设。

在国际关系理论研究中，美国主流学者坚持这一理论定义。世界国际关系研究学界也在很大程度上受到这种思想的影响。肯尼思·华尔兹明确区分了“理论”（theory）和“思想”（thought）。他指出，雷蒙德·阿隆（Raymond Aron）和汉斯·摩根索的著述只是现实主义“思想”而不是现实主义“理论”，因为阿隆和摩根索没有“迈出关键的一步，即把思想发展为明晰的理论”。② 理论需要包含明确的自变量和因变量，并且解释变量之间的因果关系。而无论是在阿隆还是摩根索的著作中，都很难发现明确的变量和变量关系。罗伯特·基欧汉也曾区分过“理性主义”和“反思主义”两种研究国际制度的不同路径，指出反思主义“难以被界定为理论”，因为反思主义路径更多地是以思辨的方式提出一些重要的想法，而无法建立科学的理论体系，根本原因就是反思性理论缺乏明晰的因果变量，不能提出可

---

① Amitav Acharya and Barry Buzan, “Why is There No Non-Western IR Theory: Reflection on and from Asia: An Introduction,” *International Relations of the Asia-Pacific*, vol. 7, no. 3 (2007): 292.

② Kenneth Waltz, “Realist Thought and Neo-realist Theory,” in *Controversies in International Relations Theory: Realism and Neoliberal Challenges*, ed. Charles Kegley (New York: St. Martin's Press, 1995), p. 71. 参见 Hans J. Morgenthau, *Politics among Nations: The Struggle for Power and for Peace* (New York: Alfred. A. Knopf, 1961).

验证的假设，也不进行系统的经验性验证。①

美国主流理论的知识生产实践清楚地反映了这种狭义理论定义的作用。20 世纪 60 年代，科学实证主义以科学行为主义的形式崛起，并且很快就战胜了传统派，成为美国国际关系理论研究的主流。到 20 世纪 70 年代，华尔兹成为科学派的领军学者。正如上文所指出的那样，他首先区分了“理论”和“思想”，并且以一本《国际政治理论》奠定了科学派的主导地位。华尔兹首先划定了国际政治的界限，认为只有以国际体系层次为研究起点的理论，才能称为国际政治理论，否则就是还原主义理论。如其所言，“任何可以被恰当地称为系统层面的国际政治研究方式，必须从系统层面的知识中推导出关涉国家行为和国家间互动的预期”②，否则就不能成为具有“国际”含义的理论。其次，华尔兹将理论构建设定在国际体系层面，试图在国际体系层面发现主导自变量，使其成为科学地研究国际关系的重要一环。华尔兹将其单一化、明晰化，确定国际体系权力分布是主导自变量，同时将国家行为设定为国际政治研究的因变量，使得结构-行动者这一因果链条清晰明确。简言之，体系结构状态决定国家的国际行为。这就是所谓的“结构选择”，并且可以用一个公式表示出来。华尔兹的结构现实主义理论可能是迄今为止最为简约、最接近自然科学理论形式的国际关系理论了。

显然，华尔兹坚持的是狭义理论定义，只承认科学实证主义界定的、表述因果关系的理论，其他最多只能算是“思想”范畴的东西，即只有体系层面的理论才能算是国际政治理论，其他层面的理论，包括国内层面或是个人层面的研究，都归属于“化约主义”（reductionist）行列。华尔兹科学主义的理论思想对国际关系理论建构产生了极其重大的影响，自 20 世纪 70 年代至 20 世纪末的重大理论建构都是依照系统层面理论的逻辑展开的。无论新自由制度主义还是结构建构主义，概莫能外。基欧汉的新自由制度主义在理论理解和建构方面完全秉承了华尔兹逻辑，他的创新是在体系层面发现了一个与华尔兹的结构现实主义不同的主导自变量，那就是国际制度。将国际制度作为主导自变量，将国家的合作行为作为因变量，两者之间也是清晰的因果关系：国际制度决定国家采取合作还是冲突行为。这就是“制度选择”，可以简约到用一个公式表示出来，可以通过实证的方式进行经验性验证。

亚历山大·温特虽然在其早期论述中强调了结构和行动者的双向建构问题③，尤其重视行动者对结构的建构作用④，但在其集大成的结构建构主义著作《国际政治的社会理论》中，几乎完全采用了华尔兹的理论建构方式，并且像基欧汉一样，

---

① Robert O. Keohane, “International Institutions: Two Approaches,” in *International Institutions and State Power: Essay in International Relations Theory*, ed. Robert O. Keohane (Boulder: Westview Press, 1989), p. 174.

② Ibid., p. 50.

③ Alexander Wendt, “The Agent-Structure Problem in International Relations Theory,” *International Organization*, vol. 41, no. 3 (1987): 335–70.

④ Alexander Wendt, “Anarchy is What States Make of It: The Social Construction of Power Politics,” *International Organization*, vol. 46, no. 2 (1992): 391–425.

发现了国际体系层面的另外一个主导自变量，即理念分布或称国际体系文化，以替代华尔兹的权力分布，同时依然将国家行为作为最终因变量，在两者之间加入了国家身份的变量，成为国际体系理念结构建构国家身份、国家身份定义国家利益、国家利益决定国家行为。[①] 这就是“文化选择”，同样也可以用一个简单的公式表示。[②]

概言之，美国三大理论坚持的都是科学实证主义的狭义理论定义，都是在国际体系层面确定主导自变量，以体系单位的行为作为因变量，建立一种两者之间的简约、可验证因果关系，都可以以 $U=f(S)$ 表示出来，其中，S 指体系结构因素，U 指体系单位行为。只不过在结构现实主义中，S 指体系的权力分布；在新自由制度主义中，S 指体系的制度分布；在结构建构主义中，S 指体系的观念分布。华尔兹奠定了这一理论的科学标准，基欧汉和温特在某种程度上只是改变了华尔兹的主导自变量，除此之外，在理论的界定及其建构的脉络、逻辑和方式上，其实是华尔兹化的再现。遵循这样一种狭义的理论定义，只有很少的论述能够被认定为理论，也只有美国的新现实主义、新自由制度主义和结构建构主义可以是理论，其他均不能称为理论，包括英国学派、反思主义理论、女性主义等，更不用说非西方世界的理论研究成果了。

二、广义理论定义

广义理论定义是一种更为宽泛性的理论视角，其实质是包容性。广义理论定义将理论界定为系统化的思想，但不一定像科学实证主义那样，必须具备自变量、因变量以及两者之间因果关系的明确表述，也不一定必然进行经验验证。只要是系统的思想，可以清楚地解释社会现象，就属于社会理论的范畴。同时，理论不一定仅仅局限于解释（explain）社会现象，理论也可以用来理解（understand）和诠释（interpret）社会现象，可以表现理论研究人员对社会意义的理解。也就是说，诠释和理解成为社会理论的重要标识。这样一来，其中所包含的也就不一定是因果关系，更不一定是线性因果关系。社会理论还可以建构社会事实，也就是说，理论不仅是客观事实的抽象和客观规律的发现，而且还是行动者主动意识和能动性的表现，是可以创造和塑造社会事实的思想。

阿查亚和布赞在“为什么没有非西方国际关系理论”的研究项目中，对理论的界定表现出明显的广义取向。他们首先提出了理论范畴的概念，指出理论范畴的两

① 对于温特的建构主义，基欧汉有过一段评论，他说：“也许令人吃惊的一点是，他（温特）后来接受了许多（新现实主义和新自由主义）的假定和观点：国家先于体系存在；物质利益和权力（还有制度）是重要的因素；有意义的科学要求提出可以通过事实证伪的假设。与温特早期的论述相比较，这些假定使他在实质上更加接近他所称的‘主流’的国际关系理论。” Robert Keohane, “Ideas Part-way Down,” *Review of International Studies*, vol. 26, no. 1 (2000): 125.

② 秦亚青：《权力·制度·文化：国际政治学的三种体系理论》，载秦亚青《权力·制度·文化》（第二版），北京大学出版社，2016，第14-25页。

个端点分别是硬性实证主义和软性反思主义。[①]“硬性的实证主义、理性主义、物质主义、定量研究等处于理论范畴的一端，反思性、社会性、建构性、后现代性的理论处于另外一端。”[②] 这种将理论大致分为“硬性实证主义”和“软性反思主义”的方法，与马丁·霍利斯（Martin Hollis）和史蒂夫·史密斯（Steve Smith）将理论分为“科学派”和“诠释派”类似。[③]这是理论广义界定的典型表述。对于阿查亚和布赞而言，这两个端点之间，包括两个端点在内的所有系统思想都属于理论的范畴。正如他们自己所说的那样，为了更多地发现国际关系理论，需要首先确立一个“宽口径的标准”，所以他们确立的是一个相当广义的国际关系理论定义。

根据这样的原则和思路，阿查亚和布赞对理论的定义是，通过综合归类，从日常事件中凝练出来的抽象思想，旨在发现规律，适用于对多个个案的一般性解释和理解。[④]他们尤其区别了解释（explanation）和理解（understanding）这两个概念。“解释”指的是对于因果关系和因果机制的发现，解释一种原因导致某一种结果的发生。这样的因果关系和因果机制是客观存在的，研究者要做的是发现这样的客观存在。而“理解”则是对社会事实的理解，因为人是唯一可以赋予事实意义的动物，所以不同的人就有不同的理解。对于社会事实进行思辨性分析，提出一个包含概念和机制的理解框架，表现对社会事实的理解并进行诠释，同样是重要的社会理论。他们在承认很难用一个毫无争议的方式定义国际关系理论的前提下，也提出了三个理论的底线标准，并且认为只要至少满足了这三条标准中的一条，就可以被视为国际关系理论。这三条标准是：

（1）被国际关系学界比较普遍地承认属于国际关系理论。

（2）理论建构者自己认为是国际关系理论，虽然主流国际关系学界并未普遍接受。

（3）无论接受程度如何，其基本内容是对国际关系实质性问题做出的系统的通

---

① 阿查亚和布赞在2005年组织了一个研究，主题是“为什么没有非西方国际关系理论”，参加项目的学者主要来自亚洲国家。项目本身就是对一元主义国际关系理论建构观的挑战。阿查亚和布赞对国际关系理论研究的现状感到不解和不满。他们看到，一方面西方国际关系理论不能充分解释全球化世界出现的现实问题；另一方面，又没有国际学术界普遍认可的非西方国际关系理论。参加项目的各国学者分别指出了导致这种现象的诸多原因，但所有项目参与者都提到了一个原因，那就是国际关系学仍然是由西方思想主导的学科。虽然现在全球化席卷世界，但国际关系学仍然不是一个全球事业。但同时，两位项目主持人也发现，项目中的“个案研究表明，世界上有着丰富的智识与历史资源，可以作为发展非西方国际关系理论的基础，而非西方国际关系理论是要将亚洲国家的立场、需求和文化考虑在内的”。参见 Amitav Acharya and Barry Buzan, “Why is There No Non-Western IR Theory: Reflection on and from Asia: An Introduction,” *International Relations of the Asia-Pacific*, vol. 7, no. 3 (2007): 247.

② Ibid., 291.

③ Martin Hollis and Steve Smith, *Explaining and Understanding International Relations* (Oxford: Oxford University Press, 1990). 转引自 James E. Dougherty and Robert L. Pfaltzgraff, Jr., *Contending Theories of International Relations: A Comprehensive Survey*, 5th edn (NY: Addison Wesley Longman, 2001), p. 22.

④ Amitav Acharya and Barry Buzan, “Why is There No Non-Western IR Theory: Reflection on and from Asia: An Introduction,” *International Relations of the Asia-Pacific*, vol. 7, no. 3 (2007).

则性阐述。

阿查亚和布赞将理论的概念大大扩展，初衷显然是要实现国际关系理论的全球意义，因此，他们将自己对理论的界定称为“多元主义”理论观。之所以多元，正是因为有一个广义的理论定义，从而也就将位于理论谱系一端的“硬性实证主义、理性主义、物质主义、定量研究”和位于理论谱系另一端的“反思主义、社会学派、建构主义、后现代主义”都包含在理论范畴之内，其实质在兼容，其目的在开放，这也正是我将其称为“兼容学派”的原因之一。

根据阿查亚和布赞的广义理论定义，早期国际关系学者的著述自然属于国际关系理论之列。摩根索就是一个极好的例子。摩根索明显带有欧洲学者的学术风格，在他的论述中有很多的历史事实，有很多自己即时的评论，也有很多有感而发的陈述。他认为国际政治包含了很强的艺术成分。比如，他在分析国家权力的时候尤其强调了外交艺术：

> 在构成国家权力的所有因素中，外交的素质是最重要的因素，尽管它是一个极不稳定的因素。决定国家权力的所有其他因素都好像是制造国家权力的原料。一个国家外交的素质将这些不同因素结合为一个有机的整体，给予它们方向和力量，……外交是一种艺术，它运用国家权力的不同要素以最大的作用影响那些在国际局势中最直接地涉及国家利益的问题。①

此外，在摩根索那里，实力均衡等重要的国际关系概念往往被视为国家的主动战略或是战略家的主动运作，这些都是与华尔兹的科学的国际关系理论不相吻合的。正因为如此，摩根索的论述被华尔兹认为是思想而不是理论，是灵感和经验而不是抽象通则和社会理论。因此，摩根索的著述自然也就被排除在国际关系理论之外。

更有意思的一个例子是英国学派的问题。英国学派无疑是国际关系理论，这也是学界普遍承认的事情。但20世纪60年代跨大西洋国际关系理论的论争焦点说到底恰恰是“英国学派是否是国际关系理论”这一问题。辩论主要集中在方法论上，亦即传统主义和行为主义之间的辩论，或者说是历史的、思辨的研究方法与科学研究方法之间的辩论。前者的代表人物是英国学派的领军人物赫德利·布尔（Hedley Bull），后者的代表人物是美国行为主义国际关系理论学者戴维·辛格（David Singer）和莫顿·卡普兰（Morton Kaplan）等人。

布尔对美国实证主义学派的批判是十分尖锐的。但是，布尔的批判不是针对美国国际关系学科，而是美国国际关系学的所谓科学方法论立场。②布尔发表过一篇

---

① 汉斯·摩根索：《国家间政治：权力斗争与和平》，徐昕、郝望、李保平译，北京大学出版社，2006，第178页。

② Hedley Bull, “International Theory: The Case for a Classical Approach,” in *Contending Approaches to International Politics*, eds. Klaus Knorr and James N. Rosenau (Princeton: Princeton University Press, 1969), p. 38.

很有名的论文，题目是《国际理论：经典研究方法的案例》。在这篇论文中，布尔明确表示了对传统研究方法的支持，列举了行为主义研究方法的七大弊端。布尔强调的是方法论立场，批评的是卡普兰和多伊奇（Karl Deutsch）等美国行为主义国际关系学者的所谓科学路径。布尔认为，科学路径不会对国际关系研究做出任何贡献，根本无法替代传统研究方法。他所坚持的传统研究方法是一种综合哲学、历史、法学的方法。[①]他虽然没有说科学行为主义不是理论，但认为“科学方法……要对国际关系理论做出贡献几乎是不可能的。如果科学方法希望侵蚀并最终替代传统方法，则将必定是有害无益的”[②]。

布尔的批评难免有极端之嫌，自然引发了科学阵营的强烈反驳。卡普兰就认为：“那些传统派学者做过大量的历史性研究，……但他们研究的问题基本上局限于外交史范畴，这与发现国际政治的通则毫无关系。”[③] 辛格在其著名论文《国际关系研究中的层次分析问题》中，更是将因果关系的研究作为科学研究不可或缺的要素，并且明确了因果两类变量的定位和辨析。[④] 美国的行为主义学派坚持“社会科学与自然科学在本质上无差异”这个一元主义观点，认为所有与发现普适性规律无关或不是旨在发现普适性规律的研究都不能划归理论之列，所有理论都必须包含因果变量和可验证的因果假设，并坚持只有这样建构理论，才是牛顿力学那样的客观真理。[⑤]美国主流国际关系学者强调研究方法的科学性，认为研究的内容可以千差万别，但科学的方法是统一的，唯有统一的科学方法才能发现超越时间和空间的通则和规律。[⑥]英国学派不可能成为一种宏理论或是元理论，因为“元理论要求高度的内在一致性和严谨性，这与方法论多元主义是相悖的。而这种方法论多元主义恰恰是英国学派的典型特征，也是布赞视为英国学派强项的要素”。[⑦]

美国主流学者在对待英国学派的态度上是高度一致的，对英国学派引以为傲的方法论多元主义也持否定态度。他们认为，英国学派根本不是科学理论，也不可能成为科学的国际关系理论。直至今日，到底是硬性科学实证主义还是软性思辨分析

---

① Tim Dunne, *Inventing International Society: A History of the English School* (New York: St. Martin's Press, 1998), pp. 118-119.

② Hedley Bull, “International Theory: The Case for a Classic Approach,” in *Contending Approaches to International Politics*, eds. Klaus Knorr and James Rosenau (Princeton: Princeton University Press, 1969), p. 26.

③ Morton Kaplan, “The New Great Debate: Traditionalism vs Science in International Relations,” in *Contending Approaches to International Relations*, eds. Klaus Knorr and James N. Rosenau (Princeton: Princeton University Press, 1969), p. 56.

④ David Singer, “The Level-of-Analysis Problems in International Relations,” in *The International Studies: Theoretical Essays*, eds. Klaus Knorr and Sidney Verba (Princeton: Princeton University Press, 1961), pp. 77-92.

⑤ 当然，现在牛顿力学也已经不是客观真理。

⑥ Mark A. Neufeld, *The Restructuring of International Relations Theory* (Cambridge: Cambridge University Press, 1995), pp. 34-35.

⑦ Martha Finnemore, “Exporting the English School,” *Review of International Studies*, vol. 27, no. 3 (2001): 509.

主义才可以称得上国际关系理论，仍然是一个辩论中的问题。比如，进入 21 世纪之后，玛莎·芬尼莫尔坚持认为英国学派在严格意义上不能算是国际关系理论，因为英国学派没有确定明确的自变量和因变量，没有提出可以验证的假设，也没有进行科学的验证。[①]不难看出，这些学者早已内化了一种判定理论的标准，这就是社会科学必须与自然科学相一致，必须采用自然科学的研究方法，必须具有严格的因果关系假设，必须采取严格的经验验证方式。这是一种硬性实证主义的观点，在美国国际关系学界占据主导地位，并且由于美国国际关系理论的重要影响和强势地位，这一观点也在世界各地成为理论发展的主要取向。

但从英国学者的论述中可以看出，他们不但总体上支持英国学派的研究方法，而且将这样的方法视为英国学派的重要特色。蒂姆·邓恩（Tim Dunne）认为："英国学派中第一个反对科学一统天下的学者是 E. H. 卡尔（E. H. Carr）。卡尔意识到，在分析事实的过程中，社会科学家也在改变着事实。在社会科学领域，没有价值无涉的研究。卡尔的观点得到不列颠委员会（the British Committee）的普遍认同。"[②] 安德鲁·赫里尔（Andrew Hurrell）支持布尔的观点，认为"需要坚定不移地将历史、法学、政治哲学保留在英国学派研究之中"。布尔在国际关系研究中，结合了分析思辨和历史学的方法，是非常适切的。[③]巴里·布赞以更加理论化的语言，总结了英国学派的特征，包括方法论的多元主义，历史学、建构主义等，并强调指出，方法论多元主义是英国学派的定义性特征。布赞讨论了国际体系、国际社会和世界社会这三个相互关联的概念，并分析了理查德·利特尔（Richard Little）的一种观点，即与这三个概念相对应的三种方法，实证主义用于国际体系、诠释学或解释方法用于国际社会、批判方法用于世界社会。布赞的结论是："正是因为多元主义（亦即多种并存而非相互竞争的范式）的方法，才使英国学派成为独特的国际关系研究路径。"[④]

阿查亚和布赞对理论的定义显然有着英国学派的影子，但采取了一种更加兼容的方式，将科学实证主义、思辨分析主义以及其他一些理论都列入了理论的范畴。从他们对于理论的定义和分类中可以看出一些对理论的重要理解。布赞使用了"多元主义"（pluralism）和"一元主义"（monism）两个概念表述英国学派与美国主流国际关系理论的不同方法论立场。他认为，美国主流国际关系理论，包括新现实主义和新自由主义，采取的是一元主义的立场，认定社会理论和自然理论是完全一致的，因此必须遵循同一种理论建构标准；而英国学派则采取多元主义立场，比如

① Martha Finnemore, "Exporting the English School," *Review of International Studies*, vol. 27, no. 3 (2001): 509-513.

② Tim Dunne, *Inventing International Society: A History of the English School* (New York: St. Martin's Press, 1998), p. 119.

③ Andrew Hurrell, "Keeping History, Law and Political Philosophy Firmly within the English School," *Review of International Studies*, vol. 27, no. 3 (2001): 489.

④ Barry Buzan, "The English School: An Underexploited Resource in IR," *Review of International Studies*, vol. 27, no. 3 (2001): 476.

将历史和历史研究作为重要的理论建构因素。① 在美国国际关系学界占据主导地位的硬性实证主义只承认一种社会理论的形态，亦即符合“实证原则”的“科学”理论。这样的理论必须采用演绎的研究方式，提出清晰的因果假设，实施严格的经验验证。对于硬性实证主义者而言，理论的目的是发现因果机制，科学的方法是经验验证。相比之下，软性反思主义的确呈现“软”理论的一面，其主要内容包括提出有意义的问题、形成系统化思想、提出一套概念和范畴以便进行抽象和通则性的知识生产。②

阿查亚和布赞将自己的理论研究方式定义为“多元观”（pluralist view），即承认在一定范畴内的系统化思想都可以称为理论，这个范畴包括硬性实证主义和软性反思主义，也包括一些介于两者之间或是超出两种路径的其他理论。③将软性反思主义以及其他不同的理论研究包含在理论范畴之内，享有与硬性实证主义同等的理论身份和学术意义，这是广义理论定义的一个重要突破，试图从源头开始打破美国主流理论的一元知识观，也为全球国际关系学做出了理论基础的铺垫。

三、广义理论定义的包容性内涵

全球国际关系学对理论的再定义，可能是迄今为止对国际关系理论的最为广义的定义。如果说这种广义的定义的第一条标准（被国际关系学界比较普遍地承认属于国际关系理论）和第三条标准（无论接受程度如何，其基本内容是对国际关系实质性问题做出的系统的通则性阐述）依然与传统的定义有很大重合的话，第三条标准则把理论的定义扩展到某种意义上的自我定义，即理论建构者自己认为是国际关系理论，虽然主流国际关系学界并未普遍接受。

这一条标准自然会引发极大争议，但这显然不是两位作者的无意疏忽。将理论的定义拓展到如此广义的地步，一个重要的目的就是鼓励非西方世界国际关系理论的发展，使原本属于边缘地带的理论声音能够表达出来，能够被听到，能够被认知。如果非西方的理论思考和声音在摇篮之中就被视为非理论，并因之被无视或是压抑，那么，世界上就只能有一种理论，知识也就只能存在一种生产模式。对于学术研究和知识生产，最大的危害是一种话语唯一正确、一种理论话语独统天下，最不健康的状态是排他性学术环境和学术实践。试想，如果全世界的国际关系学者都以美国现实主义、自由主义、建构主义三大理论为自己的理论依据，并据此设计分析框架，如果全世界的国际关系学者都以实证主义的方法为圭臬，并且以这样的方式对现有的三大理论做所谓的实证性验证，那么，知识生产领域只能产生一种结

---

① Barry Buzan, “The English School: An Underexploited Resource in IR,” *Review of International Studies*, vol. 27, no. 3 (2001): 471-488.

② Amitav Acharya and Barry Buzan, “Why is There No Non-Western IR Theory: Reflection on and from Asia: An Introduction,” *International Relations of the Asia-Pacific*, vol. 7, no. 3 (2007).

③ Ibid., 290-291.

果：三大理论的话语主导地位不断加强，技术性方法越来越精致，但随之出现的却是学术辩论的消失，是知识的沙漠和思想的贫瘠。

全球国际关系学提出的一个重要问题就是，上面所说的这种情景已经不是人们的推测，而是当下的现实。根据 TRIP（Teaching，Research and International Practice）项目的调查，美国三大理论占据世界国际关系研究和教学的绝对主导地位，以这三种国际关系理论作为理论依据，聚焦权力、制度、观念设计研究分析框架，以实证主义方式对其进行验证，已经成为世界国际关系学界的通行做法。①美国已故国际关系学者斯坦利·霍夫曼（Stanley Hoffmann）曾经说过，国际关系学是一门美国的社会科学，现在看来，这种情景并没有改变，从某种意义上讲，甚至更为严重。②如果依然依据美国国际关系主流学界的方式定义国际关系理论，那么，国际关系学是一门美国的社会科学的现状就会持续巩固和加强。

这种现实的实质是同质化。只承认一种理论建构标准，也就只会有一种理论形态，进而也就只能有一种社会事实形态。在国际关系领域，这种方式的代表人物自然是结构现实主义理论学者华尔兹。他在 1979 年出版的重要论著《国际政治理论》一书，标志着科学派对传统派在美国的胜利。对于华尔兹而言，国际关系理论是一套法则公理，必须满足三个条件：一是必须是专门关于国际事务的系统思想，二是必须提出清晰的因果关系，三是理论体系必须严谨简约。③ 除非满足这三个条件，否则就不能称为国际关系理论。而遵循华尔兹标准，则势必导致理论的同质化和理论建构路径的单一化。

同质性必然意味着排异。仍然以美国国际关系理论研究为例，主流学者基本上不承认反思主义和其他理论建构路径。三大主流理论阵营的学者，尤其表现出这样的排异思维。华尔兹认为，凡是不遵循实证主义基本原则的学术思想都不是“理论”。非实证主义研究只是提供了一些思路和观点而已，这样的研究成果“既不能提供对事实令人满意的解释，也无法导向理论建构。这类研究没有明确无误地解释因果机制”④。基欧汉在当选国际研究协会主席时发表了题为《国际关系研究：两种路径》的就职演讲，强调只有探求因果关系并基于经验事实的研究才能称为科学理论。他对比了理性主义和反思主义研究路径，认为前者是“硬性”理论，而后者是“软性”理论。或者说，前者是实证主义路径，后者是分析思辨路径；前者是严

① 鲁德拉·希尔、彼得·卡赞斯坦：《超越范式：世界政治研究中的分析折中主义》，秦亚青、季玲译，上海人民出版社，2013，第 22－23 页；Wiebke Wemheure-Vogelaar，Nicholas J. Bell，Marianna Navarrete Morales and Michael J. Tierney，“The IR of the Beholder：Examining Global IR Using the 2014 TRIP Survey，” *International Studies Review*，vol 18，no. 1（2016）：16－32.

② Robert M. A. Crawford and Darryl S. L. Jarvis（eds.），*International Relations—Still an American Social Science*?（Albany：State University of New York Press，2001）.

③ 肯尼思·华尔兹：《国际政治理论》，信强译，上海人民出版社，2017。

④ Kenneth Waltz，“Realist Thought and Neo-realist Theory，” in *Controversies in International Relations Theory：Realism and Neoliberal Challenges*，ed. Charles Kegley（New York：St. Martin's，1995），pp. 68－69.

谨简约路径，后者是复杂诠释路径；前者试图发现因果机制，后者寻求自洽解释。基欧汉认为，理性主义路径虽然不是完善的，但只有这一研究路径才能使得国际关系研究做出现有的巨大成就，原因是它成功地解释了是什么因素导致了行为体的行为。基欧汉对研究议程的特别强调、对因果机制的高度重视、对解释功能的突出关照都表明，只有所谓的“科学理论”才是理论，只有符合华尔兹三条标准的理论才是科学理论。除此之外，其他理论都不是真正意义上的理论。

这是一种明显的排异二分方式。美国国际关系主流学者划定了一条明确的界限，用以区分理论和非理论；圈定了一个明确的领地，用以区分领地内的知识和领地外的非知识。即便是主流国际关系学界明言提倡理论的多元化，这样的多元主义也只能是“在一个狭小空间里展开，参与者是美国和西欧核心圈子里的学者，在被权威认定的理论、概念、范畴等世界政治知识方面，发挥强大的专制功能”①。

学术发展的一个根本条件是开放，知识生产繁荣昌盛的前提是包容。美国国际关系理论坚持经典科学观、坚持对理论进行严格的狭义定义、坚持实证主义的科学方法，也确实对国际关系学科的发展做出了重要的理论贡献，但如果只有这样的理论才是理论，知识生产的活力就不复存在。全球国际关系学的广义理论界定，在看似过于宽泛的背后，可能正是在这样一种学术话语主导情境下的多元化尝试和包容性努力。毕竟，如果没有非西方国家国际关系理论的兴起和发展，国际关系学就依然是一门美国社会科学，全球国际关系学只能停留在一种呼吁和口号上面，真正意义上的全球国际关系学科知识生产也就只能是虚幻的海市蜃楼。

---

① David Blaney and Arlene Tickner, “Introduction: Claiming the International beyond IR,” in *Claiming the International*, eds. Arlene Tickner and David Blaney (London and New York: Routledge, 2013), p. 4.

第八章

非西方国际关系理论的缺位

阿查亚和布赞发起的2005年研究项目主要关涉两个问题。第一个是“为什么没有非西方国际关系理论”，重点讨论非西方国际关系理论缺失的原因；第二个是“非西方国际关系理论是否可能发展起来”，主要讨论非西方国际关系理论发展所必需的智识和物质资源是否存在、是否足以支撑理论的生发。项目所包含的个案研究也主要集中在这两个问题上。

一、为什么没有非西方国际关系理论

建立一种真正意义上的全球国际关系学科，需要世界各个地域文化的思想和知识贡献，仅有西方国际关系理论的国际关系学科是不能称为全球国际关系学的。因此，非西方国际关系理论的明显缺位是阿查亚-布赞研究项目的最主要问题。阿查亚和布赞根据项目的设计，提出了对于“为什么没有非西方国际关系理论”这一核心问题的五种假设性答案：

（1）西方国际关系理论已经发现了理解国际关系的正确路径。

（2）西方国际关系理论已经占据了葛兰西式的话语霸权地位。

（3）非西方国际关系理论虽然存在，但却是一种隐匿性存在，并没有以理论的形态表象出来。

（4）非西方国家的具体条件不利于国际关系理论的发展。

（5）西方国际关系理论经历了多年的发展，已经走在前面，而非西方国际关系理论是后来者，真正形成成熟的理论仍需时日。①

---

① Acharya and Buzan, “Why is There No Non-Western IR Theory,” in *Non-Western International Relations Theory: Perspective on and beyond Asia*, eds. Amitav Acharya and Barry Buzan (London and New York: Routledge, 2010), pp. 16-22.

阿查亚和布赞提出了这样五种可能的回答，实际上也是希望项目的参与者根据自己国家的具体情况，分析到底是什么原因使得在这些亚洲国家国际关系理论难以产生，或者说以上五种可能的原因到底是哪一种或哪些种可以称得上主要原因。根据项目的设计，他们做了六个个案研究，其中有五个国别个案研究，主要集中在亚洲地区，包括中国、日本、韩国、印度、印度尼西亚，另外还有一个伊斯兰世界的研究个案，分别由来自这些国家的本土学者撰写论文。对这些个案的深入研究有了以下发现。

假设 1：西方国际关系理论已经发现了理解国际关系的正确路径。

参与项目的学者几乎没有人接受第一个假设，即西方国际关系理论已经发现了国际关系的真谛，具有普适性意义，无须再生产新的理论。这是一个最不可靠的回答，也无法解释非西方国际关系理论的缺位。一方面，不能否认西方国际关系理论对于国际关系的现实做出了富有见地的解释，尤其是在理论化方面取得了重要的成果。但是，从另一方面来看，国际关系理论属于社会理论的范畴，不像物理学、化学、数学那样具有现代科学意义上的普适性，可以几乎完全不考虑历史、文化等背景。如果这一回答是正确的，阿查亚-布赞项目本身就失去了任何价值，人们只要紧紧追随西方国际关系理论的思想和假定，无须思考自身的文化资源和实践活动，最多也就是使用本土的经验来对已有的西方主流理论进行验证。

项目所有研究人员都不认可这一假设性回答。对于这样一种研究结果，阿查亚和布赞认为，最核心的一点是西方国际关系理论无法解释至少是无法比较充分地解释非西方国际关系的现实。他们指出：

> ……西方国际关系理论不能充分理解亚洲的需求和条件。我们感觉到，人们已经意识到西方国际关系理论和地方性情景之间的不吻合现象并对此表现了不满。……进而，人们也意识到，西方国际关系理论的狭隘视野也使得非西方学者处于边缘地位，这种情景不仅仅发生在亚洲，在世界其他地方也是如此。①

正如阿查亚和布赞所言，这一点不仅仅是在亚洲，项目收入的唯一不是纯粹亚洲的个案是伊斯兰世界的研究个案，这一个案研究也反映了同样的观点。研究伊斯兰世界个案的学者对于西方主流国际关系理论的评价是：“伊斯兰世界的个案像其他个案一样，也表明西方主流国际关系理论没有把握伊斯兰世界观的真实情景，也不总是反映伊斯兰世界国家和精英的行为方式。”②

进而，在涉及知识生产这个更为根本的问题上，西方国际关系理论所设定的学理边界被认为是相当狭窄的，尤其是它将地方性知识拒之门外。虽然有观点认为，如果打破这样的边界，就会对学科产生重大的威胁，使得学科没有自身的知识特

---

① Barry Buzan and Amitav Acharya, “Conclusion: On the possibility of a non-Western international relations theory,” in *Non-Western International Relations Theory*, p. 222.

② Shahrbanou Tadjbakhsh, “International relations theory and the Islamic worldview,” in *Non-Western International Relations Theory*, p. 191.

点，使得专业知识失去专业特色，甚至使国际关系学者之间也没有共同的专业术语和界定清晰的专业语言。但是，也正是这些人为划定的所谓学科界限，成为压抑非西方的地方性知识生长和发育的结构性因素。只有打破这样的界限，建立新的知识生产场所，才能够使国际关系理论适应全球化的现实。正如查克拉巴迪（Chakrabarty）所指出的那样，如果只是一味跟随西方路径，非西方的国际关系理论永远也不可能赶上西方的理论发展，也会“一直处于一种极度不完整的过渡性叙事”状态。①

假设 2：西方国际关系理论已经占据了葛兰西式的话语霸权地位。

研究人员近乎一致的观点是，西方国际关系理论的话语霸权地位是非西方国际关系理论缺位的重要原因。在非西方国家，西方国际关系理论的主要内容和概念被普遍使用，这里面自然包含了权力和知识的关系。②在阿查亚-布赞项目中，葛兰西式的话语霸权是指一种被深入内化的霸权形态，控制了人们的思维，且不被人们所觉察和意识，似乎自然而然地就会随之从之。从国际关系理论建构的意义上来说，权力可以推动将权力施者对世界的理解和对事物的认识强加于权力受者，这种强加可以通过明显的强制性方式，也可以通过潜移默化的方式加以实施。西方国际关系理论发展先于非西方国家，这在时间上给予西方学界一定的优势，也产生了一些重要的国际关系理论，非西方国际关系学者在某种意义上从一开始似乎就具有学生身份，以学习西方的国际关系理论为起点，以西方理论为基础设定分析框架，并且在很多情况下，不加质疑地持续以这种方式进行研究。

这就导致了两个相互关联的强化效应。一个是非西方国家国际关系学界对西方国际关系理论和所设定理论规范的内化过程。当西方国际关系理论的基本规范以及所包含的核心概念得以传播，也就开启了一个学习和内化的过程。非西方国际关系学者会在学习过程中将其视为自己的理解和认知。国际关系理论中的一些核心概念，比如无政府性、主权、均势、制衡等西方理念，会被普遍接受，甚至研究者根本不会意识到这些概念原本不是非西方地域文化的内容，不是威斯特伐利亚体系之外的实践。结果是以西方提出的概念和生成的思想来建构对自我、他者、世界的理解。玛莎·芬尼莫尔在对国际组织和国际规范的研究中明确表示，对于在去殖民化运动中新兴的国家而言，是国际组织教会了它们什么是它们应有的现代国家身份，什么是与之相符合的国家利益，什么是与之相适应的国家行为。③换言之，这些新独立的国家自己无法界定身份和利益，需要一种他者思想和意识予以教化。无论怎样，这种霸权可能是有形的，更可能是无形的，但却是强大的。比如，现实主义的重要概念，包括威斯特伐利亚体系的国家观、政治现实主义的权力内涵、实证主义

---

① Navnita Chadha Behera, “Re-imaging IR in India,” in *Non-Western International Relations Theory*, p. 107.

② Ibid., p. 223.

③ Martha Finnemore, *National Interests in International Society* (Ithaca: Cornell University Press, 1996).

的方法，都被视为客观给定或是学术规范，因之已经成为非西方国际关系学界普遍接受并且深刻内化的思想。①

另外一个则是更为重要的结构性原因。也就是说，西方国际关系理论的话语霸权表现在西方学界的“定规”和“守门”行为，并且在世界国际关系研究界也划定了明显的分工，即西方生产理论，非西方提供素材。西方国际关系学界在理论界定、学术标准设立、学术平台（包括专业期刊、重要出版社、学术会议）的搭建等各个方面，都在国际关系理论的发展过程中建立了西方的理论话语霸权，并且不断加以巩固。一些非西方国家的思想被视为不具理论意义，在还没有成为学理性理论的时候，就被排除于学理讨论之外，也难以在英语系列的主流国际关系理论杂志上发表。贝哈拉（Navnita Chadha Behera）举了一个例子：不结盟思想和实践。虽然不结盟思想影响很大，并且在国际关系实践中被 100 多个国家所接受，但在西方国际关系理论界却被视为仅仅是“中立思想的一种不同表现形式”而已，而中立思想显然是在西方国际实践中产生的。因此，关于不结盟问题的讨论只能发表在亚洲、非洲或是南斯拉夫的一些期刊上面，根本无法进入西方主流话语体系。②因此，她认为，西方掌握了知识的“定义”权力，非西方学者只能在西方选择和确定的智识战场上，使用西方设计和制造的工具，根据西方制定和实施的游戏规则来进行学术活动。正是这种结构性原因，使得非西方国际关系理论难以产生。③

当然，阿查亚和布赞也看到了非西方国际关系学界对西方国际关系理论的话语主导所表示的不满。一方面，他们承认西方国际关系理论尤其是主流理论的学术贡献；另一方面，他们也认为没有非西方国际关系理论是不正常的，西方话语霸权的问题是不能忽视的。因此，他们尤其提到“中国特色的国际关系理论”和“中国学派”，指出了非西方国家的国际关系学界试图挑战西方理论话语主导地位的不合理现象，也认识到这样的努力对于国际关系的理论突破是重要的。但总体而言，非西方学者在这方面的努力还远远无法颠覆西方国际关系理论的理论主导和话语霸权。西方和非西方在知识生产领域形成了中心-边缘格局，这既是世界国际关系学界的现状，也是需要国际关系学界通过努力去加以改变的不合理现状。

假设 3：非西方国际关系理论虽然存在，但却是一种隐匿性存在，并没有以理论的形态表象出来。

非西方国际关系理论的隐匿性存在是不明显的。比如，在印度、印度尼西亚等国家不存在学术意义上的国际关系理论，即便是使用广义理论定义也是如此。④在有些国家，即便是有，更多的是前理论的思想，并不能算是宽泛意义上的国际关系

① Navnita Chadha Behera, “Re-imaging IR in India,” in *Non-Western International Relations Theory*, p. 97.

② Ibid., pp. 96-97.

③ Ibid., p. 103.

④ Leonard C. Sebastian and Irman G. Lanti, “Perceiving Indonesian approaches to international relations theory,” in *Non-Western International Relations Theory*, pp. 148-173.

理论。对于阿查亚和布赞而言，前理论思想是理论发展的重要来源，虽然在非西方国家出现了前理论思想，也依然没有被世界的国际关系学界所知晓，更很少发展成为国际关系理论。既然非西方国际关系理论的隐匿性存在不是一种具有显著意义的事情，没有非西方国际关系理论就不仅仅是一个表达问题，而且是一个实质性问题。

非西方的学术思想之所以没有被恰当地表现出来并发展成为理论，原因是多方面的。一是学理性理论在许多非西方国家并没有成为研究的重要内容，这些国家的国际关系学者更多的是从西方国家尤其是英美引进国际关系理论。一旦西方国际关系理论被引进并得以接受，就会在接受国家的国际关系学界形成重要的学术话语，包括概念、逻辑、理论体系等。这一方面会对学科的建设有积极意义，另一方面也会对非西方自身的理论发展产生重要的阻碍。二是语言障碍或其他文化因素是非西方国际关系学界一个显而易见的问题。当今世界国际关系的知识平台主要是英语学术期刊，非西方学者的声音和研究成果难以在英语专业期刊上发表，难以进入英语世界的学理辩论话语体系，因此也就不被世界的国际关系学界所认可。同时，西方国际关系学界对非西方理论的接受程度很低，并且其自我优越感明显，这都可能使得非西方国际关系理论即便是以零星的思想存在，也不会在占据主导地位的英语学界获得关注，因此也难以产生影响。

假设 4：非西方国家的具体条件不利于国际关系理论的发展。

非西方国家的具体条件不利于国际关系理论的发展，这一点在项目的一些案例中得到了证实。这类条件包括历史的、文化的、政治的、机构的，等等。比如两次世界大战的历史使得西方国家对于战争与和平问题高度关注，因此产生了许多研究战争与和平的成果，也不断被提升至理论的层面。冷战时期的美苏对峙，使得美国在国际体系层面对国际权力结构的研究尤其发达，产生了一系列研究成果，并形成了重要的国际关系理论。而在非西方国家，国际关系理论则鲜有这样的发展机会。也有观点认为西方文化重视抽象思维，抽象思维有利于经验和实践的理论生化，因此也就比较容易产生理论。

当然，还有一个十分重要的原因。对于一些非西方国家而言，进行理论研究是一种奢侈，甚至被认为是没有用处的。理论研究是基础研究，其目的是知识生产。虽然从长远来看，基础研究是极其重要的，也是一切应用研究创新的基础，但是理论研究一般不能提供即时的政策建议和产生立竿见影的效果，也不会以此为自身的目的。在“学以即用”“即时有用的才是需要研究投入的”这类思想的指导下，人们趋于偏向应用型研究和智库型研究，大量的研究人力和物质资源都投入政策研究中，致使高校或是研究机构也把重点放在战略或是政策研究上，理论研究和理论建构在机构内即被边缘化，根本得不到足够的经费支持。“学以即用”的指导思想导致国际关系学的基础研究薄弱、资金严重不足、研究人员缺乏等一系列问题，进而阻碍了一些国家的理论研究和知识生产，也使得这些国家在理论方面更加依赖西方的知识生产和现成的国际关系理论。

假设5：西方国际关系理论经历了多年的发展，已经走在前面，而非西方国际关系理论是后来者，真正形成成熟的理论仍需时日。

关于这个问题，亦即西方在国际关系理论方面的研究已经领先，基本上得到了项目个案研究的支持。国际关系学科正式建立一般是以第一次世界大战之后1919年在英国威尔士的阿伯里斯特维斯大学建立第一个国际关系教席为标志，当时这个教席是以美国总统威尔逊的名字命名的。其后，国际关系学科的发展基本上是在美国和欧洲，并经历了与历史学、法学等学科的分离，成为独立的社会科学学科。二战之后，美国更是占据了国际关系学科发展的头把交椅，逐步建立起一整套以科学实证主义为主流的国际关系理论。因为美国在二战后的实力和影响力，加之美国对国际关系理论研究的重视，美国的主流国际关系理论已经成为世界国际关系学界的主导性理论。

所以，今天人们看到的依然是，美国现实主义、自由主义和建构主义三大理论占据了世界国际关系研究的主导地位，尤其是以科学实在论为背景知识的结构现实主义、新自由制度主义和结构建构主义，更是被称为当今国际关系学界的三大理论。在非西方国际关系理论的发展方面，非西方国际关系学界确实在理论建构方面学习借鉴西方国际关系理论的经验，比如，大量西方国际关系学经典理论著作被翻译成为其他文字出版，以三大理论为研究框架进行实证研究的论文大量出现。但是，需要注意的是，这种学习和借鉴不仅仅是简单机械的复制。学习借鉴在理论发展的初期是重要的甚至是不可或缺的环节，但更重要的是学习借鉴中的创新。[①]"中国国际关系理论"的努力尤其可以反映出这样一个重要的信息。

简言之，非西方国际关系理论在世界国际关系学界的缺位是一个事实，造成这一现象的原因有很多，其中，西方国际关系理论的话语主导地位是一个重要的原因，非西方国家的不利条件，比如对基础研究的重视程度不足、语言条件的限制、对西方现有理论的依赖等，也都导致非西方国际关系理论在世界学术界的缺位。

二、非西方国际关系理论的智识资源

既然现在的情景是非西方国际关系理论的缺位，那么，非西方国际关系理论是否能够产生？非西方国家的国际关系学界是否可以进行原创性知识生产？这就直接涉及一个问题：非西方国家是否有着足够的智识资源，支撑原创性国际关系理论的发展？

对于这个问题，兼容学派的回答是肯定的。兼容学派认为非西方国际关系理论的产生和发展是可能的，因为非西方国家不仅存在重要的智识传统和思想理念，而

① Barry Buzan and Amitav Acharya, "Conclusion: On the possibility of a non-Western international relations theory," in *Non-Western International Relations Theory*, p. 224.

且可以为国际关系理论的生产提供重要的资源。布赞和阿查亚提出了四个非西方国际关系理论可以依赖的资源，分别是文化哲学传统和经典思想理念、政治精英的国际关系和外交思想、非西方国际关系学者的研究成果、依据非西方经验形成的研究成果。虽然现在非西方国际关系理论在很大程度上依然不在场，但这些资源会为未来非西方国际关系理论的兴起和发展奠定基础。

国际关系理论建构最重要的智识资源是文化哲学传统和经典思想理念。这不仅是非西方国际关系理论形成和发展的重要思想资源，也是人类思想发展和知识生产的丰裕宝库。从西方国际关系理论的发展历史中可以看到，西方文化传统和经典思想为西方国际关系理论提供了重要的思想资源，因此，没有理由认为非西方国际关系理论不能使用自己的文化和思想资源进行知识生产。布赞和阿查亚项目中重点讨论了三个可以作为典型案例的悠久文明：中华文明、印度文明和伊斯兰文明。①

中华文明经过 5000 多年的发展和实践，产生了具有鲜明特色的思想，影响了中华文明共同体的世界观、思维方式和实践模式。中华传统文化中所包含的本体论认为，世界不是一个原子构成的世界，而是一个万物互系的整体系统，是一个浑然一体的天下，是一个秉持无外原则的认同空间。这样一种整体主义的世界观，一种万物关联和万物并育的认知方式，与以独立的、分立的原子式个体构成的世界有着很大的不同。据此，国际关系的世界也是一个整体的世界，国际关系世界中的单元，无论是国家还是其他非国家行为体，都是这个整体中相互关联的组成部分。

进而，这样一个世界不是个体本位，也不是社会本位，而是关系本位，因为互系才是世界的运行动源。作为中华文化核心的儒家思想也从来没有将霍布斯式的自然状态视为人类社会的真实写照或是合理的前提假定。在中华文化中，万物关系的本原状态是和谐，而不是冲突。任何事物都会存在两个极项，任何两个极项的互动关系都类似于阴阳这一对元关系，都是内互动关系。双方的互涵性共存从根本上是互生的、互补的，因之也是和谐的，并且可以在和谐中产生最健康的、新的生命。②

因此，在几千年的实践中，中华文明形成了许多重要的思想概念，比如“仁”“礼”“和谐”“阴阳”“天下”“王道”“义利”；中华传统文化里面也有许多重要的思想体系，比如忠恕意识、天下制度、中庸辩证、和合共生、天下一家、天下大同、万物并育而不相害等思想。儒家思想中所包含的自我与他者关系、关系中内涵的社会秩序、和谐作为本原状态等，与西方二元对立、冲突意识等理念形成了鲜明的对比。人类有着重要的共性，同时，不同地域文化之间的差异也是明显的。中国

---

① Barry Buzan and Amitav Acharya，*Reimaging International Relations*：*World Order in Indian*，*Chinese and Islamic Civilizations*（Cambridge：Cambridge University Press，2021）．书中使用的是印度文明、中华文明、伊斯兰文明作为个案研究。其初始设计的思路应该来自 2005 年项目中对这三种文明作为国际关系理论资源的讨论。

② Yaqing Qin，*A Relational Theory of World Politics*（Cambridge：Cambridge University Press，2018）.

的天下秩序观与西方的主权、国家、内外之别也有着很大的差异。①中华传统辩证思想认为，差异是生命发展的健康要素，而不是阻碍生命发展的冲突因素。据此，中西差异恰恰可以具有互动互补的效果，中国国际关系理论也正是在这种差异互补的学理互动实践中发展起来的。

除了中华文明，印度文明和伊斯兰文明也具有悠久的传统，有着丰富的思想资源，可以为国际关系理论的建构提供了重要的智识来源。这些文明对于基本国际关系概念的理解，对于生存、权力、利益、征服等问题的思考，与威斯特伐利亚国际体系及其实践有着很大的不同，其背后的思维逻辑和生活理念也与西方社会有着明显的差异。怎样挖掘这些思想和智识资源，丰富国际关系理论，是全球国际关系学需要认真考虑的问题。

另外，在非西方世界，其他方面的资源也是存在的。比如政治社会精英的思想，包括对世界秩序、国际形势以及现实国际政治的认知、思考和观点，也反映在国家的国际战略和对外政策方面。比如国家主要政治领导人的思想，中国有三个世界的战略思想、和平与发展的时代观以及改革开放的思想，这些思想不仅对指导中国的外交战略具有重要意义，也为知识生产本身提供了智识资源和实践基础。印度的尼赫鲁连同其他国家的领导人提出的不结盟思想以及根据这一思想发起的不结盟运动，在整个世界都产生了重要的影响，等等。②当然，这些思想是政治领导人针对世界格局和外交战略提出的观点，其主要目的是判断国际形势和考虑国家战略选择，因此是以行动为主要取向的，是用来指导国家的国际战略和对外政策的。如果要构建学术性或是知识取向的国际关系理论，还需要一个至关重要的转化过程，需要进行概念化、系统化、知识化等一系列处理，这也是不少有影响的国际关系和世界政治思想没有成为知识取向的国际关系理论的一个重要原因。

从以上的讨论可以看出，非西方的智识资源是丰富的，也完全可以支撑原创性的知识生产。西方之外的几种重要的文明及其发展成就都说明了这一点。但是，资源并不能自动成为理论，将资源转化为理论是一个极其艰难的思想和知识创新过程，非付出巨大努力而不能完成。目前国际关系学界的一个现象尤其值得注意：一方面，非西方国际关系学界的研究成果很多不被接受为学理理论；另一方面，依据非西方经验形成的理论性成果又多是在西方业已存在的理论框架之内完成的，更多是一种“西方理论、非西方经验”的表现，虽然有的成果学理性很强，研究质量也很高，但很难划入非西方国际关系理论建构的范畴。因此，怎样发掘非西方的智识资源、实现从资源到知识的生产、建构原创性非西方国际关系理论，是全球国际关系学界，尤其是非西方国际关系学界面临的重大而艰难的课题。

---

① Yaqing Qin, “Why Is There No Chinese IR Theory,” in *Non-Western International Relations Theory*, pp. 26–50.

② Ibid., p. 44.

三、智识资源的理论性转化：以文明文化为例

阿查亚和布赞认为文明和文化是国际关系理论建构的重要资源。但是，我们需要认识到，智识资源不能自动生成社会理论，由资源成为理论需要对本土资源进行理论转化，这可以用创造性转化和创新性发展加以表述。这一转化的前提是深刻领悟和整体把握文明和文化的基本原理和意义境界，尤其是蕴含其中且贯穿其间的世界观、认知方法和思维方式。比如，中华文化思想是一个系统的知识体系，体现了知行一体、内外兼容的生成过程。中华文化的一些基本思想经历实践和时间的磨砺，具有时空穿透性，反映人类共同的价值意义。不深刻体悟文化的基本原理，而仅仅取用一词一意、模仿传统的外在形式，不但不会实现转化和发展，而且会使文化庸俗化，甚至以文化民族主义和文化狭隘主义的形态阻碍文明文化在全球知识场景中的发展与进步。

任何文明与文化的资源都需要经历创造性转化和创新性发展。创造性转化更多地表现为一种空间维度上的知识实践。所谓空间维度，是指将文化思想与社会科学主动地、创造性地结合在一起，使优秀传统理念在凝练和升华之后，成为现代社会科学知识的理论硬核，并以此为核心，形成现代意义上的社会科学理论范式。如果传统文化智慧只是自我封闭的自娱自乐，不能转化为现代社会科学知识，创造性转化就无法实现。比如，儒家“仁”的概念、道家“道法自然”的思想不仅仅是人们在生活中遵守的规则或是对于生活方式的个人选择，而且应该积极地转化为现代科学的核心理念，进而围绕这些理念形成系统的社会科学理论。仅仅停留在个体层面的经验和智慧是难以进入社会科学知识范畴的。

创新性发展则主要指向时间维度上的知识实践。所谓时间维度，是指将文化思想与当今现实与时俱进地结合在一起，使传统文化理念在彼时彼地的生成能够产生此时此地的现实意义和知识价值，尤其是与当今世界的重大问题密切联系在一起，使传统思想发展为当下的知识实践能力。如果传统文化思想不能直面当下重大社会问题，不能与时俱进地聚焦人类的现实关切，创新性发展也就无法实现。比如，对于权力的意义、利益的界定、国际体系的形态、国际社会的规范、全球治理的路径等一系列与当今世界密切相关问题，传统思想可以提供什么有意义的理解、诠释和建构？再比如，传统文化升华意义上的理论建树是什么？传统思想对当下世界的应然和实然思考是什么？怎样用传统文化中的优秀思想来解释和建构当今世界？

创造性转化和创新性发展是传统文化思想转向现代社会知识的一体两面。空间维度和时间维度是相辅相成、不可分割的。在空间维度上与现代社会科学知识结合而成为现代社会科学理论的硬核，同时意味着在时间维度上对现代世界重大问题的知识观照、理论创建和实践应用。这样，空间和时间的维度就在实践中统一起来，成为时间、空间和实践的三位一体。这是传统文化创造性转化和创新性发展的根本

意义所在。

在使用文化资源进行社会知识生产的过程中，需要实现三重意义上的超越。一是从资源到理论的超越。本土智识资源需要升华为根植于本土的社会科学理论，实现从经验和智慧到系统科学理论的转化。起源于地方性知识的社会科学理论，其实践就都是具有地方性意义的实践。背景知识是没有言明的知识，社会科学理论等表象性知识是汲取背景知识资源、经过思辨性转化的知识，是言明的、抽象的知识。因此，资源转化为理论是关键的第一步超越。福柯对权力和知识关系的研究起源于法国当时的社会现实，布尔迪厄对实践和惯习的研究感悟于他曾经生活的社区，但他们都实现了从资源到理论的超越。产生于欧洲的国际关系学也是初始于地方性知识的。欧洲国际关系的实践，尤其是威斯特伐利亚体系以来的实践，为西方国际关系理论提供了主要的实践基础。无论是卡尔的《二十年危机（1919—1939）》、摩根索的《国家间政治》，还是基辛格的《重建的世界》，这些现实主义国际关系的经典理论著述，主要是以欧洲国际关系为实践依据，以欧洲文明文化的传统思想为智识资源的。没有这些资源，就难以产生社会科学理论。同样，没有这些理论生产者从资源到理论的有意识转化，资源也就只能停留在潜能层面，不会出现真正意义上的社会科学范式。

二是从描述到解释的超越。以传统思想为基底的社会科学理论不能仅仅是对生活实践和处事智慧的描述。作为社会科学理论，需要能够解释基本的、有意义的社会现实。比如，中国社会科学理论首先需要对中国的社会事实和社会行为具有解释能力，尤其是现有理论无法解释的现象。费孝通先生对中国江南乡村社会的研究就是解释中国乡村现实的，依据也是中国乡村的田野研究。恰恰是这些对中国现实的解释，使之有了世界性的学术意义。① 马克斯·韦伯之所以能够建立起重要的社会学理论，不仅仅是充分地、创造性地挖掘了西方文化的资源，而且将这种资源转化为可以解释资本主义内在动力和机制的理论体系。有人说，基于地域文化的理论不具普适性意义，不具普适性意义的理论都不是科学理论。这种观点失之偏颇。任何理论都是从解释地方性事实开始的，西方国际关系理论也从来没有脱离威斯特伐利亚事实，至今也未能成为充分解释全球事务的理论。以中华优秀传统思想为核心概念的社会科学理论首先需要具有解释中国社会现象和发展的理论能力。将中国的现实解释清楚并升华到社会科学理论的层面，这本身就产生了超越性意义。

三是从解释本土到解释世界的超越。实现从理论解释本土到解释世界的超越是社会科学理论的重要特征。以中华优秀传统思想为核心的社会理论需要具有超越本土的意识和实践价值，可以产生超越本土、超越地域的更为广泛的解释力。中国现在在世界国际关系学界产生一定影响的国际关系理论，比如天下体系理论、道义现实主义、世界政治关系理论等，都是努力从自身文化资源中汲取营养，也都在探索

① 费孝通：《乡土中国》（汉英对照版），韩格理、王政译，外语教学与研究出版社，2012。

中国哲学文化思想怎样能够超越中国本土，从而实现世界意义和人类价值。社会科学需要有超越本土的解释力。从根植于本土的社会科学理论到具有广泛理论和实践意义的社会科学范式，超越本土经验和实践，实现从解释本土到解释世界的转化，使源于不同文明和文化的社会科学理论成为世界知识的重要组成部分，这也许是全球国际关系学理论构建的终极价值所在。

第九章
全球国际关系学的倡议

全球国际关系学的兼容学派自思考非西方国际关系理论入手，通过对国际关系学科发展过程的追踪和研究，结合当今时代非西方世界的兴起和全球化的趋势，认识到西方国际关系理论一统天下是不可能的事情。一方面，西方国际关系理论不能充分反映当今世界的现实，已经表现出明显的解释力不足；另一方面，非西方国际关系理论的发展潜力也在不断表现出来。从全球视野和世界历史进程的视野来看，国际关系学必须具有全球意义。

全球国际关系学不是一种国际关系理论，而是一种具有知识生产和理论建构意义的学科发展倡议。2014 年，阿米塔·阿查亚当选国际研究协会主席，并利用这一契机，在就职演讲中明确发出建立全球国际关系学的倡议，这也恰恰是 2005 年启动非西方国际关系理论项目的十年之际。

一、全球国际关系学与多元普适性

阿查亚在国际研究协会任职演讲中概述了全球国际关系学的目的、内容和意义。他认为，当下国际关系学科的主要问题是西方中心主义和西方学术话语的葛兰西式霸权地位，这种状况不能反映当今世界的现实，对于发展一种全球意义上的国际关系学是不利的。他指出：

> 国际关系学科不能反映世界大部分社会和国家的声音、经验、知识成果及贡献，而是将西方核心国家之外的国际关系研究边缘化。目前，世界各地的国际关系学者都在试图发出自己的声音，重新发掘他们自身的传统。鉴于这种情况，我们面临的挑战是，怎样开辟一条道路，在承认国际关系学多元多样性基

础的前提下，建设真正兼容并蓄的全球国际关系学学科。①

阿查亚提出了几个问题，表明国际关系学科所设置的研究议程和实际研究内容都是在西方核心国家实践和话语体系之中框定的。比如，为什么冷战被视为“长和平”，难道冷战时期在欧洲之外或是“第三世界”国家发生的无数次夺去无数人生命的战争都不算是战争？为什么民主和平理论在研究战争与和平的议程中完全忽略了殖民战争、西方国际体系之外的战争？为什么在考虑国际关系理论智识资源的时候，想到的总是修昔底德、马基雅维利、霍布斯、洛克、康德，而不是阿育王、考底利耶、孙子？选择的标准和界限的划定是怎样产生的呢？这些问题指向西方学术话语的主导地位，也表明了全球国际关系学所追求的改革方向。

为此，阿查亚专门使用了一个类比，即当年英国人在印度殖民地建立的一个学校：The Fort William College。在这个学校里，有英国来的教师和印度本土教师，两者之间的薪金收入差距甚大，更重要的是，印度教师只是教授本地语言。他们也非常清楚，自己仅仅是教授语言的工具，而决定什么是知识、怎样界定知识体系、怎样设置课程体系，只有英国人才有决定权。②阿查亚认为，当今的国际关系学很像当年印度这所学校的情景，“是西方的大学、学者、出版机构主导和设定学科议程”，非西方学者只是提供素材而已。也就是说，西方是“出理论思想的地方”，非西方是“做实验的田野”。

阿查亚的观点十分明确，即国际关系学科存在不平等的劳动分工，这种劳动分工表现了民族中心主义、排他性、知识不充分性等基本特征。正因为如此，非西方的国际关系理论难以形成和发展。显然，这与“为什么没有非西方国际关系理论”项目的研究发现是高度吻合的。也正因为如此，在全球化时代，世界呈现出多元的特征和发展趋势，国际关系学科的现状必须改变。主要的国际关系理论根植于西方的历史和智识传统，形成了学术话语霸权的地位，既不能充分反映全球不同社会、不同国家的思想观点和实践形态，也不能代表国际关系学科发展的方向。阿查亚认为，改变这种现状的一条出路就在于建立真正意义上的包容性全球国际关系学。

全球国际关系学这个专门术语就是在这次就职演讲中以首字母大写的方式明确和正式提出的，并成为国际关系理论全球转向的一个重要标识，其核心是国际关系学科和理论的多样化和包容性。为此，阿查亚提出了全球国际关系学的六个向度。这六个向度可以被视为全球国际关系学的基本纲领和原则，在这里有必要稍微详细地讨论一下。

第一，多元普适性（pluralistic universalism）。这一点是全球国际关系学的核心原则。阿查亚认为，现在国际关系学科所倡导的普适性实际上是启蒙运动提出的普适主义，是一元普适主义。用罗伯特·考克斯（Robert Cox）的话说，就是那种

---

① Amitav Achaya, “Global International Relations (IR) and Regional Worlds: A New Agenda for International Studies,” *International Studies Quarterly*, vol. 58, no. 4. Doi: 10.1111/isqu, 12171, p. 1.

② Ibid., p. 2.

假定某种理论“对所有时空都是属真的，这实际上是将所有事实视为同质性的观点”。①虽然对于学科发展具有一定的意义，但其负面作用也是明显的。首先就是压制多样性，比如在国际关系学科，就表现为强行制定标准，固守学科大门，将不同的叙事、思想、方法统统拒之门外。为了改变这种状态，需要提倡多元普适主义，将国际关系学视为一个由多元基础支撑的知识大厦，而这样的多元基础就是全球范围内的多样性学科要素，无论是西方的还是非西方的智识与实践，都是多元基础不可或缺的组成部分。

第二，多元历史。国际关系学必须根植于世界历史，而不是仅仅西方的历史或是威斯特伐利亚体系以来的西方国际关系史。世界历史是以复数形式呈现的，因此是丰富多彩的，西方的历史、思想、实践和非西方社会的历史、思想、实践，对于国际关系学科的发展而言，都有着重要的原生意义。现在国际关系学界流行的方法，表现的是一种失衡的结构性分工，即把非西方地域单纯视为验证西方国际关系理论的田野或是实验室，这显然不是具有全球意义的国际关系学。比如威斯特伐利亚体系以来的国际关系历史十分重要，但并不代表国际关系的历史只有这一种，其他地域的国际关系历史同样可以作为国际关系理论的实践依据。因此，全球国际关系学倡议鼓励非西方学者依据自身的历史和实践，提炼概念、发展理论，因为仅仅使用现成的西方国际关系理论只能加强和扩展学科内的话语霸权。为此，国际关系学者需要深入挖掘世界不同的历史，以此发现新的理论和新的方法，挑战固有的理论模式。

第三，兼容并蓄。作为十分重要的一点，阿查亚也明确指出，全球国际关系学不是要取代或是推翻现有的西方主流国际关系理论，而是要将这些理论纳入全球国际关系学的范畴。也就是说，西方国际关系理论是全球国际关系学的组成部分而不是排斥对象。西方的后结构主义、后殖民主义、女性主义等都对非西方世界予以高度关注，而像建构主义等主流理论也表现出一些开放的倾向。当然，全球国际关系学也要求西方主流国际关系理论重新思考自身的理论假定，拓展理论和思想视野。比如，现实主义必须超越以国家利益和国际体系结构导致国家冲突行为的狭隘假设，更多地关注文化、理念等因素是怎样使国家或是文明避免冲突、走向合作的；自由主义也要超越美国霸权，审视不同地区、不同场景中的合作方式和一体化道路；建构主义则需要更多地考虑不同行动者、不同的施动主体在确立和传播理念和规范的能动作用。

第四，区域研究的重要意义。强调国际关系学的全球意义并不意味着削弱地区和地区主义的重要性。恰恰相反，区域研究更应当受到重视。地区是一个充满活力、能动发展、具有社会建构意义的空间，不能将其视为封闭的物理性地域。不同地区之间也会有着高度的互动，形成一个复杂的、动态的关联网络。当今世界的地

① Amitav Achaya, “Global International Relations (IR) and Regional Worlds: A New Agenda for International Studies,” *International Studies Quarterly*, vol. 58, no. 4. Doi: 10.1111/isqu, 12171, p. 3.

区更加开放、更加复杂多面，地区间互动更加活跃，地区秩序中的非霸权要素更为明显。地区对于全球国际关系学倡议而言，是至关重要的能动者，居于国际关系研究的中心地位。因此，全球国际关系学倡议更加重视地区研究和问题领域的研究，并需要将其纳入全球国际关系学的框架之中。比如欧盟、东盟、非盟、美洲国家组织等都是目前具有活力的地区性组织，都需要予以重视并认真进行研究和比较研究。

第五，摒弃文化例外主义（cultural exceptionalism）。真正的全球国际关系学摒弃文化例外主义和狭隘主义。所谓文化例外主义，是指将自群体，比如社会、国家或是文明，视为同质的、独特的、比他群体更为优越的群体。这显然是一种狭隘的偏见。从这个角度来看，阿查亚认为任何以国家或是地区命名的学派或是理论，一方面可以拓展和丰富国际关系理论，所以在全球国际关系学中应有自己的位置；另一方面，如果走向了极端，就成为文化例外主义的表象，必然会对全球国际关系学形成挑战。文明之间绝不仅仅是亨廷顿所预言的必然冲突，而是可以共存共处、交流交融、互学互鉴的。

第六，多元能动性。全球国际关系学需要拓展行动者和能动性的范畴。当今流行的国际关系理论否认非西方社会的能动性，实际上，即便是最精致的国家能力在许多非西方文明中早就已经存在了。能动性需要一个广义的意义，既是物质的，也是理念的，既包含西方的，也包含非西方的。由于西方国际关系理论的话语霸权，尤其需要加强对非西方能动性的重视。

阿查亚提出的这六个向度勾勒了全球国际关系学的大致轮廓，其核心内容是提倡国际关系理论的多元化，尤其是通过非西方国家学者对自身历史、传统思想、实践经验的深入挖掘，提出新的概念、理论和方法。目的是改变现在西方国际关系理论的话语霸权地位，使国际关系学真正成为具有全球意义的学科。阿查亚认为，西方国际关系理论虽然做出了很大贡献，但是在全球化的时代，在非西方国家崛起的当今世界，西方国际关系理论是不能充分解释全球的国际关系现实的，西方学术话语的主导地位也是不合理的。当然，全球国际关系学倡议从其兼容的思想基点出发，在对待西方主流国际关系理论的时候，是承认其知识贡献并将其纳入全球国际关系学的。

二、全球国际社会的演进：中心—外围边界的形成与逐步消解

为了推动全球国际关系学的发展，阿查亚和布赞合作完成了《全球国际关系学的构建：百年国际关系学的起源和演进》一书，并于2019年由剑桥大学出版社出版。这部著作对于国际关系学科的起源和演进进行了追踪研究，但是这种研究更是一种重构式叙事和书写，对学科发展尤其是理论的形成进行了批判性审视。国际关系学的西方中心和英美话语主导、非西方国际关系思想的被边缘化、全球国际关系学的时代需求等重要问题在两位作者对国际关系学科的重构中得到了深入的讨论。

全球国际社会与国际关系学的同步发展是这种重构性叙事的主要脉络。国际关系学的发展是与国际社会的发展联系在一起的，国际关系理论是与国际社会实践联系在一起的，国际社会的发展势必带来国际关系学科和理论的发展。所以，阿查亚-布赞叙事是依据国际社会发展来讨论国际关系学科发展的，是依据国际社会拓展历史来书写国际关系学科的历史和趋势的，是围绕世界从中心-外围结构到中心-外围结构的逐渐消解而展开对学科的讨论的。

国际社会是英国学派首先提出来的重要国际关系理论，也是英国学派的标识性概念。布尔曾经对国际社会做出过经典的定义。他说："如果一组具有某些共同利益和共同价值的国家形成一个社会，这些国家意识到在处理相互关系的时候，受到一套共同规则的约束，并一起致力于建立共同的制度，那么，这个社会就是一个国家组成的社会（或称国际社会）。"①阿查亚和布赞将国际社会的概念应用到对全球国际关系学科发展的叙事之中，以全球社会的演进历程审视国际关系学科和理论的发展。他们认为，全球国际社会是首先在欧洲形成的，其后逐渐涵盖了更广阔的地域。近代以来，国际社会经历了五个不同的历史时期，分别是 1919 年之前的世界、1919—1945 年的世界、1945 年之后的世界、1989 年之后的世界、2008 年之后的后西方秩序世界。这几个阶段也就是全球国际社会从西方向全球演进的过程，其中，从全球国际社会的形成到 1945 年是全球国际社会的 1.0 版，1945 年二战结束到 1989 年冷战结束是 1.1 版，1989 年至 2008 年是从 1.1 版向 1.2 版的过渡期，2008 年至今是 1.2 版。

全球国际社会 1.0 版。19 世纪之前的世界是全球国际社会 1.0 版。这是一个由西方和殖民主义者所界定的全球社会，其理念、规则、规范都是由西方尤其是欧洲国家所决定的。因为西方引领了世界现代化进程，成为世界的强者，所以也就凭借其实力在全球范围内进行殖民扩张。全球国际社会 1.0 版的基本情景是拉大了第一轮现代化国家与非西方国家之间的实力差距，形成了一个以欧洲为中心、以世界其他地方为外围的中心-外围全球国际社会结构。②与此同时出现了一系列国际社会的规则规范以及实施这些规则规范的双重标准，即中心实施一套规则，比如主权平等的原则，外围则施行另外一套规则，比如宗主国与殖民地的不平等地位，外围国家被剥夺了主权平等。

1919—1945 年的世界，依然是全球国际社会 1.0 版。虽然第一次世界大战给世界带来毁灭性打击，但并没有从根本上改变全球国际社会的基本格局。也就是说，虽然一战引起世界极大的震荡，也使一些大国的地位和实力发生了重要的变化，但中心-外围的结构依然如故，西方依然是全球国际社会的中心，非西方也依然处于这个社会的边缘。全球国际社会中心-外围的基本结构没有改变，全球国际社会的

---

① Hadlley Bull, *The Anarchical Society: A Study of Order in World Politics* (New York: Columbia University Press 1977), p. 13.

② 阿米塔·阿查亚、巴里·布赞：《全球国际关系学的构建：百年国际关系学的起源和演进》，刘德斌等译，上海人民出版社，2021，第 18 页。

基本形态和运作方式依然如故。

全球国际社会 1.1 版。1945—2008 年，世界发生了重大变化，全球国际社会升至 1.1 版。第二次世界大战的影响巨大，虽然在大的格局上，中心-外围状态仍然没有完全改变，但美苏两极代替了以欧洲为中心的多极国际体系，全球性意识形态和物质实力双重叠加博弈成为世界政治的主轴和国际社会的焦点。新中国的诞生标志着新的力量的出现，中国不但成为国际体系的重要成员，而且成为战略博弈的重要一方。殖民主义成为不合法的政治存在，反殖民主义运动在全世界兴起，新兴的独立主权国家大量增加，国际社会迅速扩展。用全球国际社会 1.1 版定义这一历史时期，一是全球国际社会的中心-外围结构没有发生根本性改变，所以依然在“1”的大范畴之内；二是国际社会内的力量对比、成员组成，尤其是外围地区的扩展等一些重要指标发生了明显变化，因此由 1.0 版升级为 1.1 版。

这一时期，世界经历的两大事件是冷战和去殖民化运动。前者主要发生在中心地区，但对世界政治产生全方位影响；后者则主要在外围地区展开，使得外围地区迅速扩大，成员成倍增加，对全球国际社会的中心-外围结构形成了挑战。美国在实力支撑下的全球参与和苏联在二战后与美国的全面对抗撕裂了整个世界，美苏两极的激烈竞争成为国际关系的主轴，不但中心地区国家一分为二，外围地区也受到重大影响，成为美苏争霸的争夺对象。同时，去殖民化运动使得殖民主义失去了合法性，世界性主权平等的呼声日益高涨。在 1945—1975 年，由于去殖民化运动的迅速发展，出现了大量的新兴独立主权国家。虽然在很多方面，中心-外围的不平等现象依然存在，但主权原则使得这些国家至少在名义上具有和中心国家平等的国际地位。比较而言，去殖民化运动是导致全球国际社会升级的根本原因。

1989—2007 年依然是全球国际社会 1.1 版，但出现了向全球国际社会 1.2 版转化的迹象。1989 年之后的世界也有两个重要标志，一个是单极时刻，另一个是全球化。冷战结束、苏联解体，使得美国成为世界上唯一的超级大国，其软硬实力都达到了某种高峰状态，从权力结构上看，世界呈现单极态势。在硬实力方面，虽然世界上仍然有一些大国，但与美国的综合实力差距明显。在软实力方面，美国的自由主义国际秩序观成为世界范围内的主导性理念。于是，“单极时刻”出现了。①世界出现了以美国为首的全球霸权秩序，亦称为美国的全球秩序或美国主导的自由主义霸权秩序。②

同时，全球化迅速发展，席卷了几乎整个世界。全球化一方面标志着全球经济高度相互依存、国家和非国家行为体之间的高度相互关联，并且使全球福祉总量明显提升；另一方面也意味着全球性问题和跨国性威胁的大量产生，因而引发了全球治理问题。经济和金融危机、环境问题、大规模杀伤性武器扩散危险、恐怖主义

---

① Charles Krauthammer, “The Unipolar Moment,” *Foreign Affairs*, vol. 70, no. 1 (1990/1191): 23-33.

② John Ikenberry, *Liberal Leviathan: The Origins, Crisis, and Transformation of the American World Order*, (Princeton: Princeton University Press, 2011).

等，伴随全球化不断涌现。这些威胁不是任何一个国家能够单独应对的，无论实力再强的国家也是如此。全球化和全球性威胁使得中心和外围之间的界限至少在这些问题上变得模糊起来。因此，全球化和全球治理指向了一种非领土意义上的世界秩序，也指向了一种全球意义上的人类共同体。①

全球国际社会 1.2 版。从 2008 年开始，全球国际社会进入 1.2 版，这标志着一种后西方世界秩序的形成。虽然现在依然没有超越转型期，但已经显现出几个重要标志，包括美国霸权的衰退，新兴发展中大国的崛起，中心地区不断向外延伸，财富、权力、文化权威从原来的中心地带向更大范围内扩散。西方主导格局虽然没有完全消失，但已经开始发生重要变化，非西方崛起已经十分明显，新兴发展中大国发展迅速，权力朝着更加均衡的方向发展。这已经不是传统意义上由几个大国的权力分布形成的多极化，而是一个后西方的全球社会，表现为全球国际社会的中心-外围界限进一步模糊，呈现出世界和全球国际社会的深度多元化，这些因素构成了 1.2 版全球国际社会的重要特征。

全球国际社会的发展历程表明，一方面，现代国际社会是在西方形成的，并且从一开始就呈现中心-外围的结构，以西方为中心、非西方为外围的格局长期延续，直至今日也没有完全结束。但另一方面，国际社会的扩展式演进趋势也是明显的。这就是中心-外围的边界在不断变化，外围的力量在不断增强，全球社会的各种要素整体上朝着一种更加均衡的方向发展，深度多元化已经成为当今全球国际社会的明显标志。

三、全球国际社会与国际关系学的同步发展

与这五个历史时期同步展开的是国际关系研究的发展。1919 年之前的世界被视为国际关系研究的奠基时期，中心地区各种与国际关系相关的思想已经十分活跃。1919—1945 年被认为是国际关系学的第一次创立，以第一次世界大战结束之后 1919 年在英国威尔士阿伯里斯特维斯大学设立了第一个国际关系教席为标志。这个教席以当时的美国总统命名，称为威尔逊讲席教授。1945 年之后的世界以冷战与去殖民化运动为标志，并出现了学科的第二次创立。1989 年之后的世界表现为“单极时刻”、全球化迅速发展和非西方世界的崛起，国际关系学开始受到这种世界性发展的重要影响，相对于西方世界的他者声音开始出现。当今世界是一个后西方世界，国际关系学也表现出越来越明显的深度多元化取向，国际关系学也需要并势必进行“第三次创立”。

（一）国际关系学的第一次创立

国际关系学的第一次创立发生在中心地区，与国际社会的形成和发展有着直接

---

① 阿米塔·阿查亚、巴里·布赞：《全球国际关系学的构建：百年国际关系学的起源和演进》，刘德斌等译，上海人民出版社，2021，第 186-187 页。

的关系。虽然国际关系学科是1919年在威尔士阿伯里斯特维斯大学正式建立的，但在1919年国际关系学科正式建立之前的几百年里，国际关系学的许多思想已经出现，包括霍布斯、洛克、康德、克劳塞维茨（Karl von Clausewitz）等人的著作，都反映了关于世界秩序和国家之间关系的思想，对后来的国际关系理论研究产生了重要影响。自由主义、社会主义、民族主义和“科学种族主义”成为最重要的思潮，另外，现实主义、地缘政治思想、战争与战略研究、帝国主义与殖民治理、国际法、国际组织和国际社会等被列为国际关系发展的重要奠基性思想。比如，自由主义思想在当时就已经出现了关于世界经济体和自由贸易的讨论，可以说是19世纪的“相互依赖”和“全球化”思想。再比如，马克思对资本主义的深刻批判，揭示了资本作为世界性或全球性力量的本质；列宁将帝国主义界定为资本主义的最高阶段，将资本与国家联系起来，分析了资本与权力的关系、资本扩张与世界秩序的关系。其他的一些研究，例如国际法和国际组织，也都直接与全球性国际社会相关，无疑属于国际关系研究的内容。

这些思想，或者说是国际关系的“前理论”，亦即为理论形成提供可能起点的思想，是在国际关系学正式建立之前就已经出现并十分活跃了。①总体而言，这些思想基本上是在中心地区发展起来的。在这一时期，外围地区也有不少关涉国际关系的思想，甚至是非常有见地的远见卓识。比如：中国康有为强调世界和谐统一的大同思想，孙中山的民族国家和反帝思想；印度泰戈尔的融合现代性和传统意识以及反民族主义的思想；拉美的主权平等和不干涉思想；等等。这些思想表明，非西方世界也有与国际关系相关联的思想，但却没有在全球发声的空间，与其边缘的身份一样，也处于被边缘的境地。

第一次世界大战结束后，全球国际社会的中心-外围结构延续下来。在基本国际社会结构不变的条件下，国际关系学科开始了自觉的学术研究，并在相当程度上实现了制度化。在西方中心国家的一些大学里，国际关系作为学科在教育和研究方面都开始形成气候，英美两国尤其明显。②在其他地区，中国、日本、印度等也都出现了国际关系的教学和研究机构。并且，随着国际关系实践和学科的变化，国际关系思想有了一些新的发展。

国际关系理论的发展主要是在中心地区。最重要的事件是国际关系学界第一次理论辩论，亦即现实主义和理想主义两种理论之间的辩论。20世纪20年代，理想主义占据了主导地位。一战之后，人们开始深刻反思一战的原因和战争本身对人类社会构成的巨大威胁，在这个过程中，威尔逊理想主义思想应运而生。时任美国总统威尔逊提出了一整套关于世界和平的想法，以民主代替独裁、以国际制度代替大国协调、以集体安全代替势力均衡，希望以这样的构想建立世界秩序，并且通过国

① 阿米塔·阿查亚、巴里·布赞：《全球国际关系学的构建：百年国际关系学的起源和演进》，刘德斌等译，上海人民出版社，2021，第35页。

② 同上书，第83-89页。

际联盟的成立使之付诸实现。在这期间，理想主义理念，人权、自由、民族自决等政治思想，自由市场、自由贸易等经济意识等，都对国际关系学科的发展和国际关系研究的主题产生了重要的影响。

这是一整套的国际关系思想，虽然并不是严格意义上的国际关系理论，但在当时对国际关系学科的发展产生了重要作用。因此，从某种意义上讲，威尔逊理想主义为两次世界大战之间国际关系学的发展奠定了基础。在阿伯里斯特维斯大学设立的第一个国际关系教席就是由理想主义者齐默恩爵士（Sir Alfred Zimmern）担任的。他认为设立这样一个教席，并以威尔逊总统命名，“生动地显示了战争刚结束时的乐观主义和勇敢的新世界理想主义如何聚焦于1919年巴黎和会上成立的新的国际联盟”①。

现实主义者看到了理想主义的重大缺陷。英国现实主义学者爱德华·卡尔的《二十年危机（1919—1939）》是在两次世界大战之间写成的，但其在二战之后的影响更为重大。卡尔批判的主要对象就是威尔逊的理想主义，齐默恩爵士则是卡尔一再批评的乌托邦主义者。卡尔的思想有三个重要组成部分：其一，国家利益和谐的观点是错误的。在国际体系中，无政府状态是常态，国家是具有独立主权的实体，国家之间发生利益冲突是必然的事情。其二，权力是最重要的利益手段。卡尔把国家权力分为三种：军事力量、经济力量和支配舆论的力量。权力是国际关系中最重要的因素之一，是其他因素无法取代的。其三，道德是相对的，个人道德与国家道德是有差别的。国家作为团体人，其道德取向与个人的道德取向可以是不一致的。在一种无政府国际体系之中，“国家的自我生存超过道德义务”。②

理想主义和现实主义的辩论定义了两次世界大战之间的国际关系理论和学科发展，同时，其他理论和思想也不断出现，包括国际法和国际组织的研究、地缘政治研究、女性主义思想等。这一时期的基本情景是，国际关系学科的理论以及推动学科发展的理论辩论依然是中心地区的事情。不过，在外围地区也出现了与国际关系相关的思想，比如在中国、印度、日本、拉美等地区，但总体上没有进入国际关系研究的主流。

总体而言，西方率先开始现代化进程的事实使得全球性国际社会在这一时期表现为西方主导的中心-外围社会结构。1919年国际关系学科正式建立之前，国际关系思想已经非常活跃，为后来国际关系理论奠定了基础。1919—1945年这一时期，全球国际社会依然是1.0版，西方和非西方的中心-外围结构没有发生根本性改变，国际关系的理论发展依然主要是在中心地区，关心的问题也是中心地区面临的问题。这一时期的国际关系学科得到了重要的发展，中心地带的制度化发展迅速，理想主义和现实主义之间的所谓第一次理论辩论奠定了学科自身的学理基础。但由于

① 阿米塔·阿查亚、巴里·布赞：《全球国际关系学的构建：百年国际关系学的起源和演进》，刘德斌等译，上海人民出版社，2021，第91页。

② 爱德华·卡尔：《二十年危机（1919—1939）》，秦亚青译，商务印书馆，2021。

中心-外围的国际社会格局没有改变，中心-外围的知识生产局面也没有改变。国际关系的知识生产依然集中在西方中心地区，非西方国际关系思想的发展依然处于边缘境地。所以说，全球性国际社会 1.0 版的中心-外围结构形态与国际关系学界的中心-外围形态是同步建构起来的。

（二）国际关系学的第二次创立

第二次世界大战结束后到冷战结束这 40 多年的时间是全球国际社会的 1.1 版。在这一时期，国际关系学的发展出现了“第二次创立”。

第二次创立的一个明显标志是所谓的第二次辩论，亦即传统研究方法与科学实证方法的辩论。这次辩论发生在中心地带，是在英国学派和美国学派之间展开的跨大西洋辩论。英国学派坚持传统的研究方法，注重历史、法律、文化、社会等要素，强调系统思想和思辨说理；而美国学派则坚持科学实证主义，强调建立与自然科学一致的国际关系学。虽然英国学派继承了英国乃至欧洲对国际关系的研究理路，但终究不敌美国的科学派，在第二次大辩论中处于下风。美国开始成为国际关系理论的第一重镇，并且通过学界的大辩论，形成了以科学实证主义为核心的美国国际关系研究体系，并在世界范围内产生了重大影响。正因为如此，斯坦利·霍夫曼认为，“国际关系学是一门美国的社会科学”。

第二次创立的另外一个鲜明标志是国际关系学界的两次理论大辩论。一是现实主义和自由主义之争。现实主义成为冷战前一段时间内占据主导地位的国际关系理论，以权力和利益为基本标志的经典现实主义与继承权力和利益并强调理论构建科学性的新现实主义成为现实主义的代表性成果，摩根索和华尔兹也被视为现实主义发展的两座里程碑。到了 20 世纪 80 年代，新自由主义提出了以国际制度为核心的理论体系，成为冷战后期挑战现实主义的主要理论，基欧汉的新自由制度主义也因此成为当时影响最大的国际关系理论，并直接影响国际政治经济学（international political economy，IPE）的建立与发展。二是理性主义和建构主义的理论争辩。20 世纪 80—90 年代，以华尔兹和基欧汉为代表的理性主义国际关系理论与以温特为代表的建构主义展开了辩论，成为这一时期国际关系研究议程的重要内容。建构主义强调国际体系的无政府性不是客观存在而是国家建构的，以理念、身份、规范、文化等为核心的研究成果也不断出现。主流建构主义依然是在美国获得成功的，并跻身重要主流理论之列，最终与现实主义、自由主义形成了三足鼎立之势。

第二次创立还见证了外围地区的国际关系理论的发展。后殖民主义国际关系研究和依附理论取得了重要的进展。新兴的独立主权国家大量出现、不结盟运动和万隆会议等一系列事件，使得后殖民主义思想进一步发展。发展中国家意识不断增强，是后殖民主义理论在发展中国家传播的重要原因，而后殖民主义理论所借鉴的马克思主义、葛兰西主义等思想，也对西方主流国际关系理论的话语霸权形成了挑战。依附理论首先由拉美国家的学者提出，在世界国际关系学界产生了重要影响，在一段时间内，成为世界秩序、国际分工和国际政治经济学研究的一种重要理论依据。后殖民主义研究成为更加重要的研究议题，对知识与权力关系的研究，对西方学术话语霸权地位的质疑，寻求平等、正义、多元的努力，都表现出外围地区的思想意识和国际关系的研究取向。

同时，一个具有深远意义的知识生产实践在这一时期出现，国际关系研究出现分化与整合的双重发展过程。这主要表现在不同国家的国际关系学者做出巨大努力，试图以不同的文化、历史、政治思想为基础，提出不同于西方主流国际关系的理论。过去，一种流行的观点认为非西方国际关系理论不能超越西方国际关系理论和方法，只能把本土元素置于人们熟知的国际关系概念和范畴之中。但分化与整合的双重过程证明，西方国际关系理论在非西方很少被全盘接受，本土化在这一过程中是一个关键的因素。当然，兼容学派的一个重要观点是，非西方既不能全盘接受西方国际关系理论，也不能予以全盘否定，“本土化、辅助性和杂糅性”是非西方国际关系理论的重要特点。① 虽然这种努力刚刚开始，但却是全球国际社会转型期的一个重要信号。

简言之，国际关系学的“第二次创立”既标志着中心地区美国国际关系理论话语主导地位的确立，也显示了外围地区挑战这种话语霸权的尝试。但国际社会的中心-外围格局没有根本性变化，国际关系领域知识生产的分工结构也依然没有重要的变化。

（三）国际关系学的第三次创立

2008年之后，非西方的崛起、后西方世界的出现，使得全球国际社会的中心-外围格局在动摇、边界在消解，国际社会演进至1.2版。在这样一种新的全球国际社会中，西方国际关系理论虽然依然占据主导地位，但真正意义上的全球国际关系学是国际关系学科和理论发展的必然趋势。国际关系学正在面临第三次创立的机遇，也就是真正意义上的全球国际关系学。

实现第三次创立，势必要促进国际关系理论建构的智识资源。西方国际关系理论的智识资源来自西方的文化传统、政治思想、国际关系实践，那么，作为兼容并蓄的全球国际关系学，就需要考察世界不同地域文化的国际关系理论资源。阿查亚和布赞认为，这包括五个方面的重要内容：第一，传统文化资源。比如包括基督教、佛教、儒家、印度教、伊斯兰教等在内的宗教和哲学思想，因为这是“国际关系学背后的科学哲学概念的真正含义”。②只有这样做，才能实现本体论、认识论和方法论的多元主义。第二，非西方世界历史上重要思想家与国际关系相关的论述。比如中国的孔子和孙子，印度的阿育王和考底利耶，伊斯兰世界的伊本·西拿（Ibn Sina）和伊本·赫勒顿（Ibn Khaldun），等等。第三，非西方世界政治思

---

① 阿米塔·阿查亚、巴里·布赞：《全球国际关系学的构建：百年国际关系学的起源和演进》，刘德斌等译，上海人民出版社，2021，第263页。

② 同上书，第317页。

想家和领导人的思想与方法。第四，非西方世界的国际关系理论。第五，非西方世界的国际关系实践，比如地区实践和地区主义等。全球国际关系学的倡议要求将这些资源挖掘出来并通过概念化和理论化过程，实现国际关系理论的多元化，这既反映了全球国际社会深度多元化的现实，也为国际关系理论的创新开拓了新的进路。

显然，文化资源被视为一种最重要的理论建构资源，也是国际关系学第三次创立的重要内容。在使用传统文化资源发展国际关系理论方面，“中国表现得最为明显”。[①]近年来，尤其是进入21世纪以来，中国学者使用中华传统文化资源，构建了一些系统的国际关系理论，并且开始与世界国际关系学界进行积极的对话与批判性沟通。这里以天下体系理论、道义现实主义、世界政治关系理论为例，对中国学者的努力做一简单的介绍。[②]

天下体系理论体现的是中国传统文化意义上的世界观，实践基础是周朝体系。[③] 天下体系理论有几个重要内容：一是整体理念。天下体系不是一个独立的、主权的、有非常明确界限的政治单位，不是现在以国家为中心的国际体系。它是以整个天下为单位而不是以个体为单位来形成秩序和设计制度的。二是无外原则。天下体系的秩序原则是家庭秩序，用英文说叫 family-ship，或者从更一般意义上说是无外原则（non-exclusivity），即世界既然是一个整体，就没有绝然的我他、内外界限。从这一原则产生的争端解决机制、民众流通方式等，都与民族国家体制有着根本的不同。三是以天下取代非世界。当今世界是一个“非世界”，虽然它是一个地理性的世界，但不是一个制度性的世界。现在的制度安排都是以个体的主权国家为基础和基本单位的，形成的只能是一个碎片化世界，因之也就是一个非世界。全球性问题不可能在一个非世界中得到解决，解决方案只能是建立一个整体的、无外的秩序体系或者制度体系。

道义现实主义最简单的解读就是“道义”和“权力”的结合，其主流理论框架是现实主义，同时融合了中国先秦思想家的道义思想，尤其是荀子的思想，强调世界领导国的适切权力性质。[④]道义现实主义重点讨论世界领导地位。其中四个观点尤为重要。其一，世界存在一个等级秩序，根据权力大小分为大国、中等国家和小国。决定国际政治的是大国。其二，国际体系存在强权秩序、霸权秩序、王权秩序等几种等级秩序。强权秩序时代已经过去，（美国）霸权秩序仍然存在，而最理想的秩序是王权秩序。其三，既然国际体系呈等级秩序，那么势必存在一个领导国

---

① 阿米塔·阿查亚、巴里·布赞：《全球国际关系学的构建：百年国际关系学的起源和演进》，刘德斌等译，上海人民出版社，2021，第251页。Zhao Tingyang，translated by Liqing Tao，*Defining A Philosophy for World Governance*（New York：Palgrave，2019）.

② 关于这三种理论的论述，参见秦亚青：《中国国际关系理论的发展与贡献》，《外交评论》2019年第6期；《全球国际关系学与中国国际关系理论》，《国际观察》2020年第2期。

③ 理想类型是韦伯提出的，是指基于现实但不等同于现实的分析类型。理想类型对于学术研究和社会发展都具有重要的意义。在一定意义上，所有社会理论都具有一定的理想类型特征。

④ Yan Xuetong，*Ancient Chinese Thought*，*Modern Chinese Power*（Princeton：Princeton University Press，2011）.

家。因此，国际关系的实质是争夺世界领导地位。其四，领导地位的根本要素是权力。但什么是最适切的权力呢？道义现实主义认为，权力可以分为道德性权力和物质性权力。王权秩序是最合理的世界秩序，其领导国需要的适切性权力是物质性权力和道德性权力的结合。如果说权力是西方现实主义的根本概念，那么道义则是中华传统文化中不可或缺的要素。

世界政治关系理论是围绕"关系性"这个核心概念展开的。① 关系性与个体理性形成了对比，表述了不同文化体的社会秩序原则和实践方式存在的明显不同。西方主流国际关系理论明确或含蓄地以个体理性为理论硬核；而以关系性为硬核建构理论，表现了换一种视角观察和理解国际关系世界的思路。关系理论有几个主要的思考。首先是关系本体。世界是由关系构成的，社会世界是由人的关系构成的，因此，观察世界的基本单位是关系。据此，世界政治最具本体意义的是关系而非分离的个体。其次是以中庸辩证法为认识论依据。纷繁复杂关系的典型代表是元关系，亦即阴阳关系。中庸辩证法是认识这种关系的基本方法。中庸辩证法与黑格尔辩证法都认为世间万物均可分为两极，两极互动构成事物发展的动力。但中庸辩证法认为这种关系从根本上说是和谐的，而黑格尔辩证法的两极却是对抗的。中庸辩证法注重和谐，并非要否定矛盾和冲突的存在，但认为矛盾和冲突是和谐化过程中为求和谐而出现的必要实践形态。最后，关系性逻辑。行动是由关系驱动的，关系确定身份，身份界定利益，利益驱动行动。孔子说的"达己达人"，强调的利益是关系性利益，而不是一种单向性思维。元关系的两极是阴阳一体两面，元关系的本原状态是和谐，中庸辩证法是和谐化过程。"关系选择"，即关系决定行动理性与否，这是关系理性的理论依据。

以上引为案例的三种理论，无论是在理论建构、思维方式还是在具体观点方面，都有着诸多不同，但是，不难发现，三种理论有一个共同的特点，即"挖掘传统，面向世界"。这是很有意义的一点，因为它反映了中国国际关系理论发展过程中的几个要素。第一，自文化启迪。三种理论都是从中国传统文化思想的智识资源中寻求创新灵感。天下体系理论反映的是中华传统文化的整体观，道义现实主义强调了国际体系领导国权力中道德的不可或缺性，世界政治关系理论突出宇宙万物的关系本位和关系性逻辑。三种理论包含的三个根本原则——无外原则、道德权力和关系性逻辑——都是中国传统文化和社会性实践的产物，这些来自中国传统文化的理念在理论化过程中得以重塑。

第二，跨文化沟通。这三个例子都是在自文化与他文化的对话中，尤其是在与西方不断地对话、辩论中发展而来的。三种理论并不是闭门造车式的自说自话，而是在与西方国际关系理论的对话和辩论中寻求理论的建构和知识的再生产，在深层意义上则是寻求跨主体的平等对话。在这样的对话中，他文化理念与自文化理念交汇，有冲撞也有融合，既竞争亦有互补，自文化理念在他文化中得以再诠释和再生

---

① Yaqing Qin, *A Relational Theory of World Politics* (Cambridge: Cambridge University Press, 2018).

成，反之亦然。天下体系理论所对照的是以国家为中心的国际体系，关系性逻辑所对照的是个体理性逻辑，道义现实主义虽然是以现实主义为基本理论框架，但将道义这个被现实主义排斥于研究范畴之外的概念重新引入，这样的知识实践构成了一种批判性融合和竞争性借鉴。全球国际关系学的依据是真正意义上的跨文化互融互鉴，在自文化与他文化的沟通流动中重塑自我，重塑他者，也重塑知识和知识生产方式。

第三，全球性关照。虽然三种理论说明文化是理论创新的重要资源，但也力图使理论建构超越地方性知识，产生更为广阔的普适效应。就实践意义而言，全球化和全球问题需要一种全球性制度作为解决全球问题的基本依据，国际体系的领导地位需要道德力量的支撑，世界政治需要突破原子本体的思维方式，从整体和关联的视角去认知国际关系。这些做法有意识地突破地方性知识的局限，表现出明显的超越意识和全球观照。就理论意义而言，这些理论的建构本身就是试图打破世界国际关系学界的“西方出理论，非西方出素材”的不平等分工，表明国际关系学是全球性的，任何地域性知识都是全球国际关系学的组成部分。

国际关系学的第三次创立依然是进行时，面对西方学术话语的主导和强势地位，第三次创立是否可以成功，真正意义上的全球国际关系学是否能够得以确立并成为现实，这些都还是不确定的事情。但从中国学者的努力可以看出，国际关系学的第三次创立是需要的、必要的，也是有很大希望的。如果我们承认世界是一个深度多元化的世界，如果我们认为当今西方国际关系理论的葛兰西式霸权地位不具合理性，那么，第三次创立应当是包括西方学者在内的世界国际关系学界共同努力的方向。

结　语

阿查亚和布赞重构了国际关系学的发展过程，明确指出了全球国际社会和国际关系学的同步发展的现象，也表明当全球国际社会不断拓展并进入深度多元化时代，全球国际关系学和国际关系理论也会与之同步发展，进入多元多样的全球国际关系学时代。19世纪西方现代化的成功使得世界形成中心-外围的结构形态，中心是西方构成的所谓“国际社会”，外围则是非西方世界。在这一时期，国际关系学的中心-外围格局也随之形成，西方的国际关系理论开始并一直占据了学术话语的主导地位。但是，全球国际社会发展的历史也是一部中心-外围边界逐渐模糊、外围逐渐兴起的过程。国际社会在逐渐扩展，国际关系学的发展也在不断拓展。虽然至今并未走出西方为中心、非西方为边缘的基本结构形态，但是非西方的兴起已经呼唤国际关系学的再次革新。在全球化时代，国际关系学及其核心的支柱——国际关系理论——需要从西方话语走向全球叙事，特别是长期以来被漠视的西方之外的国际关系思想需要成为全球国际关系叙事的组成部分。所以，国际关系学已经到了第三次创立的时候，改革和重构是真正意义上的全球国际关系学产生的必由之路。

全球国际关系学的倡议具有重要的知识生产意义。首先，倡议反映了国际关系和世界政治发展变化的现实。后霸权时代、全球化和全球性问题、世界的去中心化和深度多元化，这些现象反映了全球国际社会中心-外围结构的逐渐消解，非西方国家的崛起及其知识生产的自觉意识也逐渐表现出来。其次，倡议促进多元多样的知识生产。它试图改变国际关系学界长期以来过度西方化的情景，鼓励知识生产基础的多元化，强调历史、文化、思想、传统等因素对于国际关系理论发展的重要意义，尤其鼓励非西方国际关系学界的理论创新，以全球知识生产的多元化超越西方内部知识生产的多元化。再次，倡议在纠正过度西方化的同时，强调对于中心和外围的国际关系理论采取兼容并蓄的态度，促进西方和非西方的理论对话，最终超越西方-非西方二元对立结构和知识生产不平等的劳动分工，形成真正意义上的全球国际关系学。

同时，全球国际关系学的兼容学派也有着自身的内在矛盾和问题，突出的一点是研究目的和研究结果时而出现内在性矛盾。全球国际关系学明确宣示的目的是，以多元文化历史为基础，促使国际关系学脱离西方的狭隘地域文化圈，成为真正全球意义上的社会科学学科。但在研究的结论中，却发现现有国际关系学话语体系可以容纳不同文明中出现的国际关系基本思想和概念，以此说明全球国际关系学的实现并不困难。比如，《重塑国际关系：印度文明、中华文明和伊斯兰文明中的世界秩序》一书选择了六个国际关系的基本概念，包括等级秩序、权力政治、和平共处、国际政治经济学、领土主权/跨国主义、思维方式等，对于不同文明中这些概念的定义和理解进行比较，发现这些国际关系的基本概念在不同文明中没有实质性差异。①既然没有实质性差异，不同的文化和历史、不同的传统和思想，在国际关系知识生产和理论创新中就没有显著性意义，那么，重视文化历史传统又有什么实质性意义呢？这与全球国际关系学的初心，即通过挖掘不同文化历史传统实现真正意义上的全球国际关系学，岂不出现了明显的矛盾？

如果仔细考虑一下这种结论的得出，就会发现在进行不同文明之间思想比较的时候，选用概念是十分关键的。上述六个概念都是在西方国际关系语境中产生的，都是西方国际关系背景知识中的核心要素，也都主要是以威斯特伐利亚国际关系实践为基础的，并在全球国际社会的演进之中向世界传播。非西方世界原本是没有这些概念的，是在现代化过程中从西方学来的。从学来之时，这些概念已经在西方语境和实践中被界定了。如果以这些概念为基础和轴心进行比较，其含义自然不会有重大的实质性差异。根据一些学者的研究，在东亚国际体系中，根本没有主权、均势等西方国际关系理论中的这些基于威斯特伐利亚国际关系实践的根本性概念。②所以，从概念选择开始，已经注定最后的结论必然没有实质性差异。如果以这样的思路去考虑国际关系学的发展，就有可能出现不是通过多元主义实现理论突破和知识创新，而是通过多元对话实现理论话语的进一步统合。而恰恰是在这一点上，下一部分所讨论的全球国际关系学批判学派则提出了完全不同的思路。

实现国际关系学的第三次创立、建立真正意义上的全球国际关系学，依然任重道远。在这个过程中，怎样开展平等的知识对话、怎样实现真正的交互涵化，可能是全球国际关系学是否能够实现初始目标的根本所在。

---

① Barry Buzan and Amitav Acharya, *Reimaging International Relations*: *World Order in Indian*, *Chinese and Islamic Civilizations* (Cambridge: Cambridge University Press, 2021).

② David Kang, *China Rising*: *Peace*, *Power*, *and the Order in East Asia* (New York: Columbia University Press, 2007); Eric Ringma, "Performing International Systems: Two East-Asian Alternatives to the Westphalian Order," *International Organization*, vol. 66, no. 1 (2012): 1–25.

第四篇

全球国际关系学：批判学派

导　言

全球国际关系学的倡议是由两派学者几乎同时提出的。一派是上一部分讨论的兼容学派，由主流国际关系学者阿查亚和布赞发起，2005年启动了“为什么没有非西方国际关系理论”的研究项目，并在2014年国际研究协会年会上正式提出全球国际关系学的概念，试图以兼容的方式推动全球国际关系学的拓展。另外一派则是继承了批判理论的传统，主要以阿琳·蒂克娜（Arlene Tickner）等新马克思主义、女性主义、后殖民主义等非主流学者为代表，突出了对西方主流国际关系学的批判精神，试图以解构和去中心化的方式推动全球国际关系学的重构。实际上，在蒂克娜和布莱尼2012年主编的《国际关系学的不同视角》一书中，就明确提出了“Global IR”的说法。①

虽然兼容学派和批判学派对当前世界国际关系研究的现状有着相似的看法，认为西方主流学术话语霸权是不合理的，提倡国际关系学研究应该基于全球的历史和现实，但批判学派在一些根本性问题上更具批判意识，更有反抗精神，也更具对主流理论的颠覆意义。最根本的一点是，批判学派的目的是颠覆西方国际关系理论体系，重构真正意义上的全球国际关系学，实现人的思想和人自身的彻底解放。

批判学派将马克思主义对资本主义体系的批判精神和方法用于知识生产，认为当今世界知识生产的中心-外围结构是中心地带占据主导地位和外围地带没有国际关系理论的根本原因。这种不平等的结构本身就意味着只有西方学界才能建构理论，而外围地带的国际关系学界只能处于知识生产链的下游，最多只能提供知识生产的素材和消费知识产品的市场。因此，这种不平等的知识生产结构是由不平等的

---

① Arlene Tickner and David Blaney, *Thinking International Relations Differently* (London and New York: Routledge, 2012), p. 18.

权力所维持和维护的。中心地带主流国际关系理论通过划定学科边界和界定科学理论的权力，压制、静默了外围地带的知识声音和思想意识。

批判学派认为，西方主流国际关系理论并不像兼容学派所说的那样，只是不能充分解释非西方的国际关系现实，需要改进和补充而已。批判学派的反思是，西方主流国际关系理论自诩为普适理论，目的在于将自己的知识界定为唯一科学的知识，将自己的思想界定为唯一正确的思想。在权力的支持和放纵之下，打压外围地带的知识产品，形成了一种主体-客体、压制-被压制的关系。在这样的情境之下，即便外围地带产生了重要的知识产品，比如生发于拉丁美洲的依附理论，也会很快在话语强权下销声匿迹。

批判学派的初始想法也是通过拓展国际关系知识生产的范围，努力发现中心和外围地带国际关系研究的差异，以实现国际关系学的去中心化和国际关系研究的全球意义。因此，批判学派首先选定了外围地带国际关系学者，就他们国家的国际关系研究现状进行描述和分析。在发现这样的讨论无法发现重要差异之后，批判学派的学者开始寻求在国际关系核心概念和主题上面探索两个地带的差异。他们的研究确实发现了不少重要的差异，但他们也意识到，即便有着重要的差异，依然无法颠覆西方主流国际关系理论。原因是西方的知识体系已经形成，所有的比较都是基于这种知识体系，所有的概念都是出自这种知识体系，寻求对话以发现差异的基本做法虽然在一定程度上可以冲淡西方学术的主导形象，但很可能最终更加强化了西方学术话语霸权。

因此，批判理论提出，为了彻底颠覆中心地带国际关系知识体系，仅仅在国际关系研究领域之内进行对话和辩论是远远不够的，需要超越国际关系学领域，在更为广阔的思想世界寻找知识的真谛，比如在历史学、文化学、文学及文学批评领域发现能使世界更加美好、使人的生活更加美好的思想和意义。人们常说，批判理论的一个根本问题是只破不立，但是，它的真正价值可能就在于这种极度深刻的批判之中。

第十章

国际关系的批判理论

国际关系的批判理论（critical theory）是国际关系领域的重要理论流派，其中包含了很多不同的分支，从广义上说，新马克思主义理论、后现代理论、后殖民理论、女性主义等都可以列入批判理论之列。之所以如此，一个根本的原因就是这些理论都继承了马克思主义的批判精神和解放意识。批判理论对现实世界权力结构和不平等关系进行深刻的批判，试图通过社会变革的方式，争取人的彻底解放，尤其是被压迫、被剥削、被边缘的人的解放。这些理论在对现实权力结构和不平等关系的批判中，往往努力发现其中关键的两种相互对立力量，试图探寻两种力量之间的根本性矛盾，通过两者之间的斗争方式，颠覆现有秩序，建立新的更加公平和公正的秩序。本章主要讨论三个内容：批判理论的思想渊源、对知识和权力关系的批判及其广义的解放意识。

一、批判理论的思想渊源

国际关系的批判理论是一个重要的思想流派，广义的批判理论包含了新马克思主义、新葛兰西主义、依附理论、世界体系理论等。这些理论受到的影响是多种多样的，也根据社会发展的现实和研究者所处的环境而有所不同，但最主要的思想渊源是马克思主义。虽然这些理论与经典马克思主义也有不同的地方，但马克思主义对于资本主义世界的批判精神一直是这些理论的基本依据。正是由于如此，我们在追溯国际关系的批判理论的思想渊源的时候，主要是讨论马克思主义对其产生的深远影响，重点阐释以下三点：马克思主义对资本主义阶级结构和关系的深刻分析以及在国际社会的拓展应用，马克思主义的批判性原理及其在审视文化和知识现象中的重要意义，马克思主义以人的彻底解放为终极目标的理论取向。

马克思主义的重点内容是对19世纪资本主义社会的深刻批判，这种批判的基础是对资本主义社会生产力、生产方式和生产关系的深入分析。从历史唯物主义和辩证唯物主义的思想出发，马克思主义将经济结构视为资本主义社会的根本性结构，而这种结构是在历史发展的过程中形成的，是历史发展到一定阶段的社会经济形态，也是社会政治形态的基础。

在资本主义社会，最突出的社会结构是资产阶级和无产阶级两大阶级的形成，致使整个资本主义社会出现了以这两种阶级为基本行为体的二元对立结构。同时，资本主义社会也界定了资本主义的生产分工，界定了资产阶级和无产阶级之间的关系。前者是有产者，掌握生产资料，依靠雇佣劳工的方式实现财富积累；后者是无产者，依靠出卖自身劳动力的方式维持生活。这样的生产方式决定了生产分工，因此也界定了资产阶级和无产阶级之间的关系：前者是生产的主导者，是劳动剩余价值的剥削者，是资本主义社会的统治者；后者是被主导者，是被剥削者和被压迫者。这样，资本主义社会资本和劳动二元对立结构、有产者和无产者之间明确的劳动分工以及资产阶级和无产阶级的剥削与被剥削关系等，这些因素共同构成了资本主义的典型特征。

由于这些因素的存在和发酵，资本主义社会的基本矛盾就是资产阶级和无产阶级之间的矛盾，并且，这种矛盾具有不可调和的性质。一方面，资本主义生产方式决定有产者掌握生产资料并以此作为剥削无产者的工具，而无产者只有出卖劳动力来维持自己的生活，结果是资产阶级的财富不断通过剥削得以积累，而无产阶级的生活在被压迫和被剥削的社会条件下日益贫困，越来越富足的资产阶级利用剥削不断增长的财富又会被用来扩大再生产。这就使得富者愈富、贫者愈贫。因此，当21世纪的今天依然重复着19世纪上演过的资本收益超出产出与收入增长的时候，社会必然出现极大的财富不平等现象。①

在资本主义社会，资产阶级是统治阶级，无产阶级是被统治阶级。巨大的财富使得资产阶级可以创建并掌握作为政治形态的国家机器。国家作为历史发展阶段的政治体，是建立在资本主义社会的经济基础之上的，反映的必然是资产阶级的利益。国家的政治、法律、制度、价值理念等都属于上层建筑范畴，而上层建筑永远是建立在经济基础之上的。因此，在资本主义社会，国家从某种意义上讲就是资产阶级的政治工具和代言人，不仅加大了资本主义生产的剥削本质，而且用政治方式保障资本扩张、维护资产阶级的整体利益。

在这样一种历史条件之下，资本主义社会的生产方式和政治统治只能产生一种结果，这就是加大资产阶级和无产阶级之间的贫富差距，加大资本与劳动的不平等现象，加强资产阶级的统治和无产阶级的被统治地位等级，剥削、压迫、异化、控制、两极分化等就成为资本主义社会发展必然出现的现象和必然产生的结果。因

① 对于将这种观点应用于当今世界经济的研究，参见托马斯·皮凯蒂：《二十一世纪资本论》，巴曙松等译，中信出版社，2014。

此，对于马克思主义而言，资本主义社会不合理的劳动分工和劳动关系，不公平的社会财富和权力分配，不平等的经济、社会和政治地位，共同构成了这种社会形态的压迫和控制本质，也构成了资本主义社会的根本不合理性和阶级矛盾的不可调和性。

马克思主义对资本主义社会的深刻批判及其阶级分析的基本方法，对于后来的马克思主义者产生了重要的影响。在国际关系领域，马克思主义的批判意识和方法被拓展到世界领域，从20世纪60年代开始，先后出现了依附理论和世界体系理论。这些理论在对资本主义社会批判方面，继承了马克思主义传统，采用了马克思主义的方法，并将其应用于世界政治经济领域，其对国际关系的认知与主流理论迥然不同。

这些理论认为，当今世界是一个以资本主义生产方式为主导的世界，资本国际化乃至全球化是世界的一个重要特征。根据这一思路，依附理论于20世纪60年代首先在拉丁美洲兴起，并且直接针对西方政治学的发展理论。西方政治学主流理论之一的发展理论认为，发展中国家的贫困主要是这些国家内部的问题造成的，比如国家的政治、经济、社会体制，再比如这些国家采取的非理性政策、官员腐败等。并且明确指出，如果这些国家能够依照发达资本主义国家的模式发展，尤其是依照欧美国家的路径进行政治、经济和社会改革，就会像发达国家一样强盛富足。①

但依附理论认为，这种说法是没有道理的。当代国家体系是与资本主义生产方式同步发展的，是在资本主义全球扩展之前的资本主义社会背景下产生的。以国家为中心的地缘政治体系是基于生产关系的，资本主义向全球扩张并形成一种结构性体制的发展过程，也就是推进资本主义生产方式全球化的过程。世界资本主义体系决定了世界的国家被分为中心国家和外围国家，前者是主导者，后者是被主导者，资本主义的生产方式及其生产关系在不平等权力的支撑之下，将中心-外围的不平等结构固化下来。

因此，发展中国家的不发达首先不是因为这些国家的内部问题，而是世界资本主义不合理结构和不平等关系使然。依附理论将马克思主义的阶级分析应用到国际经济体系之中，将世界分为两大部分：一是主导、剥削、压迫的中心地带，包括美国和西方主要资本主义国家；二是被主导、被剥削、被压迫的非西方国家，包括广大的亚非拉发展中国家。沃勒斯坦的世界体系理论则将世界分为三个部分：中心、半外围和外围。中心和外围的分类方法与依附理论基本形同，都是继承了马克思主义的阶级分析传统。半外围起到中心和外围的中介作用，既有剥削和压迫的一面，也有被剥削和被压迫的一面，三个部分共同构成了资本主义世界体系。总之，资本主义世界体系总体呈现为一种以资本主义中心和非资本主义外围构成的二元结构。

进而，中心-外围的关系是压迫和剥削的不平等关系。因为马克思主义的一个

---

① Gabriel Almond and Bingham Powell, Jr., *Comparative Politics: A Developmental Approach* (Boston: Little, Brown, 1966).

基本思想是经济生活和生产关系构成了社会的基础性内容，所以，资本主义世界体系的劳动分工就是这种体系中不同成员之间关系的基础。当今资本主义世界体系的劳动分工表现为，中心是有产者，是生产资料的拥有者，是资金和先进技术的占有者，因此也是世界经济体系的主导者。外围则是被主导者和被剥削者。外围国家拥有资源和市场，但是其资源是被中心用来进行生产的，其市场是被中心用来销售其生产产品的。

无论是依附理论还是世界体系理论，都是将马克思主义的生产关系理论拓展到整个世界，将世界分为中心-外围代表两种阶级地位的二元结构，将两者之间的关系界定为剥削-被剥削、控制-被控制的关系。资本主义世界的根本性质是不平等分工关系、不平等生产关系、不平等交换关系。资本主义中心地带是生产资料的占有者，是剥削者和压迫者，是不平等劳动分工的主导者；发展中国家构成的外围地区是劳动者，是被剥削者和被压迫者，是不平等劳动分工的被主导的劳工。这是一种全球性的不平等和不公正，是资本主义的核心地带以其自身利益建立起来的。作为资本主义世界体系主导者的中心地带具有优势的政治经济地位，主持并维护中心-外围的不平等关系，在世界范围内形成了剥削、压迫、异化、控制的关系。这种关系是不平等、不合理、不具合法性的。所以，在世界范围内，虽然国家之间有矛盾、有冲突，但根本性的矛盾依然是资产阶级与无产阶级之间的阶级矛盾，是中心地带资本主义国家与外围地带广大发展中国家之间的矛盾。

二、知识、权力与话语霸权

马克思主义对资本主义的深刻批判，尤其是背后的世界观和方法论对于后来的批判理论产生了重要的影响，并且已经大大超出了对资本和生产本身的经济考量，而是对整个世界的思考和对整个人类的观照。也正是在这个意义上，马克思主义的发展也表现出从对资本主义经济结构、全球资本主义化和日益增强的国际不平等现象的分析，到超越经济领域，对国家安全政策的分析，再到对社会知识生产的分析，并延伸到整个哲学和社会科学领域。批判理论在很大程度上继承了马克思主义的精神，并吸收了各种思想的批判意识，在许多方面都表现出强劲的反思性和革命性。

社会知识生产领域反映了同样的逻辑。因此，蒂克娜和戴维·布莱尼（David Blaney）指出：

> 在研究领域，权力关系通过知识劳动分工表现出来，这与全球资本主义结构是完全一致的。……北方或核心地带被视为科学理论“制成品”的生产者，而第三世界或是南方非核心地带的学术界则被视为没有能力进行理论意义上的思维，只能提供“原材料”。因此，第三世界地带通常被认为是提供原始素材的场所，最多也只能提供一些专门知识而已，而对素材的诠释——这是理论建

构的关键环节——是在北方。北方生产知识、传播知识，使知识在世界范围内得以消费。①

在这种基本思想的影响之下，葛兰西的文化霸权理论、福柯的知识权力理论以及萨义德（Edward W. Said）的东方主义思想②，在上层建筑尤其是思想领域，深刻地揭示了不合理结构和不平等关系，解释了权力和知识的关系，指出了被界定和被强加的他者身份。在这些思想的影响之下，批判理论的思维逻辑主要表现在以下几个方面。

知识与政治。批判理论的一个重要内容是深入探讨知识的政治本质，重点考虑知识和政治的关系。西方主流社会理论，尤其是美国的国际关系理论，有一个一贯秉持的传统，即社会世界和自然世界在本质上是一样的，都有着客观事实，也都存在客观规律。因此，社会理论和自然理论在本质上是一致的，都是要解释外在世界、发现世界的规律。在这个发现规律的过程之中，研究人员被认为是中立的、独立的、理性的。也就是说，研究主体和研究客体是可以分离的，作为研究主体的人是可以与作为客体的"那在"世界分离开来的，是可以以价值中立的方式，理性客观地研究外在世界，并依据自己客观的立场和理性的辨析，发现"那在"世界的真理。根据这样一种传统，知识是中立的，是客观规律的反映和表象。比如主流国际关系理论都会自觉或是不自觉地认为自己发现的是国际关系世界的规律，是客观的、真实的、普适的。

但是，批判理论认为，国际关系——以及任何社会领域——的所谓现实不是自然存在的客观事实，所谓社会事实，本身就是充满价值理念和思想倾向的人为建构，政治和政治形态更是如此。资本主义是在历史中生成的，资本主义的生活形态和不平等权力关系是权力、利益、阶级关系等各种因素在历史的发展中建构起来的。批判理论自觉地意识到社会发展的历史性，自觉地认识到我们身处的历史性时空位置，自觉地关注知识是怎样深嵌于主导社会和政治秩序之中的。从这个视角出发，所有知识都是深嵌于政治的知识，所有理论都是与政治密切相关的。因此，批判理论认为，所有社会知识都是在政治社会场景中产生的（situated knowledge），所有社会研究也都是在政治社会场景中进行的，没有绝对客观的知识，也没有价值中立的研究和研究人员。

知识与权力。既然社会世界的所谓客观事实不是自然的发展结果，而是政治运作和历史演变的发展结果，既然知识和政治是密切相关的，那么，知识和权力的关系就是必须认真思考和反思的事情。权力建构知识，知识表象权力，审视当今权力关系的形成过程及其带来的收益和损失，反思权力作为政治的核心和基础以及权力

---

① Arlene Tickner and David Blaney, "Introduction: Thinking Difference," in *Thinking International Relations Differently*, eds. Arlene Tickner and David Blaney (London and New York: Routledge, 2012), p. 7.

② 安东尼奥·葛兰西：《狱中札记》，曹雷雨、姜丽、张跣译，河南大学出版社，2016；米歇尔·福柯：《规训与惩戒》，刘北城、杨远婴译，生活·读书·新知三联书店，2019；爱德华·萨义德：《东方学》，王宇根译，生活·读书·新知三联书店，2019。

对知识生产的影响，这是批判理论的要旨。福柯的知识社会学与批判理论高度相关，重点就是知识与权力的关系，这与知识与政治的关系是一脉相承的。对于主流社会科学而言，知识就是知识，权力就是权力，知识与权力是没有关系的。如果说知识和权力有关系的话，那就是知识的特点在于挑战权力、不畏权力、寻求真理。但是，对于福柯而言，知识只是权力运作的结果，知识是权力意志的表现，是权力的工具。弗兰西斯·培根曾经说过，知识就是力量/权力（Knowledge is power）。批判学派所质疑的是：谁的知识，谁的力量，谁的权力。批判学派的观点是：权力造就知识，知识服务权力。

在社会中，权力无所不在；在国际社会中，权力无所不在；在知识生产过程中，权力同样无所不在。据此，国际关系理论不仅仅是关于世界政治的，国际关系理论本身就是世界政治。这就表明了社会科学知识的政治实质，表明了理论和权力的相互依赖关系。知识是政治和权力的产物，反过来又为政治和权力服务。批判学派强调要对所谓的社会事实去自然化，意味着对现有秩序的去合法化，这也就为替代性政治形态和社会生活方式打开了大门。国际关系理论的生产和建构不是客观的、价值中立的，而是由现有主导秩序合法化的政治利益和权力所决定的。

批判理论的重要学者罗伯特·考克斯有一句名言常常被人们引用："所有知识都是为某些人或某种目的服务的。"①批判理论认为，作为美国主流国际关系理论的新现实主义和新自由制度主义都是如此。新现实主义强调国际体系结构，这是与冷战时期美苏两极结构密切相关的，目的是发现国际体系的权力分布怎样影响主要国家的对外行为，解释什么样的权力结构更加可能支撑现有国际体系的运行。无论是新现实主义还是新自由主义，它们的研究重点都是霸权秩序，这无疑来自美国霸权的现实，为美国霸权护持提出解决方案。所以，从一开始，新现实主义或曰结构现实主义就接受了国际体系的无政府性和国际结构的两极性，并以此为研究的前提假定。霸权稳定理论更是直接考虑霸权秩序和霸权国家需要高度关注的最严重威胁。② 新自由制度主义则是在美国霸权衰退时期的主流国际关系理论，是讨论在霸权之后世界怎样通过霸权时期建立的国际制度维持某种稳定的政治和社会关系，保证秩序的稳定。新自由制度主义的目的主要是促成权力分散条件下国际体系的顺利运行，是解决霸权衰退之后的国际秩序问题。

因此，无论是新现实主义还是新自由制度主义，都是围绕国际体系和霸权秩序展开的，都是希望解决现实世界中民族国家体系和世界资本主义体系这两个体系之间的矛盾和问题，使两个体系能够正常运行。这些理论产生的本身就是充满价值意识，就是为维护现有国际体系和秩序服务的。这也表明，从一开始，知识和政治就

---

① Robert W. Cox, "Social Forces, State and World Order: Beyond International Relations Theory," in *Approaches to World Order*, eds. Robert W. Cox and Timothy J. Sinclair (Cambridge: Cambridge University Press, 1996), p. 87.

② A. F. K. Organski and Jacek Kugler, *The War Ledger* (Chicago: the University of Chicago Press, 1980).

是联系在一起的，没有脱离政治的知识，也没有不干预知识的政治；从一开始，知识和权力就是不可分离的，新现实主义明确表示，其研究对象就是世界权力顶端的国家之间的关系，因为其他国家根本不会对国际关系构成决定性的影响。①对于西方主流国际关系理论而言，冷战时期的世界是和平的，因为所有在非权力中心发生的无数次战争、死伤的无数无辜生命，都是无关大局的。

知识与霸权。如果将世界资本主义体系的中心-外围结构视为一种权力结构，那么，这种权力结构必然产生与之相应的知识体系和知识结构。也就是说，在整个世界社会知识生产中，也存在一个等级结构。其中，西方中心国家是知识生产的中心地带，处于知识生产链高端；而非西方广大地带则是知识生产的外围或边缘，处于知识生产链的低端。中心地带是知识的原创者和生产者，也是社会理论生成和发展的地带；而外围地带则是知识的接收者和消费者，也是没有原创性理论的地带。与工业生产的全球资本主义结构相似，知识生产也出现了这样一种中心-外围的分野，也形成了一种知识生产者和知识接收者的二元结构。

这就在知识生产领域出现了不平等的结构，并势必导向学术话语霸权。在这个问题上，批判理论借鉴葛兰西文化霸权理论。② 葛兰西在讨论社会各阶级之间相互关系的时候，提出了文化霸权（亦称文化领导权）的理论，指出任何统治阶级不仅仅是通过物质性实力实施统治的。在使用物质性实力的时候，统治阶级会将自己的价值理念和意识形态在社会各个阶级和阶层推进，使自己的价值理念和意识形态在整个社会得到接受并得以内化。这种价值理念和意识形态的强制性社会化并不是通过赤裸裸的强制权力手段实现的，而是通过各种软实力和软影响，使接收者似乎是自愿地接受并内化这些价值理念。统治阶级在道德、知识、文化等领域进行控制，一个根本的目的就是实施和延续本阶级的支配。因此，文化霸权就是统治阶级通过控制社会文化，包括信仰、知识、世界观等，对不同文化和思想进行整合和控制，将统治阶级自己的价值理念灌输到整个社会，并且依照这样的价值理念，制定一整套社会规范和行为准则。

将文化霸权理论应用到世界的社会知识生产结构之中，西方不仅是知识的生产者和传播者，而且也占据了学术话语霸权的地位，牢固地控制了知识的界定权力和制定知识标准的权力。通览当今世界的社会科学研究领域，主要理论基本上产生于西方，并且是以西方的历史、经验和实践为土壤的。这样的知识一旦生产出来，就会被冠以“普适性知识”的名号，被视为反映了社会世界的客观事实，发现了社会世界的运行规律。只有这样的“普适性知识”才能够被划入知识的范畴，凡是与之不相符合的知识，凡是不依照其制定的标准而建构的知识，都被认为是非知识，或是被边缘化，或是被同化到霸权知识话语体系之中。

在世界知识霸权体系之中，知识生发于中心地带，并以“普适性知识”的名

---

① 肯尼思·华尔兹：《国际政治理论》，信强译，上海人民出版社，2017，第16、76页。
② 安东尼奥·葛兰西：《狱中札记》，曹雷雨、姜丽、张跣译，河南大学出版社，2016年版。

义，向整个国际社会传播。这种传播也是硬实力和软实力的兼而使用。一方面，西方在现代化过程中取得了重要的物质性发展，成为世界的发达国家，知识在这些发达国家生产出来，凭借这些国家的实力和在世界上的影响力，逐渐超出国界，向外围地带扩散；另一方面，发达国家也凭借自身在现代化过程中的先发优势，将产生于本土的知识宣称为“普适性知识”，通过教化和学习的方式，得到知识接受者的认可，使他们自己将这样的知识认为是自己的知识，并且自觉地使用这样的知识，认为只有这样的知识才是知识。于是，知识生产的鄙视链也就产生了：西方中心地带是知识的原创者和拥有者，非西方的外围地带是知识的接受者和消费者。社会理论只能产生于西方中心地带，而非西方的外围地带或者是西方理论的实验场，或者是西方理论被动的接受者。外围地带永远无法进行原创性知识生产。

根据葛兰西的观点，统治阶级总是称自己的价值是有利于整个社会的，但实际上却是为统治阶级自身服务的。这样一种知识霸权体系，以其权力为支撑，根据自身的历史、文化、实践、经验进行知识生产。所以，知识是中心地带的知识，知识是中心地带的权力生产和推动的。进而，中心地带的知识在权力的支持之下，向外围地带扩展，使其得到接受并得以内化。这样传播扩展的过程也就是知识巩固霸权权力的过程，所表现的是知识为权力服务、为霸权服务的重要功能。

三、寻求解放：批判理论的伦理目标

考克斯将社会理论分为两大类，一类是解决问题（problem-solving）的理论，另一类是批判理论。前者是要维护现有秩序，发现现有秩序中存在和出现的问题，试图提出解决这些问题的方法，目的是保证现有秩序的顺利运行。后者则是以批判的眼光审视现有秩序，发现现有秩序中存在和出现的问题，尤其是发现现有秩序中那些根本性和关键性的矛盾，以此作为社会变革的动力，推动社会秩序的根本改变，目的是寻求人的彻底解放。考克斯进而认为，主流国际关系理论属于解决问题的理论，比如新现实主义和新自由主义都是以现有国际秩序为研究前提，试图提出某种能使这样的秩序保持稳定和顺利运行的理论方案。而批判理论则反其道而行之。批判理论的主要内容就是批判现有秩序，目的是推动社会变革，终极目标就是寻求人类的彻底解放，因此，批判理论是解放理论（theory of emancipation）。

批判理论的最重要启迪来自马克思对资本主义的批判精神和对人的彻底自由的解放意识，尤其是被压迫和被剥削的人的彻底解放。马克思主义本身就是对资本主义深刻批判的理论，也是寻求人类彻底解放的理论。马克思主义对资本主义社会进行了深刻的剖析，力图发现资本主义社会的主要矛盾。通过对当时欧洲资本主义社会的认真研究和深度思考，马克思发现在这种社会中存在两个互不相容的阶级，这就是资产阶级和无产阶级。两个阶级是以资产为基本分界的，前者占有社会生产资料，后者除了自身的劳动力，没有任何资产。马克思认为资产阶级和无产阶级之间的矛盾是资本主义社会的核心矛盾，是不可调和的矛盾。但是，也正是这种阶级矛盾的根本性和不可调和性，使得资本主义社会的阶级矛盾导向根本性社会冲突，并终将引发无产阶级革命，从而推翻资本主义制度，实现社会的革命性转型。因此，根本性矛盾是社会变革的关键，阶级斗争和政治革命是推动历史前进的动力。

通过阶级斗争，推翻资本主义的社会结构，改变资本主义的生产方式和生产关系，从而建立一个所有人真正自由的社会，建立一个整个人类免于剥削与控制的自由和平等的社会，即社会主义社会和共产主义社会。这样的社会需要在全球范围内才能实现，人类的自由只能是全人类的自由。这也概括了马克思主义的政治伦理观。马克思对资本主义社会进行了深刻的批判，但批判本身并不是马克思的目的。他的目的是寻求人的真正解放，是关注可以推翻资本主义体系的社会力量，使人民大众从被剥削和被压迫的情景下解放出来，获得真正的自由。从某种意义上来说，马克思主义的一个重要研究内容就是批判资本主义的现实，一个重要科学发现就是资本主义社会的基本矛盾，一个重要伦理意识就是人类的解放意识。

马克思主义的这一基本思想应用到知识生产领域，就引发了人们对知识生产现状的深入思考。据此，批判理论的核心内容是对现有知识领域的现实深入批判，对现有知识状态和知识人进行深刻质疑，并据此提出以解放政治为导向的理论。正如上文所说，在世界知识生产领域，西方在现代化进程中的领先地位使得西方产生了巨大的物质性力量，在这种力量支撑之下，西方也成为知识生产的主要阵地和知识传播的主要力量。权力和知识的相互支撑和相互加强使得知识迅速向世界传播，随着资本主义在世界的扩展，其知识也在世界范围内产生了重要的影响。在这个过程中，知识生产分工也得以确立：西方中心地带始终处于生产的高端，以理论建构为主要标志；非西方边缘地带被定位于生产的低端，以接受和使用西方知识为重点。这就形成了一种知识话语霸权，建构了一种不平等的知识生产关系。这样的理论发展和知识生产只能引向一种结果，那就是在全球范围内，只有一种知识才能被称为知识，只能有一种标准才能被称为知识标准，只有一种路径才能被称为知识生产路径。

批判理论认为，知识生产领域的根本问题是西方学术话语霸权，反映的是政治与知识、权力与知识之间的相互作用、相互支撑的关系。当今社会知识领域的一个根本问题也正是这种学术话语霸权和权力知识关系所塑造的不平等知识生产关系。正如资本主义社会不平等的生产关系一样，知识生产领域的不平等关系也反映了这一领域的根本性矛盾：中心地带知识主导生产者和外围地带知识被动接受者，或者说中心地带知识主体和外围地带知识客体之间的矛盾。这种矛盾是违反知识生产规律的。知识生产需要百花齐放、百家争鸣，任何出现知识话语霸权和知识主客体分工的地方，都会实施知识强制、压抑知识萌发，以权力维护知识霸权和知识霸权者地位，其结果只能是使知识处于封闭的唯我独尊状态，最终导向知识的死灭。

批判理论从根本上反对知识领域任何形式的霸权，认为只要是有权力主导的地方，只要存在压迫与被压迫的政治关系，只要存在主导和被主导的不平等结构，知识话语霸权就会受到挑战。所以，批判理论试图发现世界上反对霸权的力量，鼓励这样的力量通过坚决斗争的方式，推翻现在的不平等霸权。无论是女性主义还是后殖民主义、后现代主义，都是对西方主流社会知识的批判和反抗；无论是女性还是殖民地人民、现代化的边缘人，都需要争取平等的身份和平等的对话，都需要将自己的声音和要求表达出来，都需要解构现实不平等的物质结构和话语体系。正是在这个意义上，考克斯设想了一个更加合理和平等的世界秩序，也就是他称为后霸权秩序（post-hegemonic order）的世界。他认为，后霸权秩序是一种更加平等和公平的世界秩序，在这种秩序之中，不同文明和文化既具有自己独特的价值理念和历史演进，又通过主体间性共存共处。因此，后霸权世界是一个更为公正的世界，它的必要基础是相互认可和相互理解，不同文化认同各得其所，不同价值理念相辅相成。①

这与哈贝马斯的交往行动理论也有不少共同之处。社会是一个复杂体，有着各种不同的价值理念和文化思想，不同世界观的人们怎样才能够和平地共存共处？哈贝马斯认为，这需要有一些正确的原则共识，但是，这些原则共识不是通过权力压制的方式确立的，而是通过公开平等的讨论和辩论得到的。就此，哈贝马斯提出了交往行动的基本特征，即包容性、民主性和道德实践逻辑。社会（包括国际社会）的所有成员都是合法的参与者，都必须被包含在对话之内，不能以任何方式划定排他性标准；所有参与者必须使用辩论理性（argumentative rationality）进行平等的民主协商，而不是以权力强制接受某种原则或是规范；必须实施程序公正的原则，重视道德在对话中的意义和表现。②哈贝马斯坚持话语伦理（discourse ethics），提出了话语共同体的思想，认为所有人具有天生平等的权利参与到话语共同体之中，也只有所有话语共同体成员才能决定全球安排的合法性问题。

因此，批判理论的宗旨是解放。通过被压迫和被沉默的人的觉醒和反抗，推翻不平等的政治和社会制度、颠覆不公正的权力关系，使每个人都能够平等地参与到政治和社会的公共事务之中，使人人更加自由，使世界更加公平。在知识领域，批判理论寻求的是所有知识人和思想的彻底解放。马克思希望通过解放，实现人的真正自由。在国际关系领域，马克思思考的解放，就是要消除世界秩序和国际体系中的不平等现象和压迫性权力关系，消除一切阻碍和压抑人通过完全的自由意志和意识创造未来的力量。同理，批评理论的目的不仅仅是理解和揭示世界政治的现实，而且要批判这种现实，以便实现世界政治的变革（transformation），建立一个由自由个体组成的社会，一个以人为目的、没有疆界分割的世界。从知识领域的现实来看，也就是要使被主导者和被生产者获得真正的解放，使他们的自由意志和创造力量充分发挥出来，从而彻底推翻知识领域的话语霸权，解构其中知识权力的不平等关系，使社会知识成为真正的包容性知识，使知识生产成为真正的创造性生产，使

---

① Andrew Linklater, "Marxism," in *Theories of International Relations*, 3rd ed., eds. Scott Burchill, et al., (New York: Palgrave, 2005), pp. 129-130.

② Jürgen Habermas, *The Theory of Communicative Action*, *Volume* 1 (Boston MA: Beacon Press, 1897).

知识之间的沟通成为真正的平等沟通和民主协商。

因此，继承马克思主义的批判精神和解放意识，对现有知识结构进行深刻批判，发现其中的权力关系和根本矛盾，通过斗争的方式颠覆知识话语霸权，使世界所有的思想者和知识生产者具有平等的地位、进行平等的交流沟通，以此实现一个没有学术霸权、消除知识权力不平等关系的知识世界，这就是批判理论在知识领域的主要建树和终极目标，也就是批判精神追求的人的以及人的思想的彻底解放。

第十一章

颠覆知识霸权

全球国际关系学的批判学派是推动国际关系全球转向的先驱，代表人物是哥伦比亚罗萨里奥大学国际关系学教授阿琳·蒂克娜。蒂克娜的主要研究领域是批判理论、女性主义理论和非西方国家国际关系知识社会学。进入 21 世纪后，蒂克娜与丹麦哥本哈根大学政治学教授奥利·维夫（Ole Wæver）、美国玛卡莱斯特学院政治学教授戴维·布莱尼等国际关系学者一起，开始集中讨论国际关系理论研究存在的问题，以批判学派的变革精神和分析理论，对西方国际关系理论话语霸权进行了尖锐的批判，并提出建立全球国际关系学的倡议。

早在 2003 年，蒂克娜就在《千禧年》发表《观察国际关系学的不同视角：第三世界的观点》。①这篇论文是呼吁建立全球国际关系学的先声，核心内容是讨论西方世界国际关系研究的话语霸权和非西方世界国际关系的研究状况。用蒂克娜自己的话说，这篇文章讨论了非中心和非西方地域的视角对于国际关系批判理论的重要意义，指出非西方国际关系的学术研究被无视、被沉默的现状，也诠释了诸如文化、社会、生活实践等因素对于国际关系理论建构的重要意义，正是这些因素使非西方世界对于国际关系的理解和认知与西方国际关系学界有着明显的差异甚至是根本的不同。蒂克娜等学者认为，国际关系学术研究和理论发展的一个重要任务就是颠覆西方国际关系理论在知识生产领域的主导地位，寻求更加平等的、真正意义上的全球国际关系学及其知识生产路径。

蒂克娜这篇论文发表的第二年，亦即 2004 年，蒂克娜及其同事开始组织对非西方国际关系理论发展与全球国际关系学系统的研究项目，并围绕这一主题出版了

---

① Arlene B. Tickner, "Seeing IR Differently: Notes from the Third World," *Millennium*, vol. 32, no. 2 (2003): 295-324.

一个系列的丛书，总题目是“超越西方的世界建构”（*Worlding beyond the West*），共包括三部论文集，分别是《世界各地的国际关系学术研究》（*International Relations Scholarship around the World*）、《国际关系学的不同视角》（*Thinking International Relations Differently*）和《建构真正的国际性》（*Claiming the International*）。整个系列以批判西方国际关系学话语霸权和知识生产方式为基础，揭示全球国际关系学的重要意义，指出真正的全球国际关系学需要以多元理论为根本，尤其是发展非中心地域的国际关系理论，以全球视野变革国际关系学科。我之所以将以蒂克娜为主要学者的学派称为批判学派，是因为这一项目矛头直指西方主流国际关系理论的压制性本质，力图解构国际关系学科的话语霸权，实现在国际关系知识生产领域解放思想的伦理价值。与阿米塔·阿查亚和巴里·布赞的全球国际关系学项目相比，蒂克娜及其同事的研究传承了批判理论的基本思想，强调的是中心和外围地区知识的不兼容。如果说阿查亚和布赞项目更多的是希望解决目前国际关系学的不合理分工问题，蒂克娜项目则更强调批判精神，更注重对西方国际关系话语霸权的颠覆和知识生产领域秩序的重建。

一、探寻全球范围的国际关系知识生产

蒂克娜及其同事首先认为当今的国际关系学是西方的国际关系学，尤其是美国的国际关系学。自从哈佛大学教授斯坦利·霍夫曼在 1977 年做出“国际关系学是一门美国的社会科学”的评论之后，很多人都对此进行了评论，各种不同的意见激烈交锋。虽然大多数国际关系学者认为国际关系学确实不能够被称为具有真正的“国际”意义，但蒂克娜等学者认为这些评论和争辩只不过是在美国和其他西方国家，亦即中心-外围世界结构中的中心地带内部的学术论争，比如罗伯特·克劳福德（Robert Crawford）和达雷尔·贾维斯（Darryl Jarvis）编著的《国际政治学：依然是一门美国的社会科学吗?》一书，针对霍夫曼 1977 年的评论，对国际关系学的研究现状进行了分析，在学界引发了很大的反响，但这部文集讨论的主要是加拿大、澳大利亚、英国等西方国家的国际关系研究不同流派，虽然美国以外的国际关系研究十分活跃，但表现的依然是西方世界内部的不同研究路径，依然没有超越西方想象和建构的国际关系世界，也依然反映了葛兰西意义上的学术话语霸权。①

在这个意义上，世界是中心地带塑造的世界，而外围地带的世界则同样是中心地带根据自己的意象塑造出来的，这两个世界是自我和他者的世界，自我和他者的身份都是中心地带所建构的。根据爱德华·萨义德的逻辑，西方凝视非西方这个“他者”，并为其建构了各种概念，使得这个他者通过这些概念既反思自我，也反观西方。在这样一个世界结构中，西方是主体，是主动行动者，非西方是客体，是被

---

① Robert M. A. Crawford and Darryl Jarvis (eds.), *International Relations Theory: Still an American Social Science?* (Albany: State University of New York Press, 2001).

动接受者。知识生产领域反映了同样的情景：西方知识界是知识的生产者、理论的创造者，而非西方知识界是知识的使用者、理论的接受者。这样一种中心-外围结构表现的是一种话语权力关系，中心是权力施者，外围是权力受者，非西方世界国际关系学的研究只能是处于知识生产链的低端，更多的是使用西方的知识产品，尤其是以美国国际关系理论为代表的认识论和方法论。

虽然国际关系学科本应是一个包含全球地域范围、研究共同内容的学科，但实际上国际关系理论建构的重心确实围绕“美国制造”的理论而展开。①当今的国际关系学是一个西方/美国的社会科学，非西方边缘地区的国际关系理论寥若晨星。正如比尔斯泰克尔（Thomas J. Biersteker）指出的那样，非西方国际关系学者已经被社会化到西方国际关系知识生产的过程之中。他说：

> 美国国际关系研究处于全球霸权地位。美国国际关系学者的著作在全球范围内被过度阅读、过度列为必读书目，被过度讨论和辩论。无论走到什么地方，无论是哪个国家的国际关系学者，都很熟悉美国现实主义和自由主义国际关系理论，从摩根索、基辛格、华尔兹到吉尔平、奈、基欧汉，这些理论家的名字在世界各地都是耳熟能详。②

美国的现实主义、自由主义和建构主义占据了世界国际关系研究领域的主导地位。从根本上说，西方国际关系理论只是地方性知识产品，是一种特殊地缘文化认知视角，而不是真正意义上的全球知识产品。但是，中心地带以自身的权力主导了知识生产方式，也建立了主导性的知识生产关系。主流国际关系学界认定自己生产的知识就是具有普遍意义的知识，自己的国际关系研究是对整个世界的真实描述，中心生产的国际关系知识是“普适性知识”。同时，知识权力关系的建立也使得中心的国际关系理论通过全球和国际的权力关系，占据了知识生产的主导地位，在全世界范围内传播。在这种情况下，国际关系学就成为一门非国际性学科，成为一门知识生产和知识产品明显不平衡的学科。非中心地带的学术思想被排斥于国际关系研究范畴之外，中心和外围地带的学术界也鲜有学理意义上的交流、对话和辩论，因此，非中心地带基本上没有作为知识的代表性产品——国际关系理论。

蒂克娜及其同事从2004年开始启动“地缘文化认识论与国际关系学”（geocultural epistemologies and IR）项目，目的就是将国际关系拓展到全球范围，并为这个研究系列定名为“超越西方的世界建构”。之所以这样做，是因为这个项目的前提假定就是“我们都在想象和创造不同的世界”。世界不只是西方创造和建构的，世界是所有人共同创造和建构的；世界不是只有一种样子，对于世界有多种创造方式，也就会有多种世界，因此，世界是复数形式的世界。既然世界是多样的，那么

---

① Arlene B. Tickner and Ole Wæver (eds.), *International Relations Scholarship around the World* (London and New York: Routledge, 2009), p. 1.

② Thomas J. Biersteker, “The Parochialism of Hegemony: Challenges for ‘American’ International Relations,” in *International Relations Scholarship around the World*, p. 309.

关于世界的知识也就是多样的，不会只呈现一种形式。我们所知道的国际关系学只不过是建构世界的一种特殊方式而已。因此，批判学派认为，中心地带的学术话语霸权是极不合理的，使得国际关系学不仅没有真正的“国际”含义，更使得非中心地带的国际关系知识生产成为一种不可能的事情，因为强加于非中心地带国际关系学界的身份就是知识接受者和使用者。原本的多元世界成为一个同质性世界，原本国际关系学尤其应该具有的“国际”性质就成为一门以中心地带地方性知识替代全球性知识的偏见学科。

这样一来，中心地带对国际关系知识生产就具有垄断性，学术话语霸权地位就得以巩固，知识意义上的世界也就只能是中心想象和建构的世界。要改变这种不合理、不平等的现状，就需要在外围地带寻找知识生产的迹象，发现知识生产的实践。也就是说，要打破学术话语霸权，一条根本的路径是寻求知识的多元化，尤其是在非中心地带发现知识的生产境况和问题。所以，蒂克娜项目的第一部文集所要做的事情就是在世界不同地域文化中选定国际关系学者，用他们自己的亲身学术经历和学术实践活动，讨论世界不同地域文化中的国际关系研究状况。①项目不仅要讨论西方学者对于非西方世界国际关系的研究，更要讨论非西方学者自己的研究成果。西方和非西方学者共同围绕三个问题展开研究：一是他们所在的国家国际关系研究的现状是什么，二是为什么会是这样一种现状，三是国际关系理论在他们所在国家的发展前景如何。这显然是寻求国际关系知识生产方式多样化和知识产品多样化的一种努力。

以国际关系知识生产和理论建构的全球视野审视国际关系学科的发展，是批判学派颠覆中心地带学术话语霸权的重要方式。在这方面首先要回答的问题是，非中心地带是否可以进行知识生产？是否可以创造国际关系理论？蒂克娜及其同事的第一本文集主要采用了知识社会学（sociology of knowledge）的研究路径，所以取名为《世界各地的国际关系学术研究》。维夫是国际关系领域知识社会学的开拓学者，担任这部文集的共同主编，表现出对世界各地国际关系研究的知识社会学取向。

知识社会学强调知识生产与社会背景的关系，秉持地缘文化认识论（geocultural epistemology）的立场。知识社会学有几个重要内容。首先，社会因素影响知识生产。任何社会科学研究者都置身于某种社会文化背景之中，社会科学领域本身就是一个社会世界，因此，社会因素是理解知识生成的关键。知识社会学需要研究知识生产的社会、政治、经济等方面影响，探究知识生产者思想观念的社会性生成等要素，分析知识生产者所处的制度环境、刺激因素以及个人的知识动机等。简言之，知识社会学认为不同社会背景中的人都在参与想象和创造世界，世界必然是一个复数的多元世界，社会背景也是多样的，因此，知识社会学要了解不同知识是怎样

① 参与项目的学者来自发达国家和发展中国家，包括中国、土耳其、印度、瑞士、加拿大、英国、以色列、捷克、黎巴嫩、肯尼亚、伊朗、南非、俄罗斯、新加坡、哥伦比亚、丹麦等国家。可以看出，项目组织者希望在世界各地选定具有代表性地域文化背景的国际关系学者。

在不同的时间、地点生产出来的，要研究学科的社会背景，分析各种制度性安排，比如学术期刊、学术社团、学术资助、领军学者等因素在知识生产中的作用，等等。

其次，地缘文化背景（geocultural settings）对知识生产和知识生产者具有塑造作用。知识生发于地方性实践，知识根植于日常生活，地域文化背景对于学术研究和知识生产有着重要的影响。不同地域文化背景中的人具有不同的认知方式和世界观，依据他们的认知方式和世界观，将他们亲身经历中的知识感受表象出来，这样才能使知识更加全面，更加反映真正的客观事实。国际关系理论本身就包含了根本性的“国际”含义，因此更应该在全球范围内寻找知识生产和知识产品。社会知识的生产与知识生产者的生活背景、研究境况、亲身经历等因素有着重要的关系，对这些社会条件进行分析有助于我们更好地理解知识是怎样生产出来的。

地域文化对社会知识生产的影响表现在许多方面。比如，西方国家的主流发展理论强调西方政治和经济制度的关键作用，认为只要非西方国家依照西方国家的方式去做，就会取得成功。①但在外围地带的政治经济理论首先看到的是国际政治的不平等内涵以及伴随这种政治的国际经济体系的不合理结构，是这种不合理的结构造成了国际生产分工的不平等，因此导致发展中国家无法发展。②当然，更为重要的是世界观。在地方性文化、宗教、哲学传统很强并且不同于西方的地域，这些传统对知识生产者思想理念产生了重要影响，使他们具有与西方学者不同的世界观，并自然而然地反映在他们生产的知识上面。如中国、印度、伊斯兰国家等，人们在长期的实践中形成了自身的文化，具有基本的世界观，这就使得他们对一些知识的基本概念在理解上具有明显的差异，比如主体-客体、主观-客观、物质-精神等。这些差异完全有可能导向新的知识产品，也可以建构新的社会理论。

最后，社会知识的非同质属性。知识社会学的上述观点自然引向社会知识非同质属性的结论。也就是说，没有一统天下的社会科学知识，不同的文化社会背景会引向不同的知识产品。如果说知识具有社会属性，那么社会身份和地位就会影响社会知识的生产。比如后殖民理论和女性主义理论等，都是从社会的“属下阶层”（subaltern）视角审视社会、审视自我-他者关系的③，所以，后殖民理论和女性主义理论虽然是西方内部生发出来的理论，但与主流理论大相径庭。如果说知识具有地缘文化属性，那么，认为社会科学和社会知识是超文化、超地域、超社会的

---

① Gabriel Almond and Bingham Powell, Jr., *Comparative Politics: A Developmental Approach* (Boston: Little, Brown, 1966).

② James Caporaso, "Dependence, Dependency, and Power in the Global System: A Structural and Behavioral Analysis," *International Organization*, vol. 32, no. 1 (1978): 13-44; Fernando Cardoso and Enzo Faleetto, *Dependency and Development in Latin America* (Berkeley, CA.: University of California Press, 1979). 实际上，世界体系理论也反映了相似的观点。参见 Immanuel Wallerstein, *Capitalist World-Economy* (Cambridge: Cambridge University Press, 1979).

③ Gayatri Chakravorty Spivak, "Can the Subaltern Speak?" in *Marxism and the Interpretation of Culture*, eds. Cary Nelson and Lawrence Grossberg (Champaign, IL.: University of Illinois Press, 1988), pp. 271-313.

观点就是片面的、具有误导性的。对于国际关系研究来说，了解地缘文化背景对国际关系学的影响，了解在不同地域文化背景中的国际关系知识生产取向和方式，才会发现不同地域文化中的知识产品，才能从根本上发现现有国际关系学的知识生产结构和方式存在的问题，并导向变革现状的努力。

从这个意义上讲，中心地带生产的国际关系知识只是一种特定地缘文化背景中的产物，不能自诩为具有普遍价值和全球性意义。并且，所有事情都会在地方层面发生变化，同样，理论也会在不同地方发生变化，因为理论总是对社会和历史情景的反映。一旦在中心地带生产出来的理论被应用到具体的地方场域，与具体的生活情景相遇，就很难与现实联系在一起，也无法区分不同地方场景中的差异，因此，这样的理论不能被认定为普遍意义上的宏理论。同理，外围地带的知识生产也是地方性知识，不能因此而被排斥于知识范畴之外。并且，只有发现外围的知识生产方式和产品，才能颠覆中心地带知识的话语霸权地位。

二、发现不同地域文化背景中的知识生产差异

批判学派认为，改变国际关系领域知识生产的不合理现状关键在于国际关系学自身及其研究的去中心化（decentralization of IR）。这意味着不仅要质疑西方在国际关系领域的主导地位和话语霸权，而且要颠覆西方国际关系学界在国际关系研究领域自诩为普适性知识创造者这一根深蒂固的主体意识，使非西方地域文化中的思想得以彰显，从而拓宽国际关系学的视野，丰富国际关系知识生产的内容。因此，去中心化意味着揭示西方国际关系学的狭隘主义，削弱其霸权地位，为多元理论创建更加开放的天地；去中心化也意味着国际关系知识生产的民主化，这样就会使国际关系学及其研究更具包容性，更具国际性，更能反映当今世界的真实现实。

实现国际关系学去中心化和国际关系研究民主化的根本路径在于发现外围地域文化中的国际关系思想与中心地带的差异。怎样发现差异成为批判学派的一个核心问题。比如，在蒂克娜等主编的三部曲之第一部《世界各地的国际关系学术研究》中，他们并没有发现世界各地的国际关系研究在总体层面上具有他们原来认为的那种明显且重大的差异。虽然大部分外围地带学者认为，西方国际关系理论不能反映他们的地方现实，不能解释地方性实践，但无论是在世界什么地方，国际关系研究的主要内容似乎大致都是相似的，使用的概念术语，比如国家、主权、无政府体系、权力等，看上去也没有什么实质性差别。但是，国际关系研究真的与地缘文化没有关系吗？西方的概念和范畴真的具有普适意义吗？还是研究的方向需要调整，需要发现更加微妙但又真实的差异？而且，这些微妙和真实的差异是否可能恰恰是更加根本层面的差异？

这首先涉及一个普遍性与特殊性的问题。西方主流国际关系学强调普遍性，认为所有理论都应该是普遍性的，任何特殊性理论都不能是真正意义上的理论。非西方地域出现的国际关系思想和理论成果由于不符合所谓的普遍性而被排斥于国际关系理论之外。尤其是美国国际关系理论成为世界国际关系学界的主导理论之后，实

证主义成为认识论和方法论的主流，凡是不采用实证主义的研究均被以非科学为名排斥于理论范畴之外。但批判理论认为，虽然科学的普遍性不应该放弃，但在某些思想和理论占据主导合法性的时候，真正的普遍性是不存在的。不同地域文化中的观点和思想不能被压制，而是要使其发出声音，因为所有观点和思想都是普遍性的构成要素，只有使其发出声音、参与辩论，才能将自诩为占据普遍性神坛的知识揭露出来，才能实现普遍性的真正意义。比如，非西方原本就是普遍性的组成部分，原本就是置身于世界之中的参与者和创造者。

重要的一点是，不同地域文化都是普遍性的组成部分，但是其参与普遍性的方式是不同的，差异总是一种与普遍性相关的特殊性，这就是差异的意义所在。发现和讨论差异不但不会像西方主流国际关系学界所认为的那样导致相对主义，也不会使学界陷入没有统一标准的混乱无序状态，反而能够通过对话将我们带回一个真实的世界，一个多元的世界，一个可以使多样性繁荣茂盛的多元天地。批判学派试图在两个维度上发现差异。一是依照地缘文化的不同发现国际关系研究的差异，这是蒂克娜等学者在第一部文集中的主要研究方向；二是根据国际关系理论的核心概念发现不同地域文化中的理解和诠释差异，这是他们在第二部文集中的主要探索内容。① 结合两个维度所产生的一个研究方向是：不同地缘文化背景中学界对国际关系基本概念产生什么不同的理解和应用。也就是说，要发现核心概念在不同地缘文化中的诠释差异。这就意味着需要更加关注不同地域文化背景中研究人员对国际关系重要内容的不同认知和不同思考，需要更加深入挖掘具体的研究内容，需要更加注重结合不同地域文化的实际，因此也需要更高程度的地域文化敏感性（geocultural sensibility）。

蒂克娜及其同事选取国际关系研究中的五个重要概念，即安全（security）、国家（the state）、权威与主权（authority and sovereignty）、全球化（globalization）、世俗与宗教（secularism and religion），让来自不同地域文化的学者就这些核心概念进行讨论，以便发现差异，即对于同样的概念，不同地域的学者是怎样理解的，他们的理解有什么差异。②研究项目的组织者提出了三个问题，要求参与项目的不同地域文化的学者在研究中予以回答。这三个问题是：概念X在你所在的地域文化中是怎样被理解的，或表达了什么意思？为什么会被这样理解？这样的理解对于全球国际关系学有什么意义？

研究发现，纯粹的西方概念不能反映地方现实，不同地域文化背景对国际关系核心概念的定义和使用具有明显差异。这表现了知识社会学和地缘文化认识论对国

---

① Arlene Tickner and David Blaney (eds.), *Thinking International Relations Differently* (London and New York: Routledge, 2012).

② 很有意思的一点是，蒂克娜和布莱尼的这一设计与布赞和阿查亚最近一部关于全球国际关系学著作的设计有着同样的思路和框架，即选取国际关系理论中的核心概念，在不同地域文化中进行比较，考察是否存在差异。有意思的地方是，蒂克娜及其同事的发现是，不同地域文化环境中对这些核心概念的理解存在明显差异，而布赞和阿查亚的发现没有根本性差异。为什么同样的研究设计得出了不同的结论，这是一个值得深思的问题。参见 Barry Buzan and Amitav Acharya, *Reimaging International Relations: World Order in Indian, Chinese and Islamic Civilizations* (Cambridge: Cambridge University Press, 2021).

际关系研究人员的影响。当然，涉及不同概念，在差异程度上也有所不同。比如，对于“安全”的理解，不同地域文化中的差异是明显的，表现出安全的意义依赖于地方性经历和实践。但对国家和国家作为国际关系主导行为体的思想在不同地缘文化中并没有明显差异。对于为什么会出现差异的问题，不同的个案给出的答案不尽相同，但主要原因是国际关系研究人员所在的国家及其所处的政治、经济、社会环境。比如，国家作为国际关系主导行为体的实践与对这些概念的理解和诠释有很大关系，在不少地方，学术研究与学者所在国的国际行动和行为有着密切关联。比如，拉丁美洲国家国际关系研究中对资本主义世界体系及其不合理劳动分工的批判、非洲研究人员对殖民主义和新殖民主义的批判等。

研究中的一个重要发现是历史和地缘文化对于知识生产差异性的重要意义。发现差异对全球国际关系学的意义是重要的，因为只有发现国际关系研究中的差异，发现中心地带与外围地带对于国际关系核心概念和基本内容的不同理解和不同使用，发现意义的多元化和实践的多样性，才能够促使国际关系学实现去中心化的目标。首先涉及的就是历史。国际关系的历史不是西方国际关系的历史，而是世界国际关系的历史。这就意味着国际关系理论研究的基础不应该仅仅是威斯特伐利亚国际关系的历史，而应是以多元历史和多元集体记忆为基础的。而这些历史和集体记忆本身就是不同于西方国际关系历史和集体记忆的。殖民地国家参与国际关系的历史和经历，这些国家人民对于国际关系经历的集体记忆，与作为殖民者的西方国家有着实质性的不同，所以，他们书写出来的国际关系理论就可能与西方国际关系理论有着明显的不同。如果将非西方或外围地带的国际关系历史排斥于国际关系书写之外，把他们的经历和记忆排斥于所谓的普适性之外，那么，国际关系学就不能被称为具有全球或是人类意义的学科。

本土世界观（indigenous worldview）是国际关系研究的重要视角。这一点与历史实践和背景知识是密切相关的。不同的历史和不同的文化传统形成了人们不同的世界观，也为国际关系理论发展提供了新的可能。比如，“乌班图”（ubuntu）是非洲重要的哲学思想，意思是“我的存在是因为大家的存在”。这更类似于一种社群主义世界观，从本体论视角否定了存在的对立，核心内涵是消除敌友之间的二元对立结构，这就为建构国际社会提出了不同的思想，也为国家之间的相互责任和义务提出了新的思路。中华文化中儒家的“良善”“道德”“和谐”等思想，显然是对霍布斯丛林法则的否定，是对以对抗和斗争为核心的国际关系理论的质疑，为国家之间的关系及其互动方式提供了新的思路，对建构非对立型国际社会提供了有益的启发。再如东南亚的独特性，以及东南亚表现出来的差异，都为国际关系研究提供了不同于西方主流理论的观点。东南亚个案的研究表明了这一地区独特性的一个重要的内容，就是将西方的一些重要概念与本土融合起来，比如将现代化和世俗化融入伊斯兰文化，表现出伊斯兰社会与现代社会并非是二元对立、相互排斥的。

寻求差异的研究方式反映了一个知识传播的事实，即任何知识或是理论概念的真正意义产生于全球和地方两个层面的对话商讨的复杂过程；在这一过程中，概念的意义在传播过程中受不同地域文化因素的影响，发生了具有实际意义的变化，得到不同于原本意义的应用。我将其称为知识生产和再生产的“球地化过程”（glocalizing process）。同时也说明，不同地域文化环境中学者对于国际关系基本概念存在不同认知，正是这种认知差异亦即对这种差异的深入挖掘，挑战了中心地带国际关系理论的知识主导地位，丰富了目前国际关系领域的辩论和对话，迫使国际关系学科更加去中心化并出现包容性拓展，为真正意义上的“国际”或是“全球”国际关系学奠定了基础。

三、推动国际关系学的去中心化

蒂克娜及其同事在寻求不同地域文化中国际关系研究的差异时，首先探讨了不同地域文化中国际关系研究的总体差异，其次是挖掘不同地域文化中对国际关系核心概念的认知和理解差异。研究主线是地域文化环境，主要路径是发现差异，主要目的是国际关系研究的去中心化。但在完成了第二步研究之后，蒂克娜及其同事发现，从内部颠覆国际关系学是十分困难的。不同地域文化中国际关系研究的总体状况似乎没有预想的那样明显，所以研究发现有些令人失望；对国际关系核心概念的认知和理解虽然具有明显差异，但似乎依然不能摆脱西方主流国际关系的总体框架。要真正实现国际关系学的去中心化，还需要超越业已形成的国际关系学，在更大范围内颠覆其哲学基础和认知假定，从内外两个角度共同推动国际关系研究的民主化。

之所以从国际关系学内部实现变革十分困难，原因很多，但关键的一点是学术话语权力。西方主流国际关系学已经成为一种权力等级分明的学术话语霸权体系。西方主流国际关系学界是主体，是言说者和叙事者，也就是权力拥有者和权力施者，制定学术标准并对知识产品进行最后检验。非西方国际关系学界是权力受者，必须依照权力施者的标准和规则进行知识生产，否则就无法被承认和接受。用福柯的话说，如果言说者的话语按照话语权操控者的思路来进行，就很难逃出后者的操控，从而不得不接受各种名目的“规训”，这就是“权力的规训”。

就目前世界国际关系学界的整体情景来看，这已经是一个事实。根据 TRIP 项目的调查，美国新现实主义、新自由制度主义和建构主义三大理论在世界国际关系学界占据绝对主导地位，美国国际关系理论学者的引用率和知名度也是其他地域无法比拟的。[①]从权力和知识关系的视角思考，这是一个严酷的现实：非西方国际关系学界成为被规训的对象，它们所掌握的知识实际上是权力施者所编织的学术话语天网，在有形无形之间控制着所有从事研究的人员。蒂克娜及其同事发现，虽然发现差异是实现国际关系民主化的重要步骤，但在这样一种学术话语环境中是很难发现具有至关重要意义的差异的，即便发现了差异，也很难通过这些差异实现根本性

① 鲁德拉·希尔、彼得·卡赞斯坦：《超越范式：世界政治研究中的分析折中主义》，秦亚青、季玲译，上海人民出版社，2013，第22-23页。

的学科变革。

这两个重要原因导致了在国际关系学界内部进行变革的极端困难。正如哈钦斯（Kimberly Hutchings）在评论女性主义国际关系理论的时候所说的那样，西方国际关系学界内部的“对话博弈依然是一种异同（sameness-difference）的游戏。女性主义国际关系理论或者是一种不同的研究方式，因此根本不属于国际关系理论之列；或者是采用同样的研究方式，将一种有意义的变量加入解释国际关系现实中来，但是不会改变国际关系学根本的本体论和认识论假定”①。相同则被接受为科学理论，相异则被排斥于科学理论之外。归根结底，权力使然。

批判理论的伦理目标在于实现革命性变革。但在这样一种情景之下，国际关系学内部的对话和辩论就不会具有根本性意义，变革和解放的目的也就难以实现。首先，我们可以看到，这样的对话的主题是西方提出的，理论、概念、范畴也都是现有西方国际关系理论中已有的内容，比如国家、主权、安全等，从一开始就是西方的概念，如果就这些概念进行讨论，实际上在对话前已经抹杀了对话者之间的根本性差异，只能在既定的框架中展开。如果寻求全球国际关系学的多元性和发现差异是从一个核心地带界定的狭隘空间开始并向外扩展，而核心地带对于理论、概念、范畴有着所谓的权威性标准定义，并以此规范国际关系学科，那么，这样的对话和多元性就没有任何激励差异、引发变革的意义了。

西方主流学界也强调对话、发起对话，但这样做并不意味着主流学界及学者承认非西方国家的国际关系研究是科学的，而是通过对话，更可能让他们自己的思想理念得到传播。因为对话者之间的权力和身份是不平等的，所以这样的对话不能持续，也无法导致任何有意义的变革。而在所有对话和辩论中，都要使用强者的语言来表达思想，这无论是在言语还是在书写方面，都在已经设定好的范畴内进行。这样的对话，不仅不会使西方的话语主导受到冲击，甚至会加强西方的主导地位。因此，像伊纳娜·哈马迪-阿塔亚（Inanna Hamati-Ataya）等一些持强批判意识的学者认为，通过对话实现知识生产多元性、在西方学术话语统治下表述非西方理论，是不可能的事情。批判理论希望通过寻求差异而展开真正意义上的学术对话很可能只是一种幻想。更有甚者，这样对话的结果反而会加强西方学术霸权地位，与非西方对话只不过是将非西方持续定格于西方附庸的属下阶层地位。②

因此，蒂克娜及其同事希望在学科之外找到改变现状的出路，打破西方和社会科学两重界限，在其他学术领域，比如文学与大众文化，去寻求开放性和多样性。从文学研究中得到启发，从宗教和世俗研究中发现差异，从国家建构的不同路径发现政体形成的不同过程，从学科外部的视野，另辟蹊径，反对西方主流国际关系理

① Arlene Tickner and David Blaney, *Thinking International Relations Differently*, (London and New York: Routledge, 2012), pp. 10-11.

② Inanna Hamati-Ataya, “Worlding beyond the Self? IR, the Subject, and the Cartisian Anxiety,” in *Claiming the International*, eds. Arlene Tickner and David Blamey (London and New York: Routledge, 2013), pp. 27-44.

论的实质主义和话语垄断权。蒂克娜及其同事尤其意识到，要更加注重探索东方的书写和想象，更加采纳文学的情感与灵感，以使包括批判学者在内的国际关系研究人员意识到，国际关系学科本身已经成为一种权力建制，必须认识这样的权力建制是怎样制约知识生产、怎样限制人的自由想象力、怎样维护学术话语霸权和压制非中心地带的学术声音的。因此，批判学者不能加入西方国际关系的合唱团，而是要发起和加强与不同地域的不同行为体之间更加平等的对话和更加包容的联系，因为这些代表差异的不同声音正在努力以不同的方式想象和建构世界。蒂克娜及其同事进而呼吁摆脱西方主流国际关系学的束缚，重建新的全球国际关系学。

第十二章

批判精神与解放理论

全球国际关系学的批判学派秉持批判精神，对西方主流国际关系理论提出了尖锐批判，揭示主流理论的话语霸权和学术压制实质，鼓励发现不同地域文化中的国际关系知识生产和产品，倡导真正意义上的全球国际关系学。批判学派在全球范围内产生了重要的影响，尤其是鼓励非西方、非中心地带学者深入挖掘自身历史、文化、实践、经历等资源，探索新的知识生产方式，积极发现差异，构建新的国际关系理论。

全球国际关系学的兼容学派和批判学派在一些问题上是一致的。比如，两种学派都认为西方国际关系学的主导甚至霸权地位是不合理的，非西方世界的国际关系研究受到主流国际关系学的规训而难以产生原创性理论，国际关系学应该基于世界多元历史文化而不是仅仅基于威斯特伐利亚体系和西方历史文化，国际关系学应该具有全球意义而不是自诩为全球意义的中心地带知识产品。并且，兼容学派和批判学派都是在世界进入 21 世纪的时候开始兴起的，这也反映了世界越来越朝着多元的方向发展，人类思想也更加自由、更加开放、更加包容。

但是，批判学派与兼容学派在一些根本性问题上还是有着重要的差异。批判学派对主流国际关系理论的批判远远超出兼容学派，并且不相信兼容或是折中就可以颠覆西方学术话语霸权。批判学派对主流国际关系理论的批判是针对动机和效果的批判，不仅仅认为西方国际关系理论不能充分解释非西方事实，还认为主流理论的动机就是压制所谓的异质思想。批判学派不能接受兼容学派的中心和外围国际关系研究的融合统一，而是坚持推翻西方主流国际关系理论的统治地位，超越西方主流国际关系理论划定的边界，实现创造性颠覆。批判学派属于规范理论范畴，也从不隐瞒自己的鲜明立场，目的是寻求知识生产的全球民主化和人类思想的彻底解放。这些，都是它与兼容学派不兼容的地方。

一、划定学科边界和定义知识的权力

兼容学派一般认为，现在的国际关系学不是真正意义上的国际关系学，国际关系学领域的西方主导现状是不合理的。这是因为西方主流国际关系理论的依据是西方历史，是特殊实践，因此不能充分解释非西方世界的国际关系事实，所以需要发展非西方国际关系理论，与西方理论共同形成全球国际关系理论。批判学派反对这种观点，认为这种观点掩盖了西方主流国际关系理论的强制性主导本质，强化了西方才能够生产普适性理论和进行普适思维的偏见，将非西方经验视为殊相，并因之无法产生具有普适性的理论。从这个意义上说，兼容学派本身就是西方中心主义的一种表现，甚至是要实现国际关系知识同质化的一种方式。

对于批判学派而言，国际关系学领域的知识生产是一个压制的过程。中心地带的国际关系学及其重要理论已经建立起一种统治性地位，一种唯我独真的霸权意识，所以，对于其他理论和思想，都是采取强行压制而使其失声的方法。对知识的控制，对真理的垄断，对异质性思想的压制，构成了国际关系学界在全球范围内的明显同质化，所表现的恰恰是这种不平等的权力关系，反映的是知识霸权的话语和实践。因此，从动机上说，兼容学派认为西方国际关系理论也是寻求国际关系世界的规律，只不过是以偏概全，以自身替代全球而已；但批判学派认为，西方主流国际关系理论绝非仅仅是为了寻求国际关系世界的规律，而是建构一种特殊的学术话语，将其作为一般规律和真理化身，打压其他所有与之不同的思想，并以此维护其统治地位和真理化身的虚幻。

西方主流国际关系学维护统治地位的手段大致有两种。一种是划定学科边界。批判学派认为，划定学科边界是主流国际关系学界保持学术霸权地位和排斥异己思想的重要方式。边界划定表现在两个维度上面。一是西方内部。西方内部的边界划定将非主流理论尤其是反思性和批判性理论划归非科学理论范畴，从而否定了这些理论的存在意义和学术意义。以女性主义国际关系理论为例，虽然女性主义理论提出了一系列涉及人类生活和社会进步的思想，尤其是对以男权为根本的现代资本主义社会提出了深刻的批判，但是女性主义国际关系理论更多地属于规范研究，从来没有被主流国际关系学界所认可，也很难在主流国际关系期刊上发表研究成果。其他非主流国际关系研究，包括后殖民主义和后结构主义，在主流国际关系学界也没有立足之地。二是西方与非西方的边界。批判学派认为，国际关系学科表现了一种深嵌的中心-外围结构，中心主要是“以美国的一些国际关系理论为主导”①，而边缘则主要指非西方世界，边缘地区几乎没有国际关系理论。这种中心-外围结构界定了西方和非西方国际关系学界的角色身份，也界定了学科知识和非知识的边界。

---

① Arlene B. Tickner and Ole Wæver (eds.), *International Relations Scholarship around the World* (London and New York: Routledge, 2009), p. 1.

下面两个典型案例说明了这种以划定学科界限实施排他性权力的做法。一个是依附理论。这一理论首先在拉丁美洲兴起，以一种全新的视角解释外围地区国家的发展现状，认为资本主义世界体系和中心-外围的不合理劳动分工结构是导致这些国家欠发达的主要原因。但是，主流国际关系学界认定，依附理论是非科学的，使用模糊的时空概念，没有严格的、具体的、可操作的变量设定，也没有充分的个案验证，无疑是一种学术游击运动的做法。一些反思主义学者对这种观点进行了尖锐的批判，比如认为这是用一种线性的静态因果律原则替代动态的辩证分析方法，甚至认为将依附理论定位为科学知识生产接受范畴之外的理论，不仅无视帝国主义发展的历史，而且无视对其他视角和不同观点的压制。①但是，这些批判并不能减弱主流国际关系学的话语权力，更不能变革国际关系研究的现状，依附理论的短暂历史表现的正是这种学术话语权力的强大。

另一个是主流建构主义，即温特的建构主义。建构主义遵循了另外一条路径，通过与主流融合的方式，使自己成功地成为最具影响力的主流国际关系理论。之所以如此，主要归功于温特的"中间道路"(via media)，亦即在实证主义认识论和后实证主义本体论之间平衡折中。②此外，温特的建构主义明确的理论观点、清晰的研究方法和实证主义的研究路径，也使得建构主义在发展过程中不断向着主流理论靠拢。③最终，主流建构主义研究议程定格于国际规范研究，国际规范或曰"文化"因之成为"权力""制度"之外的第三个国际体系层面的主导自变量。建构主义是以挑战主流国际关系理论崛起的，而随着理论的深入发展，却充分融入了主流国际关系理论的叙事体系，并且自身也终于成为最重要的主流国际关系理论之一。基欧汉就对温特的建构主义做出了这样的评价：温特后来接受了许多(新现实主义和新自由主义)的假定和观点：国家先于体系存在，物质利益和权力(还有制度)是重要的因素，有意义的科学要求提出可以通过事实证伪的假设。与温特早期的论述相比较，这些假定使他的理论在实质上更加接近他所称之为"主流"的国际关系理论。④

西方主流国际关系学维护统治地位的另一种手段是建立科学标准。建立学科标准，是主流国际关系理论维护学术霸权地位和知识界定权力的另外一种重要方式，也是划定学科标准的一种实效性很强的方法。以主流学界的思想和理念建立起来的一整套学科标准，就是"以科学的名义"规定什么是知识、什么是理论。福柯对知识和权力有着深刻的讨论，认为权力关系通常以个体生成的主体性而得以呈现，这样的权力关系往往与一整套技术、方法、知识和方案相关联，由话语掌控者来发布

---

① David Blaney and Arlene Tickner, "Introduction: Claiming the International beyond IR," in *Claiming the International*, eds. Arlene Tickner and David Blaney (London and New York: Rutledge, 2013), pp. 8-9.

② Steve Smith, "Wendt's world," *Reviews of International Studies*, vol. 26, no. 1 (2000): 151-152.

③ Martha Finnemore, "Exporting the English School," *Review of International Studies*, vol. 27, no. 3 (2001): 511-512.

④ Arlene Tickner and David Blaney, *Thinking International Relations Differently*, (London and New York: Routledge, 2012), p. 125.

相关信息，以增强对社会个体的控制力。①进而，以科学伪装起来的权力知识关系会使研究人员认为，他们做的研究是科学研究，他们的研究发现是科学发现，于是，科学成为正确或是真理的代名词。

西方主流国际关系学“以科学的名义”成功地消解了去中心化和民主化的努力。“科学”成为西方主流学界的“神技”（god trick），以此设定学科标准，建立理论门槛。主流旗舰学术期刊，比如《国际组织》《国际安全》等，从来不发表所谓不符合科学标准的论文。在美国国际关系学发展的历程中，实证主义崛起而成为科学的代名词，凡是依照实证主义认识论和方法论进行研究的论文，就是科学的，否则就是非科学甚至是反科学的。比如，基欧汉坚持单一的、排他性的科学观，强调因果假设的建立、假设验证的可操作性、科学的可重复性等原则，认为包括女性主义和后殖民主义等在内的国际关系研究都不在这一范畴之内，因之是不科学的。除非这些理论也能像新现实主义或新自由制度主义一样，提出明确的、可验证的、可重复的因果假设。

实证主义（包括新实证主义）认识论和方法论的排他性，通过划定清晰的理论界定边界，使得边缘地区的思想和观点永久处于理论领地之外，从而进一步加强了西方国际关系理论的话语霸权地位。批判学派认为，国际关系学科由于美国的主导作用，成为以理性实证主义为核心的“科学”，完全失去了国际关系学原本应有的多元内涵。正如蒂克娜和布莱尼所指出的那样：“新实证主义不仅高居科学的宝座，称其为‘神技’……，而且情不自禁地试图说服其他学者，使他们也成为这种神性科学的信众。”②借用基欧汉的话说，那些不采用实证主义或科学方法的理论，比如反思主义或是女性主义，除非“采用了独一无二的科学方法，才能成为像‘我们’一样的学问”，否则就不是科学知识，不是科学理论。③

这样的做法导致了主流国际关系理论构筑了堡垒式的专业领地。西方主流国际关系学划定知识边界，制定科学标准，也最终建立了一个坚固的学科专业领地。在这一领地中，国际关系学科的规则、标准体系、界限划定都是西方主流国际关系所规定的，因此，西方主流国际关系学界就拥有了决定什么是知识、什么不是知识，什么是科学、什么不是科学，什么是理论、什么不是理论的定义权力。

二、全球国际关系学的实现路径

对全球国际关系学的兼容学派和批判学派做一个简单的比较，就可以发现两者

① 米歇尔·福柯：《知识考古学》，董树宝译，生活·读书·新知三联书店，2021。亦参见 Michel Foucault, *Discipline and Punish: The Birth of the Prison* (London: Allen Lane, 1977); Michel Foucault, *Madness and Civilization: A History of Insanity in the Age of Reason* (New York: Random House, 1965).

② David Blaney and Arlene Tickner, "Introduction: Claiming the International beyond IR," in *Claiming the International*, eds. Arlene Tickner and David Blaney (London and New York: Routledge, 2013), p. 2.

③ Ibid., p. 11.

对于怎样建立真正意义上的全球国际关系学这一重要问题是有着相似之处的。两者都试图通过寻找差异的方式实现国际关系知识生产的多元化和知识产品的多样性。虽然兼容学派的代表原本都是西方主流学术阵营中的重要学者，而批判学派的代表则具有鲜明的非主流学术背景，但在推动全球国际关系学发展的方法上面，至少在研究开始的时候，其想法是颇为一致的，即通过寻找差异的方法推动全球国际关系学的发展。

批判学派的研究项目起始于 2004 年。研究项目的前提假定是西方主流国际关系理论不能代表世界的国际关系理论，世界不同地域文化中势必出现不同于西方的国际关系研究。之所以采用知识社会学理论，也是认为“地缘文化认知”具有差异性，认知差异带来知识生产差异。因此，蒂克娜及其同事在世界不同地域选定了参加研究项目的学者，讨论的问题是项目参与者所在的地域国家的国际关系研究现状是什么。兼容学派在 2005 年启动了研究项目，阿查亚和布赞的研究设计要集中考虑的就是“为什么没有非西方国际关系理论”这一主导性问题。而研究方法则是在世界不同地域和国家选定有代表性的学者，根据项目主题，对自己所在国度的国际关系研究现状进行描述，并在描述的基础上，分析为什么国际关系研究在他们所在的国家是目前这样一种情景，尤其是为什么在他们国家的国际关系研究领域没有出现国际关系理论成果。

在研究项目的不断发展之中，兼容学派和批判学派也都从一般性国际关系研究境况的描述，转向对国际关系主要概念的讨论。蒂克娜项目的第二期研究就是选定了国际关系理论的五个核心概念，让来自不同地域文化的学者就这些核心概念进行讨论，以便发现差异，即对于同样的概念，不同地域的学者是怎样理解和使用的，他们的理解和使用与西方学界有什么差异。蒂克娜及其同事试图发现在不同地域文化之中，国际关系研究人员对这些核心概念的认知、解读和应用。①

无独有偶，布赞和阿查亚在 2021 年的著作《重塑国际关系：印度文明、中华文明和伊斯兰文明中的世界秩序》一书中，也是选择了六个国际关系的基本概念，在不同文明中对这些概念的定义和理解进行比较，试图发现对于这些概念，在不同地域文化尤其是在不同的重大文明场景中，有什么不同的认知和解读。因此，布赞和阿查亚选择了印度、中国和伊斯兰这三大历史悠久且具有重大影响的文明，将这些概念置于这些文明场景之中进行比较研究。②布赞和阿查亚选定的概念在很大程度上与蒂克娜项目的概念相吻合，目的也是发现在不同地域文化场景中，人们对这些核心概念的认知、解读和应用。

有意思的是，两种似乎相似的方法，得出的结论截然不同。布赞和阿查亚发现，在不同的悠久文明的地域文化场景之中，人们对于国际关系这些核心概念的理

---

① Arlene Tickner and David Blaney (eds.), *Thinking International Relations Differently* (London and New York: Routledge, 2012).

② Barry Buzan and Amitav Acharya, *Reimaging International Relations: World Order in Indian, Chinese and Islamic Civilizations* (Cambridge: Cambridge University Press, 2021).

解和使用并没有重大的差异。全球国际关系学兼容学派明确宣示的目的是：以多元文化历史为基础，促使国际关系学脱离西方的狭隘地域文化圈，成为真正全球意义上的社会科学学科。并且，在初期的研究之中，也试图发现不同地域文化中国际关系研究的差异。但在《重塑国际关系：印度文明、中华文明和伊斯兰文明中的世界秩序》一书中，作者选择六个国际关系基本概念，对不同文明中人们对这些概念的定义和理解进行比较，发现这些国际关系的基本概念在这些不同文明中并没有重大的实质性差异。①

布赞和阿查亚的发现是，虽然不同地域文化中存在差异，有着不同的强调方面和聚焦点，有些思想和概念超出了现有国际关系概念范畴，但是，这些差异中有许多（也许是大多数），是可以被整合到现有的国际关系思想和理论脉络之中，使其得以扩展、丰富和补充的。他们认为，尽管在风格和强调程度上有不少差异，但是世界秩序和国际关系的一些结构特征却导致了相同思想和实践范畴的产生，无论在什么地方都是一样。因此，构建全球国际关系学可能并不像想象中那样困难，许多思想和实践都反映了诸多的相似之处。②

不同地域文化的国际关系研究，就核心概念而言，既有相同也有差异，并且相同大于差异。也就是说，相同部分涉及大部分内容，是实质性的，而差异则更多的是程度和表达风格。显而易见的结论就是，现有国际关系理论的话语体系是可以将不同地域文化所产生的理论纳入其中的，并以此说明全球国际关系学的实现并不困难。既然没有实质性差异，不同的文化和历史、不同的传统和思想，在国际关系知识生产和理论创新中就没有显著性意义，那么，重视文化历史传统又有什么实质性意义呢？这与全球国际关系学的初心，即通过挖掘不同文化历史传统实现真正意义上的全球国际关系学，岂不出现了明显的矛盾？据此推论，全球国际关系学的出路在于融合到现有的国际关系学体系之中，由不同地域文化中的思想和实践对现有国际关系学理论进行补充和丰富。正是在这样一种视野之中，实现全球国际关系学也就不是什么困难的事情了。

但批判理论对此持完全不同的观点。批判学派坚定地认为，差异是存在的，是实质性的，是不能调和的。非西方的思想和实践是不可能被整合到现有的国际关系理论体系之中的，因为从世界观和立场方面，双方就有着根本的不一致。正因为如此，蒂克娜及其同事在对中心和外围地带国际关系学进行一般性比较的时候，确实也发现存在的差异并不像原来想象的那样明显。但是，他们认为这是研究设计出现了问题，是研究的聚焦点产生了偏差。他们还强调，即便所发现的差异并不足以具有显著意义，但是这样的差异背后可能具有更加实质性的深层内涵。因此，他们也通过围绕国际关系核心概念展开比较研究，并且发现了明显的解读和使用差异。但

---

① Barry Buzan and Amitav Acharya，*Reimaging International Relations*：*World Order in Indian*，*Chinese and Islamic Civilizations*（Cambridge：Cambridge University Press，2021）.

② 这些观点在布赞和阿查亚《重塑国际关系：印度文明、中华文明和伊斯兰文明中的世界秩序》一书的结论部分得到了总结性阐释。

是，在第二阶段围绕国际关系核心概念的比较研究完成之后，他们发现，这样的差异依然不足以颠覆占据学术话语霸权地位的西方主流国际关系理论。

但是，批判学派并不像兼容学派那样，认为差异是可以忽略不计的。批判学派认为，之所以难以发现颠覆性差异，主要原因是西方国际关系的学术体系已经成为主导性话语体系，建立了难以突破的学术铁网。国际关系学科之所以不具全球性，不在于西方国际关系学起步早，比其他地方发展历史更长，因而在理论建树方面也处于领先地位。国际关系学科真正的问题在于，西方关系学“刻意压制了不同的观点和视角”①，以维护其自身的理论话语霸权，继续保持在知识生产中的垄断地位。②同时，根深蒂固的中心-外围结构使得不平等的权力关系和主体-客体格局持久化。边缘地区国际关系学者的客体身份使他们成为知识生产和理论发展建制体系的局外人，因而被剥夺了理论建构和独创思维的能力。他们可以消费知识，但不能生产知识。结果只能是，非西方国家的国际关系学者提供原材料，并且使用西方国际关系理论进行实证和诠释。这样，一个知识生产的链条就被建立起来，中心作为优势主体发挥能动作用，外围作为消极客体只能被动跟随和被动消费中心生产的知识。即便发现差异，也只是出现在业已存在的国际关系理论框架允许的狭小空间之中。换言之，对西方国际关系理论核心概念的理解和解释可能会有差异，但理解和解释的整体框架却是西方国际关系理论和实践所建立起来的。正因为如此，现有的差异不可能产生有分量的影响意义。如果不对国际关系理论现有的概念进行实质性的再概念化，如果不能提出新的概念并进行理论建构，我们就可能永远面对一个“有差异等于无差异”的困境。

于是，批判学派的学者提出了一个更深层面的问题：国际关系学界作为一个政治和社会领域，其现有的权力关系、知识劳动分工、理论概念体系，已经构成了一张强大的权力网络。在这种话语体系和权力网络中进行比较研究，虽然也可以发现重要差异，但无论发现什么差异，都不足以颠覆既有的学术统治制度，也不可能实现真正全球意义上的国际关系学。

如果我们以批判学派的思路仔细考虑一下兼容学派的结论，就会发现在进行不同文明之间思想比较的时候，选用概念是十分关键的。上述六个概念都是在西方国际关系语境中产生的，都是西方国际关系背景知识中的核心要素，也都主要是以威斯特伐利亚国际关系实践为基础的，并在全球国际社会的演进之中向世界传播。非西方世界原本是没有这些概念的，是在现代化过程中从西方学来的。从学来之时，这些概念的意义已经在西方语境和实践中被界定了。如果以这些概念为基础和轴心

---

① Arlene Tickner and David Blaney, *Thinking International Relations Differently* (London and New York: Routledge, 2012), p. 10.

② 比如，哈马蒂-阿塔亚就对西方的知识霸权持强烈的批判态度，她的原话是：“To an observer who is willing to see difference in the world, … there is perhaps nothing more obvious, more natural to acknowledge, than the violence of IR as a Western social science that is subtended by and that naturally promotes the hegemonic position of the West.” Inanna Hamati-Ataya, “Worlding beyond the self,” in *Claiming the International*, eds. Arlene B. Tickner and David L. Blaney (London and New York: Routledge, 2013), p. 28.

进行比较，其含义自然不会有重大的实质性差异。根据一些学者的研究，在东亚国际体系中，原本没有主权、均势等西方国际关系理论中的这些基于威斯特伐利亚国际关系实践的根本性概念。①所以，从概念选择开始，已经注定最后的结论必然是没有实质性差异。如果以这样的思路去考虑国际关系学的发展，就有可能出现不是通过多元主义实现理论突破和知识创新，而是通过多元对话实现理论话语的进一步统合。

在这种情况下，真正平等意义上的学术和理论对话几乎是不可能的。“在全球国际关系学界，多元性只能在美国和西方中心所圈定的（狭小）空间中才可以适用，也正是这个中心发挥了强势的规约作用，可以权威地决定什么样的理论、概念和类别才能算是关于世界政治的知识。”② 考虑到世界国际关系学界的这种现状，批判学派认为，中心和外围国际关系学界的对话存在一个潜在的危险，那就是这样的不平等对话反而会加强中心在知识生产上的话语霸权地位，因为中心可以通过这样的对话，将自己提出的理论和概念，以明确或含蓄的方式强加于外围学界，并通过外围学界的广泛使用，使原本不平等的学术身份更加不平等。

因此，批判学派考虑了两个重要的问题。一是超越国际关系学的既定领域，从其他领域寻求建立更好世界的方案。传统文化、文学批评、宗教思想、大众文化等不同领域都成为他们延展发现根本性差异和建设更好生活的探索领域。实际上，批判理论、女性主义理论、后殖民理论在这些非国际关系领域的发展确实更加明显，影响力也更为强大。因此，批判学派甚至鼓励人们忘记现有的国际关系学，摆脱学科的枷锁，认为这样做可以帮助世界各地的国际关系学者超越西方主流划定的学科和理论界限，在更为广阔的空间中生产知识，表现独特的文化、传统、历史、文本内涵。就此而言，国际关系学之外的天地更加丰富多彩，也更需要人们去探索学问、寻求更好的生活。

而从最根本的意义上说，批判学派的核心精神是解放，是通过发现社会的根本矛盾，激发社会的根本性变革，以此实现更加平等、民主、自由的生活方式。当今世界，对于知识生产和再生产而言，非常重要的一点是要意识到多元世界的存在和共在。这些不同的世界既是意义世界，也是实践世界。人们的生活实践和知识实践是无限的，所以知识生产的可能是无限的。批判学派明确指出，西方主流国际关系理论采取划定理论边界的方式，压抑了非西方理论和不同理论思想。因此，批判学派提倡以革命的精神去解构现有国际关系理论体系，解构现有的西方国际关系理论的各种学派，以便争取学理上的自由和解放。在国际关系领域，只有颠覆西方主流国际关系理论的统治地位，改变现有的知识生产的不合理劳动分工，才能实现真正

---

① David Kang, *China Rising: Peace, Power, and the Order in East Asia* (New York: Columbia University Press, 2007); Eric Ringma, “Performing International Systems: Two East-Asian Alternatives to the Westphalian Order,” *International Organization*, vol. 66, no. 1 (2012): 1-25.

② Arlene Tickner and David Blaney, *Thinking International Relations Differently* (London and New York: Routledge, 2012), p. 4.

意义上的全球国际关系学。

三、知识生产民主化和人类思想的彻底解放

批判学派的目的是实现知识生产的民主化，是在国际关系领域建立真正意义上的全球国际关系学，其终极追求是人的思想的彻底解放。批判学派实现自身目的的基本路径是通过知识生产的多元化和知识产品的多样化，去除西方主流国际关系学所建立的知识生产中心和学术话语霸权，撕裂西方的知识和概念之网，这与马克思主义的基本精神是一脉相承的。

通过以上的阐释，尤其是与全球国际关系学兼容学派的比较，我们可以看到批判学派在将国际关系学从西方的社会科学推向全球的社会科学这一过程中所表现出来的几个重要意义。其一，对国际关系学的不平等现状表现了强烈的不满。批判学派明确指出，目前国际关系研究领域的知识生产规范和不平等劳动分工，不是由于西方国际关系学研究起步早并处于领先地位，而是由于主流国际关系学所建构的知识生产结构和不平等的知识生产分工。西方主流国际关系理论在权力的支持下，将自身置于知识生产的高端，自诩为理论的创建者，而将非中心地带的国际关系研究或是同化或是压制，使主流国际关系理论成为所谓的唯一正确的、可以称为理论的理论。同时，也通过社会性制度安排，比如教育体系、期刊地位、学者身份等一系列方式，试图将这种学术话语霸权持续下去，使不合理的劳动分工成为一种永恒的生产关系。

其二，这种现状的本质是不平等的权力关系。中心地带的学术话语霸权是在其物质性实力的支撑下建立的，一旦形成这样的学术话语霸权，形成不平等的劳动分工体系，这种状态本身就会产生权力，也就会不断强化主流国际关系学的权力地位。而这种不平等权力关系突出表现在，主流国际关系学通过专业化、标准化、科学化对中心地带的非主流理论和非中心地带的学术思想和知识产品进行权势压制。并且，这种压制是有意识的、主动的，意图性和目的性都是清晰的、强烈的。虽然这种权势压制并不像赤裸裸地行使权力那样明显，但其实质是一样的。正如约瑟夫·奈在讨论软权力的时候所表述的那样，虽然软权力和硬权力的使用方式是不同的，但两种权力的性质和目的是一样的，都是要改变权力受者的行为和思想，使之符合权力施者的意愿。①

其三，国际关系知识生产领域的现状是难以通过对话形式解决的。中心地带的主流国际关系学已经建立起一整套学术霸权体系，包括思想、概念、理论、方法及其背后的本体论、认识论和方法论。而这一套体系的基础在于作为思维基石的世界观。截然不同的世界观使得这种对话不可能取得高度的共识，而权力的运作更会使

① Joseph Nye, *The Paradox of American Power: Why the World's Only Superpower Can't Get It Alone* (New York: Oxford University Press, 2002), p. 176.

得这样的对话成为强者改变弱者、中心改变非中心思想和行为的平台。这样做只能出现两种结果：或是非中心的思想被中心的思想所同化，形成新的同质化；或是非中心的思想被排斥，被视为非理论、非学术、非科学，被静默。无论是第一种结果还是第二种结果，都会进一步强化中心地带的学术霸权。因此，批判学派不能接受兼容学派的观点，认为调和折中的做法实际上只能强化中心的同质化实践。要实现真正意义上的全球国际关系学，只能颠覆现有的知识生产结构，推翻现有的不平等权力关系。如果在目前的国际关系领域无法实现有效的颠覆和变革，则需从其他更加可能的领域寻求灵感和得到启示。

批判学派的斗争仍然在持续。从目前的境况来看，主流国际关系学的学术主导地位依然很难撼动，但批判学派作为一种对立思想和意识的存在，本身就是推动全球国际关系学向前发展的重要力量。主流学界认为批判理论只破不立，没有建构成熟的理论，但批判学派最重要的意义可能就在于对主流国际关系理论的深刻批判。这种批判是主流国际关系学界自身无法做出的，也是兼容学派难以做到的。设想，如果只有一种学派、一种学者、一种权力可以规定什么是科学、什么不是科学，什么是理论、什么不是理论，什么是正确的思想、什么是不正确的思想，并通过权力张扬前者、压制后者，那么，学术就不会有进步，思想也就死灭了。所以，批判学派的终极目的和重要价值是实现人的思想的彻底解放，无论思想产生于何时何地何人何方。这与马克思主义对资本主义体制的批判精神是一致的，因此也是推动思想和学术进步的声音和力量。

结　语

全球国际关系学的批判学派从21世纪初开始兴起，深刻地分析了国际关系学的现状，明确指出了世界范围内国际关系研究的中心-外围结构，提出了对现有知识生产的不合理现状进行革命性变革的倡议。批判理论认为，要实现国际关系研究的全球意义，就需要颠覆这种以中心地带为知识生产主体、以物质性和话语性权力维护中心地带学术霸权地位、以不平等的知识生产分工压制外围地带的思想和理论的国际关系研究实践和国际关系学构建方式，需要以去中心化的方式推动国际关系研究的民主化，需要超出现有国际关系学研究的范畴探索实现更加平等合理世界的路径。

批判理论对于推动全球国际关系学的发展具有深刻的意义。一是对于中心-外围关系性质的分析。批判学派的分析远远超出了兼容学派的认知，将这种关系界定为不平等的权力关系，将中心地带设定的学科、理论和科学标准等视为压制外围地带知识和思想的工具。因此，问题的本身不是谁的理论能够更好地解释国际关系的现实，而是维护和反抗学术霸权的斗争。

二是外围地带知识生产的发展和发声是实现国际关系研究全球化的重要途径。只有外围的知识生产和知识产品发展起来，以不同的历史和实践为基础，从不同的世界观角度解释国际关系的现实，才能冲击中心地带的统治地位。批判理论试图寻找差异的方式也确实发现了在中心和外围地带的知识生产和知识产品都有着重要的差异，这些差异表现在审视国际关系的视角和理路上，反映的则是背后的地缘文化背景、世界观和政治权力关系。

三是中心-外围地带在知识生产领域存在根本性矛盾。考虑到当前国际关系领域的知识体系、话语体系、标准体系、概念体系等都是中心地带建立的，也基本上是以威斯特伐利亚实践为基础的，所以，在这种根深蒂固的体系之中，是难以撼动西方学术话语霸权的，也无法实现真正意义上的变革。中心-外围之间的学术对话，即便是在最好的情况下，也只能发现一些重要差异，从而质疑中心地带知识生产的不充分性。而最坏的情况则是：这样的对话反而强化了西方的话语，使得外围地带的思想和理论或是被同化，或是被沉默。批判理论的终极目标是解放，即人的思想的解放和人的彻底解放，因此，仅仅在国际关系研究领域内部展开讨论是远远不够的。

当然，批判理论也存在一些问题。最根本的一点是，批判理论的全球国际关系学倡议受到普遍欢迎，尤其是外围地带的呼应，但是依然无法撼动中心地带主流国际关系学的学术主导地位或是统治地位。其他领域的批判理论，比如女性主义，虽然已经具有很大的影响，但依然无法与主流理论相提并论。一方面，批判理论确实使人们看到知识生产的另一面，即不平等的权力关系所产生的巨大影响；另一方面，也使人们感到被深刻批判的主流理论依然故我，也依然自诩为普适理论和普遍性知识。

批判理论也意识到这个问题，认为主要原因是中心地带的学术话语权力体系的确立，这使得所有讨论难以摆脱这种权力的规训，因此，对话和讨论虽能对主流理论提出质疑，但也可能导致主流理论地位更强、更为巩固的结果。所以，批判理论提出要超越国际关系学，在更广阔的时空和研究领域中探索思想解放之路。尤其是在一些相对成功的领域，比如文艺批评领域。但目前看来，探索之路依然漫长，实现真正全球意义的国际关系学和国际关系知识生产依然任重道远。不过，无论是全球国际关系学的兼容学派还是批判学派，都强调了非中心地带的知识生产，强调了其合法性、合理性和必要性。因此，非中心地带的国际关系学界和学者自身的反思和创造，很可能是从根本上实现建构真正意义上的全球国际关系学的一个关键因素。

后　记

一直想写一本关于国际关系理论的书，类似教材，但又不限于教材。2020 年，有幸能与中国人民大学出版社讨论合作事宜，商定完成一本关于国际关系理论的简明教材。后来的近一年的时间里，将国内这些年来出版的国际关系理论教材买来一一浏览，发现主要的国际关系理论都已经得到了相当充分的介绍和讨论，尤其是主流国际关系理论，可以说已是应写尽写了。

于是，便产生了一个想法，写一点可能指向国际关系理论发展前景但又鲜有讨论的东西，也就是一些国际关系的前沿理论和思想。虽然过去 20 多年没有重大理论出现，但什么可能催生新的思想、引发新的理论，这或许是在常规理论研究时期需要重点考虑的事情。所以决定写这本《国际关系理论前沿》，并以三个标准选定所收入的内容。

一是与现有主流理论具有根本性不同的理论和思想，二是处于前沿并可能代表发展方向的理论和思想，三是虽然并不完全成熟但已产生重要影响力的理论和思想。根据这三个标准，本书收入了实践理论、量子社会理论、全球国际关系学的兼容学派和批判学派。这些理论和思想符合上面的选择标准，都提出了与现有主流理论根本不同的理念，都具有强烈的原创意识，都可能导向更具革命性的理论。希望通过对这些理论的评介，使读者能够超越主流国际关系理论的局限，对当下颇具活力的国际关系理论和思想有一个比较全面的认识。当然，目的是激活新的思想和加强理论原创意识。

感谢中国人民大学出版社的支持，也感谢责任编辑朱晓霞认真负责的工作。由于这些前沿理论和思想依然没有成为成熟的国际关系理论，加之作者本人能力有限，谬误之处在所难免，也请读者批评指正。

秦亚青

2023 年 7 月 12 日于即墨鳌山卫

教学支持说明

（教学课件）

中国人民大学出版社政法分社秉承“出教材学术精品，育人文社科英才”的出版宗旨，多年来，出版了大批高质量的法学、教育学、政治学、政治理论公共课教材和学术著作。

我们为本教材制作了相应的 PPT 教学课件，任何一位采用本书作为授课教材的教师均可免费获得该课件。为了确保该课件仅为授课教师获得，烦请您填写如下材料，并将相关信息通过 E-mail 发送给我们，我们将在收到相关信息后通过 E-mail 给您发送该课件。欢迎您加入我们的 QQ 群（全国政管教师交流二群，群号为 648117133），或登录我社官方网站（www. crup. com. cn），注册并认证成为教师会员，以获得更好的服务。

我们的联系方式：

地址：（100872）北京市中关村大街甲 59 号文化大厦 1202 室

中国人民大学出版社政法分社

电话：（010）62515383　62514775（传真）

E-mail：ggglcbfs@vip. 163. com

兹证明____________大学/学院____________院/系____________专业____________学年第____________学期开设的____________课程，采用中国人民大学出版社出版的________________________（书名、作者）作为本课程教材。授课教师为____________，授课班级共________个、学生________人。授课教师需要与本书配套的教学课件。

联 系 人：________________________

通信地址：________________________

邮　　编：________________________

电　　话：________________________

E-mail：________________________

系/院主任：____________（签字）

（系/院办公室章）

________年______月______日